Jens Jentges

Vorsehung des Lebens oder Gefangener der Sucht

Jens Jentges

Vorsehung des Lebens

oder Gefangener der Sucht

Rediroma-Verlag

Bibliografische Information der Deutschen Nationalbibliothek:
Die Deutsche Nationalbibliothek verzeichnet diese Publikation in der Deutschen Nationalbibliografie; detaillierte bibliografische Daten sind im Internet über http://portal. dnb. de abrufbar.

Unter
http://www.rediroma-verlag.de/audio/trotzdem_gehts_bergauf.mp3
kann man den Song „Trotzdem geht's bergauf" downloaden.

ISBN 978-3-96103-875-6

Umschlagillustration: Axel Bueckert (shutterstock.com)

www.rediroma-verlag. de
11,95Euro (D)

Inhalt

VORWORT

Als mir mein Vater im Jahre 1960 eine Kladde schenkte, konnte ich mir damals kaum vorstellen, dass sich in mir einmal der Wunsch regen würde, einen Erlebnisbericht und die damit verbundenen Ereignisse aufzuschreiben.

Mein Vater war das zweite Mal verheiratet und sowohl er als auch meine Stiefmutter schrieben ihr Tagebuch und gingen in dieser Hinsicht mit gutem Beispiel voran, sodass ich es ihnen gleichtun wollte. Gelangweilt schrieb ich in einen Notizblock, was für alltägliche Dinge erledigt werden mussten, was es zum Mittagessen und Abendbrot gab und zu welcher Zeit ich schlafen ging.

Als ich die väterliche Wohnung verließ, um den zwar gut gemeinten, aber letztlich unbrauchbaren Ausbildungsversuchen meines Vaters Folge zu leisten, wurde mein Interesse geweckt, das Tagebuch fortzusetzen. Ich schrieb fortan immer mehr Ereignisse in diese Kladde, die nicht nur meine Persönlichkeit betrafen, sondern auch mein Umfeld und später Themen, die unseren Planeten verändern sollten. Ich glaube, dass es von Bedeutung sein wird, wenn sich das kollektive Bewusstsein, z.B. durch Erkenntnis, positives Denken, Meditation etc., zum Wohle der Menschheit erweitert. Dadurch kam ich in eine Phase, die mich immer öfter Hoffnung, Zuversicht und inneren Frieden erfahren ließ. Dass ich aber dennoch so manche Hürde bewältigen muss, welche mich daran hindern will, dem Licht entgegen zu gehen, beruht sicherlich auf dem unabwendbaren Gesetz von Ursache und Wirkung, mit dem jegliches destruktives Verhalten in Gedanken, Worten, oder Taten ausgeglichen werden muss. Im Volksmund sagt man zu Recht, das jeder sein Päckchen zu tragen hat, oder mit anderen Worten: Der Mensch bekommt das zurück, was er durch sein Handeln und Denken selbst verursacht hat. Mal früher, mal später oder auch in einer anderen Inkarnation, wovon die meisten Kirchenväter ja nichts wissen wollen. Warum wurde wohl diese und andere Tatsachen auf dem Konzil 553 n. CH. in Konstantinopel von dem zur dieser Zeit lebenden Papst aus der Bibel herausgenommen, verändert oder hinzugedichtet? Weil es, leider bis heute, immer so war, dass der Stärkere oder Mächtigere dem Schwächeren seinen Willen aufgezwungen hat, nach dem Motto: Und bist du nicht willig, so brauch ich Gewalt. Ob in Politik oder Religion, ob im Kleinen oder Großen; keiner kann behaupten, dass es je anders war. Kain und Abel haben es der Menschheit beispielhaft vorgelebt.

Ich will mich nicht mit meinen Ansichten in ein besseres Licht stellen oder etwas Besseres sein; im Gegenteil: jahrzehntelang war ich ein Häuflein Elend, das so manches Mal völlig daneben lag, aber nie fallen gelassen wurde, wofür ich dem von meinem Schöpfer gesandten Schutzengel sehr dankbar bin. Wäre ich, wie jahrelang sehnlichst gewünscht, Musiker oder Schauspieler geworden, wer weiß, wo ich letztlich gelandet wäre? Die vielen Erwartungen in Kunst und Beruf, die Freundschaft mit einem Mädchen, das ich dann heiraten würde, und weitere Illusionen zerplatzten wie Seifenblasen in der Luft. Oft baute ich mir im Leben etwas auf und, warum, das weiß der liebe Himmel, zerstörte es mir wieder. Wenn ich eine der vielen Chancen in Beruf, Liebe und Finanzen genutzt hätte, wäre mir höchstwahrscheinlich viel Kummer erspart geblieben und ich hätte ein bequemes, sorgenfreies Leben geführt.

Fazit: Friede, Freude, Eierkuchen, Opa! Wer hat die Katz gerufen?

Aber heute stehe ich vor diesem Scherbenhaufen der Unzulänglichkeiten mit etwas süßsauren Gefühlen, doch der Haufen wird immer kleiner und bedeutungsloser, je mehr ich mir diesen vom Gipfel eines Berges betrachte.

Reinhard Mey sang ja mal: „Über den Wolken muss die Freiheit wohl grenzenlos sein." So ist es in der Tat, aber sie ist um vieles größer, je mehr sich das Herz für Jesus, dem Christus, öffnet. Und das geht überall und zur jeder Zeit. Unser Religionslehrer meinte sogar, dass man mit den Händen in den Hosentaschen beten könne, wenn man nur ehrlich bei der Sache ist. Aber ich möchte hier keinen Vortrag über Religion halten, sondern jeder Menschenseele vor Augen führen, dass sie in ihrem kurzen Erdenleben die Möglichkeit bekommt, sich weiterzuentwickeln, um nach ihrem irdischen Ableben in feineren und edleren Sphären zu verweilen. (1)

Der besagte Religionslehrer ließ unseren Klassensprecher und mich nach dem Unterricht zu sich kommen und erklärte uns, dass wir noch etwas Besonderes in unserem Leben bewerkstelligen könnten. Alexander hat dieses Ziel inzwischen erreicht, denn er war leitender Arzt in einem Fachkrankenhaus für psychisch und suchtkranke Menschen. Wenn ich solch leidenden Menschen anderweitig etwas Hilfreiches zukommen lassen kann, bin ich erfüllt und zufrieden. Gott möge mir dabei behilflich sein.

EINLEITUNG

Wenn ich von meinen Kümmernissen und der langjährigen Suchtkrankheit berichte, so nicht aus Selbstmitleid, schließlich hatte ich auch schöne Zeiten erlebt, sondern um damit zu offenbaren, dass durch so manches Leiden hinterher ein vielfaches Erwachen stattfindet, warum dies oder jenes vorgekommen war. Oft begreift man erst hinterher, dass Schicksalsschläge auch ihren sinnvollen Zweck erfüllen. Aus diesem Grund möchte ich anhand meines Werdegangs die relativ frühe Drogen- und Alkoholabhängigkeit beschreiben, sodass jeder und vor allem junge Menschen einen Einblick in den kaum merkbaren, aber schleichenden Beginn der Sucht, die oft in eine Katastrophe und häufig mit tödlichem Ausgang endet, bekommen. Ich kann die Welt nicht verbessern und schon erst recht nicht Süchtige vom Trinken abhalten, aber ich kann wohlmeinende Anstöße und Erfahrungsbeispiele zu dieser gefährlichen Krankheit liefern, die dem ein oder anderen in gewissen Situationen hilfreich und nützlich sein können. Ich vertrete die Ansicht, dass die eindringlichsten Worte eines Arztes, die Beschwörungen des Ehepartners und die beste Therapie nichts nützen, wenn nicht ständig der Wunsch zur Bereitschaft, suchtfrei zu werden, in einem verankert ist. Es gibt immer eine Lösung, aus dem Irrgarten, in dem man sich verlaufen hat, wieder herauszufinden. Die Möglichkeit, den gordischen Knoten zu öffnen, ist nicht ganz einfach, aber machbar.

Als ich endlich, nach über drei Jahrzehnten, durch Philosophie, Meditation und durch das Gebet, mit dem innigsten Wunsch, von dieser Fessel befreit zu werden, aus dem Labyrinth der Umklammerung herausfand, konnte ich es kaum fassen, dass der Zwang zum Trinken wie gelöscht war. So heimtückisch, wie sich dieser Schmarotzer bei mir einnistete, so unbemerkt war dieser wieder verschwunden. Damit waren aber noch lange nicht alle Probleme gelöst und man muss immer wieder andere Schwierigkeiten überwinden, was mich aber nicht hindert, meine Kreativität auszuleben. Ich kreierte ein Spiel, in dem 1800 Quiz- und Masterfragen von 75 historischen Berühmtheiten zu beantworten sind. Damit hatte ich aber kein Glück und verlor viel Geld. (2) Zudem entpuppte ich mich als Dichter und der Engelsdorfer Verlag veröffentlichte mein Kleinod: „Lyrik im Spiegelbild der Zeit“.

Die Zeit der Entbehrungen sowie seelische und körperliche Verletzungen waren für mich eine Art Fegefeuer, während andere Menschen durch Folter, Hunger, Durst und Krieg und nicht zuletzt mit Flucht und Verfolgungen, traurigerweise bis heute, durch die Hölle gehen. In der Kinderzeit falteten wir eine Pyramide aus Papier, die in der Mitte zweimal geöffnet werden konnte. Wenn sie zu war, entschied man sich für die vertikale oder horizontale Ansicht. Blau war der Himmel und rot war die Hölle. Wie harmlos mutete das an gegenüber der entsetzlichen Gräueltaten, die sich seit Jahrhunderten auf unserem schönen Planeten zugetragen haben, was J.W. von Goethe so trefflich durch Weislingen in seinem Götz von Berlichingen beschrieb: „Wir Menschen führen uns nicht selbst, bösen Geistern ist die Macht über uns gelassen, dass sie ihren höllischen Mutwillen an unserem Verderben üben.“

Aber Goethe wusste auch all zu gut, dass es die Polarität gibt, und schrieb in einer seiner Dichtungen, das es das

Reine im Menschen gibt. Zitat: „Edel sei der Mensch, hilfreich und gut. Unermüdlich schaff er das Gute.“

Mir ist aufgefallen, wie wir Menschen uns ähneln, aber auch widersprüchlich und gegensätzlich sind und durch Missgunst und Neid viel Unheil anstellen. Letztlich ist so der Urfall (nicht der Urknall) zustande gekommen, weil Gott uns die Freiheit gegeben hat, selbst zu entscheiden, wie wir denken und handeln. Und das ist eben der Punkt, warum so viele Menschen nicht verstehen, warum Gott das Gegensätzliche zulässt. Wie schon zurecht geschrieben steht: Man kann Gott und dem Mammon nicht gleichzeitig dienen. Es ist unsere eigene Entscheidung, welchen Weg wir gehen wollen: den zum Licht oder den in die Finsternis. Natürlich ist die Entscheidung für Recht oder Unrecht, gut oder schlecht, nicht immer ganz einfach, weil wir all zu oft vom äußeren Glanz der Materie geblendet werden. Getäuscht von der Lüge, der Lüge vom einstmals sehr schönen Engel Luzifer, die dann folgenschwer für unzählige Geistwesen des Himmels wurde, die der Versuchung nicht widerstehen konnten, Luzifer zu folgen. Adam und Eva wurden ebenso überlistet und so ist es zum Leidwesen der Menschheit bis heute geblieben. Aber die Hoffnung wird erfüllt, denn das Reich des Lichtes durch Jesus, dem Christus, ist durch seine Propheten angesagt und der Funke der Wahrheit strahlt dann genau so hell, wie die Finsternis verdrängt wird.

DIE WAHRHEIT

Wie sehr bewegt ist doch das Leben
Und rätselhaft die schöne Welt.
Auf der seit unvorstellbar langer Zeit,
Sich böse Geister hinterlistig regen.
Sie sind die Not, erzeugen Leid,
Zerstören Gottes Segen.
Der Frieden bringen soll auf dieser Erde,
Jedoch gefährdet ist von dunkler Macht.
Dieselbe Macht, die wachsam ist,
Wenn Wahrheit an das Licht gelangt.

KINDHEIT

Als mein Vater, seinerzeit Leutnant, in den Wirren des Krieges meine Mutter in Hamburg kennenlernte, war das der Anfang vom Ende einer zerrüttenden Ehe und Familiengemeinschaft. Er, aus gut situierten Elternhaus, mit einem sehr strengen Vater, war verliebt in eine Frau, die ihm äußerlich und mit fraulichen Reizen jene angenehmen Stunden bescheren konnte, wie es der Vorstellung eines Offiziers entsprach.

Sicher galt das nicht nur Männern dieser Kategorie, aber ein Soldat in gehobener Stellung hatte ein gewisses Privileg, den Damen zu imponieren und auf sich aufmerksam zu machen.

Als meine Mutter schwanger war, blieb meinem Vater nichts anderes übrig, als sie zu heiraten, denn zu damaligen Zeiten ein uneheliches Kind zu zeugen war verpönt, wenn nicht so gar verachtenswert. Besonders mein äußerst strenger Großvater, der wiederum seiner Frau das Leben so schwer machte, dass sie dem Druck nicht mehr standhalten konnte und sich das Leben nahm, hätte meinem Vater große Schwierigkeiten bereitet.

Als dann eine deutsche Stadt nach der anderen durch das Bombardement der Alliierten in Schutt und Asche gelegt wurde, organisierte mein Vater die Evakuierung der kleinen Familie nach Sol Bad Hall in Tirol. Dort erblickte ich dann am 20. Mai 1944 gegen 22 Uhr das Licht der Welt. Wahrscheinlich bin ich dort einem anderen Baby begegnet, welches später mein bester Freund werden sollte. Auch meine Großmutter versorgte mich liebevoll und trotz einiger Luftangriffe auf Innsbruck blieben wir, meine Mutter und ich, unverletzt.

Als der Zweite Weltkrieg, der am 30. 9. 1939 durch den deutschen Überfall auf Polen begann, durch den Selbstmord A. Hitlers am 30.4.1945 und eine Woche später durch die bedingungslose Kapitulation der Wehrmacht sein Ende fand, fuhr meine Mutter mit mir in einem kläglichen Eisenbahnwaggon nach Hamburg zurück.

Die Familienatmosphäre war alles andere als harmonisch und in meiner kleinen Kinderseele machten sich Hilflosigkeit und Entsetzen breit, zumal mein Vater hin und wieder meine Mutter mit der Faust ins Gesicht schlug und meine Schwester und ich nur lästige Begleiterscheinungen waren. Das hatte dann die Scheidung zur Folge, wobei das Sorgerecht für Birgit meiner Mutter und meinerseits dem Vater zugesprochen wurde. Ausgehend von dieser Konsequenz begannen dann die vielen Ungereimtheiten unseres Lebens, die meine Schwester, aber vor allem mich betrafen, weil mein Vater anordnete, mich mit vier Jahren in ein Heim abzuschieben. Dafür musste er zwar bezahlen, aber gab damit jede menschliche und moralische Verantwortung für mich in die Hände fremder Menschen.

Und nun kam die Zeit der Wechselduschen von himmelhochjauchzend bis zu Tode betrübt. Es wäre für uns Geschwister sicherlich schöner gewesen in einer geordneten Familie aufzuwachsen, aber mit Kindern gleichen Schicksals vieles gemeinsam zu erleben, ist immerhin besser, als mit streitsüchtigen, geschweige denn trunksüchtigen Eltern, die sich in keinster Weise verstehen, ein Fundament für das Leben zu bekommen.

Ich kann mich bis heute noch daran erinnern, dass, bevor sich meine Mutter unbemerkt davonmachte, meine

Schwester schreiend um einen Tisch im Spielzimmer rannte, weil sie wohl annahm, auch von der Mutter getrennt zu werden. Was weiterhin geschah, ist in Vergessenheit geraten, aber zwei Jahre später wurde ich mit mehreren Kindern früh morgens, es war noch dunkel, geweckt und unsere erste Sommerreise ging nach Scharbeutz. Das große Haus, in dem wir untergebracht waren, sollte der Erholung dienen. Die folgenden Jahre verbrachten wir dann unsere Ferien auf einem Bauernhof in Boldixum auf der Insel Föhr. Bevor es aber mit dem Nachtzug für uns Kinder auf die Ferienreise ging, warteten wir gespannt auf das Motorengeräusch des Busses, der in unmittelbarer Nähe vor dem Schlafzimmer auf uns wartete, um uns mit Fröhlichkeit und Gesang zum Kölner Hauptbahnhof zu bringen. Geschlafen wurde in den Waggons auf den Sitzen, zwischen deren Lücken die Koffer untergebracht waren, mit Kissen und Decken. Als es hell wurde, rangierte der Zug einige Male und wir sahen erstaunt die sehr langen Güterzüge, die bis zu hundert Anhänger hinter sich her zogen.

Nach langem Hin und Her fuhren wir dann von Niebüll nach Dagebüll, wo uns das Dampfschiff Nordfriesland erwartete. Es brachte uns zum Hafen in Wyk/Föhr. Dann ging es mit dem Pferdewagen nach Boldixum zu einem Bauernhof. Wir hatten viel Spaß, in der Tenne zu spielen, am Deich zu wandern, die Vogelkojen und den Hafen von Wyk zu besichtigen. Muscheln und Seeschneckenhäuser wurden gesammelt und als Andenken aufbewahrt. Entsetzlich fand ich, dass man lebende Seesterne als Souvenir in kochend heißem Wasser tötete.

Der Strand war etwa drei Kilometer entfernt, aber das störte uns Lausbuben weniger. Für uns war es immer eine

Freude, mit unseren Schüppchen eine Burg zu bauen, oder mit Erlaubnis im Meer baden zu gehen.

Auch die Bootsfahrt nach Hallig Hooge war eine interessante Abwechselung und als man uns erlaubte, im Musikpavillon das Lied von Christoph Kolumbus zu singen, hatten wir daran viel Spaß und Freude. Welches Kind denkt schon daran, dass dieser Eroberer sehr grausam mit den Eingeborenen umging.

Aus den Ferien zurückgekommen, erwartete uns dann wieder die sogenannte Volksschule, zu der wir einen recht langen Weg hatten. Es gab noch Schulbänke mit Tintenfässern, und einen Füllfederhalter zu besitzen, war etwas Besonderes.

Die Lehrer waren der Zeit entsprechend streng und hin und wieder gab es auch Stockschläge bei Nichtbeachtung irgendwelcher Auflagen. Mir wurde sogar einmal wegen meiner schlechten Schrift mit der Hilfsschule gedroht, was damals sehr bedrohlich wirkte und mich zum Weinen brachte. Trotzdem waren meine Zeugnisse insgesamt gesehen recht gut. Diese wurden von jedem Kind von der Heimleiterin beim Mittagessen öffentlich vorgelesen. Einmal musste sich ein Kind beim Essen übergeben und zur Strafe sollte dieser Junge das Erbrochene wieder auslöffeln, was natürlich unmöglich war. Diese schreckliche Erziehungsmaßnahme war nicht die einzige Handhabung dieser sogenannten Tanten, sondern wegen Geringfügigkeiten gab es auch schon mal Schläge mit der Metallschere auf die äußere Hand. Aber am schlimmsten war die Übernachtung im Spielzimmer wegen zu lauter Schwätzerei, wo ich einsam und angsterfüllt jedes nur geringstes Geräusch als Gespenst empfand.

Wir Kinder unterhielten uns nach dem zu Bett gehen über alles Mögliche und selbst über Joseph Stalin wurden furchtbare Dinge erzählt. Auch wurde Unheimliches von bösen Männern erzählt, die im Königsforst Säcke über kleine Kinder stülpen würden, um mit ihnen auf Nimmerwiedersehen zu verschwinden. Das beeindruckte mich immens und rettete mir wahrscheinlich das Leben. Oft kam ich in Situationen, in denen mich mein Schutzengel bewahrte abzustürzen oder in der Mühle des Unglücks unterzugehen. So kam ich eines Tages von der Schule zurück und etwa zweihundert Meter vor dem Heim stand ein Motorradfahrer mit laufendem Motor. Das kam mir nicht ganz geheuer vor, deshalb blieb ich in einem größeren Abstand vor dem Mann stehen und wartete, wann er sich vom Acker machen würde. Als dieser Typ nach etwa fünf Minuten immer noch keine Anstalten machte, weiterzufahren, nahm ich einen Anlauf und rannte, so schnell ich konnte, an ihm vorbei. Auf seiner Höhe streckte er seinen Arm nach mir, aber ich war flinker und so konnte ich ihm entkommen.

Vor dem Heim war ein Jauchebach und eines Tages stand ich mit zwei Jungen davor und fragte, wer sich traute, da hinein zu springen. Keiner wollte so recht, aber um meinen Mut zu beweisen, klatschte ich in das stinkende Morast-Gewässer, stank wie ein alter Ziegenbock, um danach meine Klamotten heimlich zu wechseln.

Wir Bengel hatten manchmal nichts als Blödsinn im Kopf, klauten dem Förster die Äpfel vom Baum, bewarfen uns mit Tonerde, neckten die Mädchen oder ließen uns sonst etwas einfallen. Einmal zog ich einem Mädchen von hinten an den Zöpfen, lief davon, stolperte und fiel auf den Steinboden und haute mir dabei die Schneidezähne aus. Das war eigentlich harmlos, kam mich aber später teuer zu stehen.

Auf der einen Seite hatten die katholischen Lehrer und Pastoren verschrobene Ansichten, auf der anderen Seite wurden die Feste wie Sankt Martin mit Weckmännern und Lampenumzug, Nikolaus und Weihnachten sowie Ostern mit imponierendem Drum und Dran gefeiert. Besonders für Kinder sind das unvergessliche Ereignisse.

Während wir abends im Spielzimmer etwas vorgelesen bekamen, klopfte und pochte es irgendwo im Hause. Das konnte nur der Nikolaus sein! Wir gingen in den Flur bis zu einer Empore, von wo aus die Treppe hinauf in die anderen Schlafzimmer führte. Dort stand jetzt ein verkleideter Mann mit Bart und Bischofshut, der unsere Sünden vorlas. Der musste wirklich aus dem Himmel kommen; wie konnte er sonst von jedem Kind verschiedene Unartigkeiten wissen? Nachdem er seine Zeremonie beendet hatte, schüttelte er einen Sack mit Äpfeln, Nüssen und allerlei Spielzeug von der Empore die Treppe hinunter und verschwand. Wir glaubten, er sei durch ein Fenster zum Himmel entwichen.

Dieses Ereignis nahm ich zum Anlass, vor versammelter Belegschaft irgendetwas vorführen zu wollen.

Das Spielzimmer war durch eine Schiebetür mit dem größeren Esszimmer verbunden. In dem kleinen Raum gab es manchmal Theateraufführungen und dadurch wurde der Wunsch in mir entfacht, selbiges zu tun. Ich sagte der Heimleiterin lediglich, dass ich etwas aufführen wollte, wusste aber nicht, was. Man stellte Stühle und Hocker zusammen für den jetzt hergerichteten Zuschauerraum, während ich mir überlegte, was ich nun darstellen wollte. Da sah ich die Kiste mit den Bauklötzen und als die Schiebetür geöffnet wurde, stand ich auf einem Hocker und betitelte mich als Nikolaus und entleerte die Kiste in die Zuschauer hinein. Ein schallendes Gelächter der Kinder, und der Hinweis der Heimleiterin, ich müsse so etwas vorher einüben, beendete die Vorstellung. Ansonsten gingen wir viel spazieren. Hinter dem Haus war ein großer Garten mit vielen Köstlichkeiten der Natur. An der Dachrinne hingen im Sommer gelbe und blaue Weintrauben und neben dem Esszimmer wuchs ein stattlicher Kirschbaum. Dieses Bild sehe ich im Geiste vor mir, wenn das berühmte Lied von Alexandra, „Mein Freund, der Baum", erklingt.

Im Garten gab es Stachel- und Johannisbeeren, verschiedenes Gemüse, Äpfel, Birnen und Pflaumenbäume, an denen wir zu Ostern mit gesammeltem Moos unsere Nester bauten. Am nächsten Tag lagen darin angemalte Eier und allerlei Süßigkeiten.

Hinter dem Garten führte ein Waldweg zur Sandkuhle, wo wir Kinder viele Möglichkeiten zum Spielen hatten. Zudem konnten wir dort die schönsten Himbeeren, Brombeeren und auch Blaubeeren pflücken. In anderen Teilen dieses Gebietes gab es auch gut schmeckende wilde Erdbeeren, Stein- und Butterpilze. Die vielseitige Pflanzenwelt bestand zudem aus Ilex, Fingerhut, Farnkraut, Sauerampfer, Bucheckern und einiges mehr.

Fauna und Flora waren hier schon ein kleines Paradies, in dem Rothirsche, Rehe und sogar Wildschweine zu Hause waren. Unweit der Sandkuhle verlief ein Bach mit so klarem Wasser, das man davon trinken konnte. An einer Stelle wurde der Bach etwas breiter und tiefer. Oberhalb davon befand sich ein Hang, von dem ich beim Spielen herunterkullerte, was mich, wie so oft in meinem Leben, beinahe Kopf und Kragen gekostet hätte, denn ich stürzte in die Fluten dieses Gewässers. Wer mich da herausgeholt hatte, weiß ich heute nicht mehr. Jedenfalls musste ich danach mit Unterkühlung ins Bett. Ich wurde damit, wie so manches Mal, an das Ende des irdischen Lebens erinnert, denn der Sensenmann ist immer, mal früher mal später, für jedermann allgegenwärtig. Das sollten sich vor allen Dingen solche Menschen vor Augen führen, die mit ihrem Reichtum, ihrer Macht und Gier nur im Jetzt und Heute leben und sich nicht darüber im Klaren sind, dass das letzte Hemd keine Taschen mehr hat und vor allem, dass sie in der geistigen Welt für alles geradestehen müssen, was durch ihre Verantwortung und Verfehlung zum Nachteil und Schaden für die Umwelt und andere Menschen hervorgerufen wurde.

Mit acht Jahren bekam ich nachmittags sehr starke Bauchschmerzen und klagte mein Leid der Heimleiterin, die aber keine Anstalten machte, den Doktor zu holen. Aber als ich mich wenig später vor Schmerzen krümmte, holte sie dann doch den Arzt, der nach Abtasten des Bauches eine Blindarmentzündung vermutete. Daraufhin wurde ich mit der Ambulanz in ein Krankenhaus gefahren.

Inzwischen war es dunkel geworden und die anwesenden Ärzte wollten der Diagnose nicht recht Glauben schenken. Schließlich wurde ich in den OP gefahren. Man fragte mich, ob ich gut zählen könne, nachdem man mir ein Tuch auf das Gesicht legte. Jetzt war es ernst geworden. Die Zahlen erschienen mir farbig und ich glaubte, ersticken zu müssen. Wie kritisch diese Situation gewesen war, erfuhr ich nach der Operation, als man mir mitteilte, das der Blinddarm bereits vereitert und geplatzt war. Den nächsten Tag hätte ich nicht mehr überlebt.

Und das war nicht das letzte Mal, das ich mit diesem wahren, besten Freunde des Menschen, wie sich Mozart in einen seiner Briefe über den Tod an den Vater ausdrückte, beinahe Bekanntschaft gemacht hätte. Kurz danach kam unsere Turnlehrerin mit ihrem Auto auf einem unbeschrankten Bahnübergang durch die herankommende Eisenbahn ums Leben. Als mir dann erzählt wurde, dass jeder einmal sterben müsse, konnte ich es kaum glauben und prompt wäre ich um Haaresbreite von einem Auto erfasst worden. Dabei hatte ich die Vision, ich würde nach dem Unglück mit Todesfolge einfach weiter existieren und alles am Ort des Geschehens aus anderer Perspektive erleben. Wie sollte ich als fünfjähriges Kind nur annährend solche Gegebenheiten in Erwägung ziehen? Auch als ich kopfüber vom Geländer der Treppe, die zu den Schlafzimmern führte, herunter krachte, war nichts außer einem Schreck zurückgeblieben.

Besonders beeindruckte mich die Beerdigung eines Kindes in einem weißen Sarg, zu der ich von der Heimleiterin mitgenommen wurde. Es war die Tochter vom Bäckermeister, der uns Brot und Brötchen lieferte. Warum ich diese Zeremonie mit der bitterlich weinenden Mutter miterleben sollte, konnte ich mir nicht erklären, aber katholische Manifestationen und Gebräuche sollten mich wohl von einem Glaubensmuster überzeugen, was noch unterstützt wurde, als ich eine Messe in der sehr schönen Kirche mit goldverziertem Altar und beeindruckender Orgelmusik miterleben durfte. Dieses und auch die Messdiener in ihren rot weißen Trachten machten auf mich einen imposanten Eindruck, sodass ich mit dem Gedanken spielte, Pastor zu werden. Doch im Grunde genommen war es für mich nichts anderes als ein grandioses Schauspiel.

Das erzählte ich meinem Vater, der das als Evangelist gar nicht so gut fand. Er veranlasste ein Verbot, um mich nicht mehr am katholischen Religionsunterricht teilnehmen zu lassen.

Er besuchte mich hin und wieder, spazierte mit mir durch einen nahe gelegenen Wald und sang dabei lauthals das Lied:

„Hinaus in die Ferne mit Butterbrot und Speck.
Das ess' ich ja so gerne, das nimmt mir keiner weg.
Und wer das tut, bekommt was auf die Schnut,
Bis das die Nase blut."

Das hatte noch den schalen Beigeschmack eines erst noch vor kurzem untergegangenen diktatorischen Systems, das zwar vernichtet worden war, aber niemals vergessen werden sollte.

Die Barbarei einer Diktatur, die Perversität und Abartigkeit eines Krieges werden immer zu den widerlichsten Eigenschaften der Menschheit gehören, solange, bis sie sich selbst vernichtet oder durch ein angehobenes Bewusstsein zu Einigkeit, Recht und Freiheit gelangt.

Es wurden uns zwangsläufig Bilder vor Augen gehalten, die uns den Schrecken und das Grauen nur allzu sehr erahnen ließen. Es war keine Seltenheit, dass im Wiesen- oder Waldgelände, besonders an Weihern und Teichen, noch nicht entschärfte Granaten oder andere Munition explodierte, wenn kleine Kinder unwissentlich damit spielten und dabei schwer verletzt oder sogar getötet wurden.

Meine Mutter, die mich ab und zu besuchte, ging mit mir durch die zerstörten Straßen von Köln und jammerte, dass es nur Schuhgeschäfte gab. Ansonsten besuchten mich meine Eltern nur sehr selten, um nach kurzer Zeit wieder zu verschwinden. Das berührte mich mit Einsam- und Traurigkeit, zumal die anderen Kinder wöchentlich von ihren Müttern und Vätern Besuch bekamen, da sie nicht weit von Bensberg in Köln oder Umgebung wohnten. Es gab aber auch Eltern, denen ich leid tat und die mir eine Schokolade mitbrachten. Ich hüpfte vor Freude, denn so etwas erlebte ich nicht all zu oft.

Als ich auf meinem Schulweg belgischen Soldaten begegnete, die mit Arbeiten am Telegrafenmasten beschäftigt waren, bemerkten diese meine Ängstlichkeit und lachten.

Der Schulweg war lang und hin und wieder wurden wir auf dem Heimweg von dem Milchwagenfahrer ein Stück des Weges mitgenommen. Das letzte Stück der Strecke führte an einem Abhang vorbei, auf dem wir im Winter mit dem Schulranzen hinunterrutschten.

Es fing an zu dämmern, als mir ein Mädchen auffiel, dem ich meine Aufmerksamkeit schenkte, indem ich sie fragte, ob sie reich oder arm wäre. Sie erwiderte lakonisch, das sie weder arm noch reich sei. Es gab noch ein paar belanglose Wortwechsel und im Heim angekommen, hatte ich das Bedürfnis, ihr einen Brief zu schreiben, Aber was? Das war die große Frage. Prompt war die Überschrift:

„Liebe Böse“ und ein paar humorvolle Zeilen. Diesen Brief gab ich einem Schüler, der in ihrer Klasse war. Tatsächlich bekam ich eine Antwort mit: „Lieber Böser.“ Eine hauchdünne Kinderromanze, aber immerhin mein erster

Annäherungsversuch, der aber vereitelt wurde, weil das Mädchen, als ich ihr ein zweites Mal begegnete, auf und davon in einer der Häuser verschwand, in denen auch mein Turnlehrer wohnte. Dieser lud einige Schulkinder zu sich ein, um uns recht gruselige Ereignisse seiner Dienstzeit als Marineoffizier zu erzählen.

Ich erinnere mich an viele Demütigungen, wegen der unverhältnismäßigen Erziehungsmethoden, z. B. das Drücken mit dem Gesicht in das bepinkelte Bettlaken, Einsperren im Keller, oder nachts im Flur auf einem Stuhl sitzen, bis man so müde war, dass man, ohne lange zu fragen, wieder in sein Bett krabbelte, weil es für ein Kind unmöglich ist, diesen Zustand zur Schlafenszeit länger auszuhalten. Es gab aber auch Zeiten, an die ich mich gerne erinnere, z.B. wenn uns das Zahnmäuschen am nächsten Morgen, im Austausch eines verlorenen Zähnchens etwas Nettes in den Schuh legte, den wir am Vorabend vor das Schlafzimmer stellten.

Am Heiligen Abend wurden uns Weihnachtsgeschichten vorgelesen, bevor uns das Christkind mit einem Glöckchen einlud, in den größeren Essensraum zu gehen, wo jetzt ein bis an die Decke ragender geschmückter Weihnachtsbaum mit brennenden Kerzen stand. Davor durften wir auf unseren Blockflöten dem Fest entsprechende Lieder spielen, die wir eingeübt hatten. Die Tische, auf denen die Geschenke lagen, wurden danach durch überhängende weiße Tücher frei gemacht, sodass sich sowohl die Kinder wie auch die Erwachsenen über die Bescherung freuen konnten.

Am ersten Weihnachtsfeiertag gab es dann ein Festessen mit Gänsekeule, Rotkohl und Klößen, wobei der Nachtisch mein erstes unangenehmes Erlebnis mit Alkohol war. Nach dem Weinpudding wurde mir so übel, dass ich die nächst gelegene Toilette aufsuchte, um mich zu übergeben.

Trotz dieses Vorfalls liebte ich die Adventszeit, da sie eine gewisse friedliche Atmosphäre hervorruft und uns jeden Tag eine Gelegenheit gab, wenn wir artig waren, einen Strohhalm in einen von Tannenzweigen geschmückten Teller zu legen, in dem das aus Keramik hergestellte Jesuskind lag.

Durch die Übungen mit der Blockflöte erwachte in mir die Liebe zur Musik, und das Klavier, welches im kleinen Spielzimmer stand, erweckte einen magischen Eindruck auf mich. Obwohl es nicht erlaubt war, es zu benutzen, nahm ich an einem einsamen Nachmittag die Gelegenheit wahr, den Deckel zu öffnen, um das Lied „Der Mond ist aufgegangen“ zu spielen. Es funktionierte mit einem Finger und kurz darauf merkte ich, das ich mit zwei Fingern ein Intervall hervorbringen konnte. Später wurde mir dann erklärt, was es mit Terzen, Dreiklängen, Oktaven etc. auf sich hat.

Inzwischen konnte ich ja auch lesen und als ich auf einem Notenbuch eine mit Engeln verzierte Titelseite mit der Aufschrift MOZART sah, konnte ich noch nicht wissen, welch großartiger Musiker und Komponist uns Menschen mit seiner himmlischen Musik beschenkt hat. Die Noten in diesem Buch machten mich neugierig, mehr darüber zu erfahren. Dieser Wunsch wurde mir dann später in einem gewissen Rahmen erfüllt.

Aber auch andere schöne Ereignisse. wie der Besuch im Zirkus Krone, das Kölsche Hänneschen Theater, oder den Karneval unmittelbar zu erleben, konnten uns manches unangenehme Geschehen vergessen lassen.

Wir durften sogar einmal am Märchenzug teilnehmen, als wir als schwarz angemalte Negerlein mit Strohleibchen einem mit Pappmasche gefertigtes Krokodil mit Speeren das Fürchten lernten. Damals war der Begriff „Negerlein“ geläufig, heute ist er natürlich nicht mehr zeitgemäß.

Eines Tages besuchte mich mein Vater mit einer Frau, die keinen sympathischen Eindruck auf mich machte. Sie stammte aus einer Försterfamilie, aus der eine gewisse Kälte hervorging. Aussehen, Schulbildung und Beruf dieser Frau passten auf Anhieb eher zu meinem Vater, der mir jetzt klarzumachen versuchte, dass er im Gegensatz zu meiner Mutter die Frau fürs Leben gefunden hätte, was sich zehn Jahre später als unwiderruflichen Irrtum herausstellte.

Was trieb dieses Weib dazu, mich schon in Kinderjahren zu demütigen?

Bei einem Besuch meines Vaters und seiner zweiten Frau, ich war in das vierte Schuljahr gekommen, durfte ich mir für das gute Zeugnis etwas wünschen. Ich erinnerte mich, wie ich einmal mit meinem Vater im „Hänneschen“ gewesen war, und das würde ich gerne noch einmal erleben.

Nachdem man für mich einige Textilien gekauft hatte, wurde meiner Belohnung widersprochen, weil man ja, so die Begründung dieser Tante, die ich wenig später mit Mami ansprechen musste, das Geld dafür ausgegeben hätte. Das war der Anfang von vielen Schikanen dieser Förstertochter.

Meinem Vater fielen die vorerst versteckten Sticheleien kaum auf, oder er wollte sie bewusst nicht wahrhaben. Nach außen hin verhielt sie sich diplomatisch, nett und freundlich. Zu Weihnachten 1954 durfte ich das erste Mal von Bensberg in einem Omnibus nach Remscheid fahren, um in der väterlichen Wohnung am heiligen Abend dabei zu sein. Auch meine neunjährige Schwester, die eigens von Hamburg angereist war, ergänzte das Familienfest. An einem dieser Tage sahen wir den Kinofilm: Maxi mit Sabine Eggerth und dieses entzückende Mädchen ging mir den ganzen Abend nicht mehr aus dem Kopf. Meine Schwester spürte das und als wir danach in den Ehebetten lagen und mit den geschenkten Taschenlampen Lichtexperimente an der Decke machten, fragte sie mich, ob ich sie noch gerne hätte. „Und wie", erwiderte ich und war dabei mit den Gedanken bei Maxi.

Im letzten Quartal meiner Volksschulzeit gingen wir gemeinsam mit der Klasse in den berühmten Film: „Die Wüste lebt". Er ist bis heute noch beeindruckend und sehenswert.

Es war nun an der Zeit, das Kinderheim für immer zu verlassen, und ich führte deshalb mit einem Freund das Puppentheater: Rumpelstilzchenauf. Ich gab dafür die Anweisungen und spannte eine Decke zwischen der offenen Schiebetür des kleinen und großen Raumes, hinter der wir das eingeübte Stück mit entsprechenden Marionetten aufführen konnten. Danach bekam ich meinen ersten Beifall und in Erwartung eines neuen Lebensabschnitts und Freude eines gelungenen Tages wurde ich dann von meinem Vater und seiner zweiten Frau mit einem vollgepackten Opel abgeholt, um im Landschulheim Schloss Hamborn weiterhin die Schulbank zu drücken und damit vieles neu zu erfahren, was teilweise mein zukünftiges Leben prägen sollte.

TRÄUMEREI UND VERKLÄRUNG

Wenn ein Wesen, egal, ob Mensch oder Tier, zu etwas gezwungen oder mit Gewalt hinter sich hergezogen wird wie ein störrischer Esel, der seine Gründe dafür hat, kann das unmöglich zu einem befriedigenden Ergebnis führen. Alles, was unter Zwang geschieht, wird meistens ein Misserfolg. Der Größere wird dem Kleineren bzw. der Stärkere dem Schwächeren immer in den überzeugenden Glauben versetzen, was er vorgibt, sei rechtens und richtig, was auch ein Kind, besonders in früheren Zeiten, bei seinen Eltern, dem Erziehungsberechtigten oder dem Lehrer zu spüren bekam.

Das geschieht ebenfalls im kollektiven Bereich mit verherrlichten Diktatoren und Religionsführern, denen die breite Masse vehementen Glauben schenkt, weil sie von vornherein so erzogen wird und nichts Besseres wissen kann, als was man ihr vorgaukelt, und damit dem gefährlichen Irrationalismus einen guten Nährboden bereitet.

Vieles kann man der Geschichte entnehmen, wobei es noch nicht allzu lange her ist, eine aberwitzige Darstellung eines diktatorischen Staates „Deutsche demokratische Republik" zu benennen. Deshalb sollte das Interesse eines jeden für wahre Begebenheiten in der Weltpolitik erweckt werden, damit aus der Erfahrung Objektivität und Konstruktivität entstehen, die das zukünftige Bewusstsein ansteigen lässt und damit verbreitet positive Schwingungen hervorgerufen werden. [3]

Dieser Aspekt wird zudem noch gefördert, wenn tausende Menschen in einer Großstadt meditieren und damit nachweislich Unfälle und Kriminalität zurückgehen, wie es sich in Washington 1993 zugetragen hat.

Meine Darstellung im ersten Absatz dieses Kapitels soll aber keineswegs eine Ausrede für mein schlechtes Abschneiden in den Fächern wie Mathematik und Physik sein, aber je vielseitiger und komplizierter ein Unterrichtsstoff ist, um so mehr wurde ich innerlich blockiert, wie z.B. bei dem Lehrsatz des Pythagoras: Im rechtwinkligen Dreieck ist das Quadrat über der Hypotenuse gleich der Summe der Quadrate über den beiden Katheten: $a^2 + b^2 = c^2$, oder bei der Berechnung der Logarithmen, für die ich absolut kein Verständnis hatte.

Aber soweit war es ja noch nicht, denn nach guten Volksschulzeugnissen kam ich in die fünfte Klasse in eine ländliche Umgebung. Hier kam ich mir mit elf Jahren etwas erwachsener vor, denn jetzt trug ich statt langen Strümpfen und klobigen Schnürstiefeln lange Hosen mit Halbschuhen. Mit „Sie" wurden Lehrer und Pädagogen angesprochen und die besagte Zucht und Ordnung war lange nicht so streng, wie es mir die Kinder in Bensberg weismachen wollten. Es hängt wohl auch damit zusammen, dass Anthroposophen ihre eigene Meinung mit Erziehung und Schulunterricht haben, welche aber für so manchen Lehrer und Betreuer auf eine äußerste Geduldsprobe gestellt wurde, wenn sich Schüler wie eine Rasselbande benahmen.

Das Landschulheim hat mehrere Häuser über ein großes Gelände verteilt, die ihren eigenen Namen tragen, wie Haus Fichte, Haus Schiller, Haus Ellerblick etc. Das Hauptgebäude ist das Schloss, in dem die Großküche für das Essen zuständig war. Inwieweit sich das eine oder andere geändert hat, entzieht sich meiner Kenntnis, denn es sind immerhin 60 Jahre vergangen, als ich dort lebte.

Im ersten Jahr meiner neuen Umgebung in Schloss Hamborn ging es in den Sommerferien erst mal nach Hamburg zu meiner mütterlichen Familie, um von da aus noch einmal mit den Kindern aus Bensberg nach Boldixum auf der Insel Föhr die Schulferien zu verbringen. Jetzt war ich aber nicht mehr das unbeholfene Kind, sondern eher ein elfjähriger Jüngling, der es genoss, abseits aller drakonischen Erziehungsmaßnahmen, eine unbeschwerte Zeit zu genießen, besonders an dem Tag, als wir einen Ausflug nach Goting Kliff machten. Die einerseits exzentrisch und anderseits wohlwollende Heimleiterin schrieb über diese Insel erstaunlich schöne Gedichte, in Symbiose mit entsprechenden Landschaftsaufnahmen, ähnlich wie in meinem Kleinod: „Lyrik im Spiegelbild der Zeit“.

WYK 1951

Wir fuhren mit der Eisenbahn
‘Ne lange, lange Nacht.
Das Schiff hat uns den Tag danach
Zur Insel Föhr gebracht.
Mit dem Pferdewagen rumpelpum
Fuhren wir davon nach Boldixum.

Die Straße führt zur Marsch hinaus,
Da liegt ein schönes Bauernhaus.
Die Mauern die sind ziegelrot,
Das Dach bedeckt mit Stroh und Moos.

Den Weg zum Strand wir täglich geh‘n,
Die Kirche seh‘n wir liegen schön.
Die Glocken läuten den Sonntag ein,
Auf dem Friedhof steh'n gar alte Stein.

Am Strand wir viele Burgen bauten,
Wenn Wind und Wogen noch so brausten.
Bei Flut und Sonne wir oft schwimmen,
Bei Ebbe wir Muscheln und Krebse fingen.

Ein großer Tag, die Wanderung,
Bracht‘ uns zur Insel Amrum.
Durchs weite, weite Wattenmeer,
Mit Wasser, Sand und noch viel mehr:
Einsiedlerkrebs, Seeschneckenhaus,
Das alles brachten wir nach Haus.
Wir fanden weiß und ungebrochen,
Vom Tintenfisch die Sepiaknochen.

Hohe Dünen, silberner Sand,
Möwengeschrei, schmales Land.
Zur Rechten und zur Linken,
Tut Wasser, nur Wasser herüber blinken.

Und weiter ging's am Leuchtturm vorbei
In Wittdün wartet die Hilligenlei.
Die Halligen liegen im goldenen Schein,
Beim Dämmern liefern wir im Hafen ein.

In Wyk da war es wunderbar,
Ach wär's so schön doch jedes Jahr!

WYK 1955

Unser Strand bei Ebbe und Flut,
Seit Jahren kennen wir Ihn recht gut.
Dort haben wir viel gespielt und gebaut,
Uns aber auch Himmel und Meer angeschaut.

Für all das Leuchten in uns und auf dem Meer
Haben wir Dank und vergessen es nie mehr.

Wattenmeer, Priele und Schafe

Und wieder woanders
Machten sich Salzpflanzen breit;
Nur die Schafe belebten die Einsamkeit.

Wie zu Zeiten, bei Erschaffung der Welt,
Gott dieses Land noch in Händen hält.
Wasser und Land sind noch nicht streng geschieden
Und darum von den Menschen allen gemieden.

An anderen Stellen, wo schon festerer Sand,
Priele durchzogen wie Flüsse das Land.

Weit am Horizont nahte die Flut
Und stöberte tausendfältig auf die Vögel,

Die dort geruht.

Wir waren da für eine kurze Zeit
Und die Einsamkeit machte die Herzen weit.
Dieses Vorland gleich hinter dem Deich,
Hat an allen Stellen eines gleich:
Die Unberührtheit durch Menschenhand
Und die beglückende Ruhe in diesem Land.

Im darauffolgenden Jahr organisierte mein Vater einen Sommerurlaub in einem Kinderheim in Norddorf auf der Insel Amrum. Auch mein Vater mit seiner zweiten Frau war zur selben Zeit auf dieser Insel und versprach mir in einem Bekanntenkreis Schach zu spielen und mit ihnen eine Radtour zu unternehmen. Darauf freute ich mich schon, als meine Stiefmutter plötzlich wegen erfundener Ungezogenheiten Gründe fand, mir mal wieder diese Versprechungen zu versagen. In mir machten sich Wut und Enttäuschung bemerkbar, die ich aber nicht ausleben konnte. Oder lag es vielleicht daran, dass sie und mein Vater Wind davon bekommen hatten, als man im Heim von Schule und Berufswünschen sprach, ich mich äußerte, dass ich Filmschauspieler werden wolle, um mich damit interessant zumachen und gleichzeitig etwas ganz Besonderes ausüben zu wollen, da man ja dann auch Fecht- und Reitunterricht bekommen würde. So sah ich mich im Geiste hoch zu Ross mit Pfeil und Bogen oder als Cowboy, der Indianern auf der Spur war.

Mit einem Jungen gleichen Alters verstand ich mich recht gut und wir fachsimpelten u.a. über Sexualität und wie Kinder zustande kommen. Diese Gespräche waren eher belustigend, als tief greifende Philosophie hervorzuheben. Wenn ich allerdings heute weitaus jüngere Kinder über solche Themen sprechen höre, wird mir ganz anders, mit welcher Unmoral und derben Äußerungen eigentlich edle Dinge in den Dreck gezogen werden. Das ist nicht nur auf die vor Jahren sogenannte antiautoritäre Erziehung zurückzuführen, sondern auch auf den Trend der Zeit, in der die Veröffentlichung aller Art für die Seele schädigende Darstellungen über Krieg, als hätten wir nicht schon genug davon in der Welt, Kriminalfilme, Brutalität und nicht zuletzt perversen Sex anbieten und das noch für jedes Kind zugänglich gemacht wird. Es gab schon immer obszöne Gegebenheiten in dieser Hinsicht, aber die wurden in früheren Zeiten entweder geheim oder hinter verschlossenen Türen gehalten. Soll doch jeder denken, was er will, da aber ein Teil der Menschen auf der ganzen Welt nicht der Norm entsprechende Vorstellungen hat und diese in die Tat umsetzt und somit einen abgetakelten Zirkus veranstaltet, passt es wohl zum Bewusstsein einer breiten Schicht, die nicht mehr all zu lange Zeit hat, ihre Moral, Macht und Geldgier in rechte Bahnen zu lenken. Die Chance, wieder auf den richtigen Weg zu kommen, besteht darin, wenn sich das kollektive Bewusstsein durch Kohärenz, Selbsterkenntnis entsprechend positiver Schwingungen erweitert und in vielen Bereichen der Welt durch die transzendentale Meditation getragen wird.

Seit meiner Kindheit habe ich ein unbewusstes Talent irgendwie aufzufallen, wodurch bei anderen Menschen ein gewisses Bedürfnis entsteht, mich zu attackieren.

Als wir beim Abendbrot an langen Tischen saßen, fing irgendein Schüler an, „Jens, Gens, Gens, Gens“ in den Saal zu plärren und prompt wurden alle Übrigen davon angesteckt, es ihm gleich zu tun. Es gab aber auch schon Vegetarier darunter und als ich einmal bei der Tötung eines Kalbes, dem der Schlagbolzen vor die Stirn gehalten wurde, dabei war, wollte ich mit Fleischessen aufhören. [4] Aber dieser Vorsatz versiegte sehr schnell, denn ich hatte noch nicht die entsprechende Standhaftigkeit und das Bewusstsein für Dinge, die Mensch und Natur dermaßen schädigen, wodurch das zukünftige Leben auf diesem Erdball entscheidend geprägt wird.

Schräg gegenüber vom Schloss stand das Schülerheim, indem es zur einer Eskalation kam, als ein Erzieher einen Schüler windelweich geschlagen hatte. Er war deshalb so wütend geworden, weil er mit dem Spitznamen Mumpitz nicht zurecht kam und nun das Internat verlassen musste. Er wurde aber später als Lehrer wieder aufgenommen und war wie umgewandelt. Ich hatte ihn als Menschen schätzen gelernt und war besonders über seine Meinung von Friedrich Schiller beeindruckt, denn er unterrichtete unsere Klasse jetzt im Deutsch-Unterricht.

Bis heute ist mir aber bei den vielen Versuchen meines Vaters, aus seinem Sohn etwas Vorzeigbares zu machen, nicht klar geworden, inwieweit ich ihm noch in finanzieller Hinsicht lästig war, zumal ich ihn durch meine schulischen Beurteilungen enttäuschte oder durch Tricksereien, mir ein Bein zu stellen, mich irgendwie los zu werden. Passend dazu wurde auf mysteriöser Weise in einem nahe gelegenen Trafohäuschen, indem man sich widerrechtlich Zugang beschafft hatte, mein Taschentuch gefunden. Was hatte das zu bedeuten, denn ich hatte nicht im Entferntesten ein Interesse, darin etwas zu suchen. Es wurden auch später ähnliche Dinge, auf die ich noch hinweisen werde, gegen mich verwendet. Der Verdacht liegt nahe, dass die sogenannte Mami, der ich von Anfang an ein Dorn im Auge war, da auch ihre Finger im Spiel hatte. Die Intrigen ihrerseits waren auch später einer bösen Stiefmutter ebenbürtig, auch wenn sie es diplomatisch zu vertuschen suchte, besonders dann, wenn man mir entsprechende Geschenke besorgte, die die anderen Kameraden ebenfalls von ihren Eltern bekamen.

Dazu zählten u.a. ein Fahrrad und eine Skiausrüstung. Das schönste aller Geschenke aber war eine Geige. Ich wurde feierlich in den Wohnraum meiner Erzieherin gebeten und auf dem Tisch lag, von angezündeten Kerzen umgeben, dieses Streichinstrument. Ich bekam nun systematischen Violinunterricht und da die zweite Frau meines Vaters eine staatlich examinierte Gesangs- und Cellolehrerin war, hätte man doch eigentlich davon ausgehen können, dass die Liebe zur Musik ein besseres Verhältnis zwischen uns beiden hervorbringen würde. Aber weit gefehlt. Trotz allem ließ mir mein Vater Schwimmunterricht und Reiterstunden geben, sorgte dafür, dass meine Zähne gerichtet wurden und zeigte mir das Konservatorium in Detmold, auf dem ich nach der Schule Musik studieren würde. In diesem schönen Städtchen gibt es ein Theater, in dem ich zum ersten mal mit einer Gruppe in die Oper ging. Wir sahen von Paul Hindemith: „Mathis der Maler". In der Loge neben mir saß die Mutter eines Klassenkameraden, die mir offenbarte, wie schön die Zauberflöte sei, die ich dann prompt während der Schulferien in der Hamburgischen Staatsoper für 1,10 DM auf einem Stehplatz zu sehen bekam. Der Wunsch, selber einmal Musik zu studieren, manifestierte sich zusehends und als ich bei der Eröffnung einer Monatsfeier ein Violinkonzert von Antonio Vivaldi in Begleitung am Flügel meines Musiklehrers spielen durfte und von den Zuhörern einen großen Applaus bekam, war ich ziemlich verlegen. Ein Jahr später freundete ich mich mit einem Schüler aus England an, der gut Geige spielen konnte und mit dem ich zusammen musizierte. Wir beiden komponierten auch ein wenig, aber leider war er sehr von modernen Kompositionen überzeugt, so dass ich lieber das Doppel-Violinkonzert von Vivaldi mit ihm einübte als disharmonische Klänge, die ich bis heute noch als Zumutung empfinde.

Da ich nicht den ersehnten Klavierunterricht bekam, ging ich nachmittags in einer der Klassenräume, in denen ein solches Instrument zum Unterricht bereit stand, und studierte mir eigenwillig, aber mit falschen Fingersatz, irgendwelche Sonaten, z. B. von Mozart in C oder in A-Dur, ein, welche zu den Juwelen seiner göttlichen Begabung gehören. Mit Noten und Quintenzirkel konnte ich jetzt recht gut umgehen. Ausgerechnet der Schüler der Mutter, die mir die Zauberflöte ans Herz gelegt hatte, sagte zu mir, als ich im Essensraum einfache Melodien improvisierte, dass er davon überzeugt sei, das ich einmal Komponist werden würde.

In den Schulferien war es mir vergönnt, entweder die Zeit in Remscheid oder in Hamburg zu verbringen. Lieber fuhr ich zu meiner Oma, meiner Mutter und Schwester, die in der Meldorfer Straße in Eppendorf lebten. Damals wusste ich noch nicht, dass meine Mutter ihr Geld im Rotlichtmilieu verdiente, und deshalb sah es mein Vater nicht gerne, wenn ich beim anderen Teil der Familie meine Ferien verbrachte. Da ich aber dort mehr Freiheiten hatte, z. B. soviel ins Kino zu gehen, wie ich wollte, denn im Internat war es nur selten erlaubt, fühlte ich mich mehr zu Hause, als in der sterilen Atmosphäre in Remscheid.

1959 führte unsere Klasse Wallensteins Lager auf, wobei ich den zweiten Jäger spielte und hier, wie so oft im späteren Leben, in eine Kuriosität hineinschlitterte. Während der Aufführung musste der Dragoner zu mir sagen: „Kamerad, lass er das unter wegen“, weil ich mit einer Marketenderin flirtete, auf die er es abgesehen hatte. Nun musste ich erwidern: „Wer Henker hat sich da drein zu legen.“ Aber der Dragoner verpasste seinen Auftritt und man hörte hinter der Bühne die flüsternden Stimmen den Spitznamen „Ala, wo steckst du, Ala, du bist dran!“ Schließlich kam er nach ca. drei Minuten Verspätung, wobei durch das Publikum schon ein Raunen gegangen war. Ich umarmte das Mädchen während dieser Zeit und ging mal hier, mal dorthin. Dadurch war die Aufführung gerettet.

Auf einem größeren Platz wurde ein neues Gebäude fertiggestellt und in dem Rohbau stand schon die Bühne für zukünftige Festlichkeiten. Auf dieser Bühne stand ich nun alleine, um den Max Piccolomini oder den Franz Moor zu interpretieren. Was für Träume, denn zu dem Zeitpunkt wusste ich noch nicht, dass ich die Schule für immer verlassen musste. Diese Erlebnisse ließen in mir den Wunsch aufkommen, entweder Schauspieler oder Musiker zu werden. Dadurch lebte ich jahrelang in einer Traumwelt, um dieses Ziel zu verwirklichen. Ich hatte aber nicht den leisesten Schimmer, wie schwer so eine Karriere ist, wie viel Hindernisse dabei zu bewältigen sind und wie mühselig und fast aussichtslos es ist, ohne Protektion und Förderung auf diesem Gebiet bestehen zu können.

Die schöne Umgebung und die Klassenausflüge in den Teutoburger Wald mit Besichtigung der Adlerwarte Berlebeck, den Externsteinen und das Hermannsdenkmal waren für jeden Schüler ein besonderes Erlebnis.

Ebenso das Johannisfeuer, welches am längsten Tag im Juni von der 10. Klasse bis früh morgens bewacht wurde.

Fahrrad fahren in der Natur, Ski fahren auf dem Melkstallberg, Fechten mit Holzknüppeln in der Dämmerung im Zusammenspiel der Glühwürmchen und mit Pferden umgehen zu lernen, Handballturniere, all das war wohltuend für Geist und Körper.

Bei einer Reiterveranstaltung verliebte ich mich in ein Mädchen mit Pferdeschwanz. Irgendwie kam es daraufhin zu einem Flirt und sogar zu einer Verabredung in Paderborn. Ausgerechnet ging es mir an dem Tag recht schlecht, auf Grund einer starken Erkältung.

Aber trotzdem fuhr ich mit dem Fahrrad zu dem abgemachten Punkt an einer Bahnschranke, die gerade geschlossen war. Gegenüber sah ich das Mädchen und außer eines Spaziergangs mit Händchen halten gab es nichts weiter als das übliche Geplauder über Schule und Berufsaussichten. Tja, so war das damals: ohne Handy oder Smartphone und sich schon gar nicht in einem Tanzlokal oder Café treffen und amüsieren. Einfach so!

Wir machten viele Fahrradtouren und da ich in den Pfingstferien im Internat bleiben musste, erzählte ich meiner Erzieherin, wohin ich überall hinfahren würde. Aber in Wirklichkeit hatte ich eine Arbeitsstelle in Geseke bei einem Bauern gefunden, um für eine DM die Stunde auf dem Acker Rüben zu ziehen. Mit diesem Geld kaufte ich mir Kopfhörer und einen Detektor mit Kristalldiode, um damit irgendwelche Sender ausfindig zu machen. Eigentlich war das verboten, aber inzwischen hatte ich mein eigenes Zimmer im Haus Ellerblick und konnte deshalb eine provisorische Antenne unter Mithilfe der Heizung installieren. Es war aber kein Sender zu finden. Erst am frühen Morgen hörte ich endlich eine Stimme: „ Here is the voice of American.“

Einmal fuhr ich mit einer Jugendgruppe nach Österreich und staunte, als wir den Alpen näherkamen, über die majestätischen Berge. Vorher hatten wir in Salzburg einen längeren Aufenthalt und als ich dort in einer Seitenstraße spazierte, war mir, als wäre ich in einer anderen Inkarnation schon am selben Ort gewesen. Ich war doch wohl nicht Hieronymus Joseph Graf Colloredo, der Mozart das Leben so schwer machte, sodass er seinen Dienst bei ihm quittieren wollte.

Nach den Sommerferien mussten wir hin und wieder auch mal auf dem Acker mithelfen, was mir nicht schmeckte, aber auch nicht schadete. Es gibt dort viele Wiesen und Felder und einmal kam ein Schüler auf seinem Fahrrad zum Haus Ellerblick angerast. Aufgeregt und aus der Puste verkündete er lauthals, er hätte über einem Acker eine fliegende Untertasse gesehen. Was er gesehen hatte, kann ich nicht beurteilen. Ob es eine Halluzination, eine Lichtspiegelung oder sonst etwas war? Wir waren verwundert, was er uns aufgeregt mitteilte, aber in jeder Darstellung eines Erlebnisses steckt bekanntlich ein Funken Wahrheit.

Tja, der Glaube! Er hat viele Varianten und Visionen in

puncto Wissen, Esoterik, Religion und vielerlei Dinge, die zwischen Himmel und Erde existieren. Damit haben sich schon lange sowohl Philosophen, Geistliche, Wissenschaftler als auch Humanisten und Dichter beschäftigt. Die kamen aber oftmals zu keinem schlüssigen Ergebnis. In Goethes Faust ist das offenkundig: „Habe nun, ach! Philosophie, Juristerei und Medizin und leider auch Theologie durchaus studiert, mit heißem Bemühn. Da steh‘ ich nun, ich armer Tor! Und bin so klug als wie zuvor."

Aber es gibt auch Menschen ohne Hochschule und Doktortitel, die sich für derlei Themen interessieren und durch Weiterbildung ein erweitertes Wissen bekommen. Ich selbst forsche seit meiner Kindheit nach dem Sinn des Lebens und dadurch wurde mir im Laufe der Zeit manche Antwort offenbart. Durch die Vorsehung begegnete ich immer wieder Gleichgesinnten, mit denen ich mich ausführlich und lange über Dinge, die zwischen Himmel und Erde existent sind, auseinandersetzte. So kam ich zu der Erkenntnis, dass es sogenannte Zufälle gar nicht gibt und das wurde mir durch besondere Vorkommnisse in den Lebensabläufen verschiedener Schicksale bestätigt. So z.B., dass der eine oder andere von seinem Vorhaben abgehalten wurde, ein Flugzeug zu besteigen, welches abstürzte oder anderweitig verunglückte.

Es gibt im Leben für nichts eine Lebensgarantie, egal, ob es sich um Gesundheit, Reichtum, Tod oder Leben handelt. Wenn ein gewisses Ereignis eintreffen soll, dann trifft es ein, ob man es will oder nicht. Das soll aber nicht heißen, das man nicht umsichtig oder gleichgültig ist und vor allem auf seine innere Stimme, auch Intuition genannt, hören sollte, die wie ein Schutzengel so manches Unheil verhindern kann.

Wie kann man der Gotteswelt näher kommen, um sie besser zu verstehen? Jedem Menschen wird früher oder später bewusst werden, dass es mit Sicherheit eine höhere Macht gibt, für die sie vielen Kulturen und Religionen der Welt unterschiedliche Begriffe haben, mit denen aber letztlich ein und dasselbe gemeint ist.

In der Wissenschaft wird ja immer nur das anerkannt, was physikalisch und mathematisch bewiesen ist. Dass hinter diesen Erkenntnissen eine unsichtbare Führung steckt, die den Sinn und Zweck erfüllt, indem sie dafür sorgt, dass alle Voraussetzungen, wie z. B. das Magnetfeld und die Gravitation, die präzise durchdachten Entfernungen von Sonne, Mond und Erde, geschaffen werden, welche eine kosmische Harmonie und auch das Leben auf diesen Planeten erst möglich macht, wird ignoriert oder gar nicht erst in Erwägung gezogen. Alles ist geordnet und gelenkt wird es durch das unendliche Bewusstsein, welches wir Gott nennen. Wie aber soll man sich die Gottes- oder Himmelswelt vorstellen, wenn man nur an das glaubt, was für uns existenziell bewiesen ist. Adjektive können wir nicht anfassen oder nur bedingt sehen, wie z.B. liebenswert, ärgerlich, traurig, glücklich etc. Sie sind aber trotzdem existent. Und wenn man die geistige Welt etwas besser verstehen möchte, so ist der Traum im Schlaf ein hinkender Vergleich, kommt dem aber schon näher, wenn Jesus Christus sagt: Mein Reich ist nicht von dieser Welt. Ein Gehirnchirurg sah das recht salomonisch, indem er sich äußerte: „Ich habe schon viele Gehirne gesehen, aber noch keine Gedanken." Sie gibt es ebenso wie Gefühle, Wut oder Trauer, obwohl wir sie mit unseren irdischen Augen nicht oder nur indirekt sehen können.

„Herr vergib ihnen, denn sie wissen nicht was sie sie tun.“

Das sagte Jesus Christus kurz vor seinem irdischen Ableben, gemartert und gequält am Kreuz, um für alle Generationen einen Weg vorzubereiten, der allen Menschen die Möglichkeit gibt, wieder ins Vaterhaus zurückzukehren, da, wo sie letztendlich vor Äonen herkamen.

Es ist unglaublich, aber wahrhaftig: Der höchste Geist des Universums begibt sich in den Körper eines Menschen, um uns in seiner Güte nützlich und dienlich zu sein und uns weiter in unserer Entwicklung und weg von der Finsternis zu helfen. Diese große Gnade und Barmherzigkeit sollte dem Menschen, der allzu oft bis in die heutige Zeit grausam, brutal, geldgierig und herrschsüchtig ist, zu denken geben, indem er immer und immer wieder eine große Chance bekommt, sich ab von allem Gegensätzlichen und dunklen Machenschaften abzuwenden. Aber was tut er stattdessen? Er macht sich keinerlei Gedanken, was Jesus Christus in seiner Bergpredigt und in seinen Geboten vermittelt hat, damit die Menschheit vom Grobstofflichen über das Feinstoffliche zum wahren Licht geführt werden kann.

Menschen, die aber absolut nichts von dieser Botschaft wissen wollen und gegensätzlich handeln, werden den ein oder anderen Erdenbürger in den Strudel dieser negativen Schwingung hineinziehen, wenn dieser nicht stark genug ist, sich nicht davon beeinflussen zu lassen, oder er hat sich so weit entwickelt, dass ihm durch sein erweitertes Bewusstsein Anfeindungen dieser Art nichts mehr anhaben können.

Natürlich war es, leider noch bis heute, immer sehr gefährlich, wenn Diktatoren, deren Helfer oder Drahtzieher an die Macht kommen und nicht wissen, was sie tun, weil sie durch ihre Entwicklung auf Grund von Ursache und Wirkung in ihrer begrenzten, von Sinnen vernebelte Welt wie eine nicht bezähmbare Furie mit den ihnen zu Verfügung stehenden Mitteln Unheil anrichten.

Unrühmliche Beispiele gibt es genug und man kann nur hoffen und dafür beten, dass das Bewusstsein der Menschen immer mehr auf diesem winzigen, aber nach astronomischen Erkenntnissen einzigartigen und wunderschönen Planeten angehoben wird und die Mutter Erde eine Chance bekommt, die von unserem Schöpfer geschaffene Natur zu erhalten.

Bevor ich die Rudolf-Steiner-Schule und das Internat verlassen musste, fuhr ich in den Sommerferien mit einer Jugendgruppe auf die Insel Langeoog zur Jugendherberge. Vom Hafen bis ins Dorf fährt eine kleine romantische Inselbahn, von wo aus man dann mit einer Pferdedroschke an das jeweilige Ziel gelangt. Wir aber marschierten zu Fuß zu der etwa fünf Kilometer entfernten Domäne Melkhörn, die von Dünen, Weideland und Wattenmeer umgeben ist. Es ist schon ein kleines Paradies mit Kilometer langen Sandstränden, Möwengeschrei und bewegter See, von wo man stimmungsvolle Sonnenuntergänge erleben und nachts den klaren Sternenhimmel bewundern kann.

Am Tage wurde auf dem anliegenden Bolzplatz Fußball gespielt und in der Herberge wurden jeweilige Gruppen zum Küchendienst herangezogen. Es gab auch schon mal die ein oder andere Mädchenbekanntschaft, die aber nicht von Bedeutung sein sollte.

In späteren Jahren wurde Langeoog dann aber in dieser Hinsicht für mich zur Schicksalsinsel. Zum ersten mal fuhr ich mit einem relativ kleinen Schiff nach Helgoland. Ich freundete mich mit einem Jungen an, der genau so viel Spaß hatte, als bei Windstärke 6 bis 7 die Wellen gegen den Bug der Atlantis krachten. Die Türen knallten, vielerlei rutschte hin und her und manch einer wurde seekrank. Wir standen am Bug und freuten uns über jede Welle, die über uns hinweg klatschte. Dass wir dabei pitschnass wurden, störte uns nicht. Auf der Rückfahrt war die See immer noch sehr bewegt und wir genossen mit allem drum und dran noch einmal denselben Spaß.

Die Ferien, das Landleben, der Musikunterricht etc. war eine unbedarfte Zeit, aber dann kam der Ernst des Lebens.

Ich war in der zehnten Klasse und hielt dort einen Vortrag über Tutanchamun, als mir plötzlich mitgeteilt wurde, ich müsse zur Weiterbildung nach Wanne-Eickel. In Herne organisierte man für mich ein Zimmer zur Untermiete.

In dieser Wohnung stand ein Flügel, der mich wieder magisch anzog. Das merkte die Inhaberin, die mir daraufhin erlaubte, ihr etwas vorzuspielen. Sie lauschte den Klängen einer D-moll-Improvisation, weil diese zu meinen Lieblingstonarten gehörte, und konnte nicht verstehen, weshalb ich auf diesem Gebiet nicht weiterhin gefördert wurde.

In der Berufsfindungsschule Dr. Fintelmann gab es neben dem nicht einfachen Theorieunterricht, unter anderem eine Schmiede, Schlosserei und eine Tischlerei. Da ich alles zu befolgen hatte, was mein Vater anordnete, ließ ich mich, solange er für mich aufkommen musste, regelrecht (er)ziehen.

An ein Musik- oder Schauspielstudium war nicht mehr zu denken, also überließ ich meine weitere Zukunft den „anderen". Mitspracherecht war tabu, gefragt wurde ich nicht!

Das konnte natürlich nicht gut gehen, denn ein Mensch kann nur dann beruflich bestehen, wenn er zwanglos und mit Interesse seine Arbeiten ausführen kann. Also scheiterte ich nach ein paar Wochen. Was nun, dachte mein Vater und steckte mich in eine Institution, die ein Mix aus Internat, Kunstunterricht und Arbeitsdienst war. Hier begann ich in die besagte Kladde freiwillig meine ersten Erlebnisse niederzuschreiben.

Am 04. Oktober brachte mich mein Vater in das hessische Dörfchen Bingenheim. Dort bekam ich mein eigenes Zimmer, in dem ich mit meinen Kopfhörern und Detektor viel klassische Musik ungestört hören konnte. Der Tagesablauf begann um 07:30 Uhr mit Frühstück. Mit Arbeitsklamotten ging es dann in die Gärtnerei, in der Rüben gezogen, Möhren ausgegraben, auch Sellerie und Porree bearbeitet und mit der Schubkarre allerlei Unkraut zum Komposthaufen gebracht wurde. Petersilie, Rettich und Zwiebeln wurden zurecht gemacht und nicht zuletzt Sand und Torferde zum Friedhof gefahren. Wenn mir das auch nicht sonderlich gefiel, so wurde aber ein Ausgleich dadurch geschaffen, weil in diesem Internat mit anthroposophischen Kontext der Geigenunterricht fortgesetzt wurde und man hin und wieder in einem kleinen Hauskonzert mitspielte oder mit einem Lehrer die Sinfonien von Beethoven anhörte. Dieser Dirigent gab mir öfter zu verstehen, dass ich auf Grund meines falschen Fingersatzes erst dann auf dem Klavier spielen sollte, wenn ich entsprechenden Unterricht bekäme, den ich kurz danach auch in Friedberg bekam.

Eines Tages begab ich mich in die Dorfkirche und lauschte den wunderschönen Klängen der Orgel, die ich bis heute noch zu meinen Lieblingsinstrumenten zähle. Ich nutzte die Gelegenheit, um den Organisten zu treffen und ihn zu fragen, von wem diese Komposition gewesen wäre. Er war sehr freundlich und sagte, das es die Fantasia und Fuge in g-moll von J. S. Bach BWV 542 gewesen sei. Er spürte förmlich. das ich selber einmal darauf spielen wollte und erlaubte mir diesen Wunsch zu erfüllen. Nachdem ich bei unserem Lehrer das 3. Klavierkonzert von Beethoven gehört hatte, war c-moll jetzt eine Lieblingstonart von mir geworden. Auch Mozart hatte ja ein ähnliches in c-moll komponiert und improvisierte eine entsprechende Melodie. Die Bässe der Fußtastatur konnte ich allerdings nur beim Schlussakkord betätigen, weil ich zum ersten Mal mit so einem wunderschönen Instrument in Berührung kam. Nach meiner Komposition klatschte er verhalten in die Hände, um mich vielleicht zu ermutigen oder auch weil er sich an meinen dilettantischen Versuchen erfreute.

Schon ein paar Tage nach meiner Ankunft in Bingenheim bekam ich einen Brief von meinem Vater, in dem stand, dass ich seine Fotobilder entwendet hätte. Diese Behauptung war genauso absurd wie die Unterstellung des vermeintlichen Einbruchs im Trafohäuschens auf dem Gelände des Landschulheimes. Und wieder vier Wochen später wurde ich vom Heimleiter angesprochen, dass die Polizei zu mir kommen würde, weil das Sparbuch der Großmutter gestohlen wurde. Das war abstrus, da ich diese Person gar nicht kannte und schon erst recht nicht wusste, wo und was sie in ihrem Besitz hatte. Diese indirekte Unterstellung war dann des Guten zu viel und ich beschloss nach Hamburg zu fliehen, was aber von vornherein zum Scheitern verurteilt gewesen wäre.

Später war ich zu der Überzeugung gekommen, dass diese Attacken nur den einen Grund hatten, um mich los zu werden, zumal ich auf Veranlassung meines Vaters in einer Nervenklinik mit einem Enzephalogramm (EEG) oder Ähnlichem mental untersucht wurde. Man konnte aber lediglich feststellen, dass ich in dieser Hinsicht kerngesund war.

Inzwischen hatte ich mich beworben, statt in der Gärtnerei zu buddeln, in der Tischlerei mitwirken zu dürfen. Dieser Wunsch wurde mir erfüllt, ohne zu wissen, dass es einerseits ein Eigentor, andererseits die spätere Loslösung von der Stiefmutter mit ihren Machenschaften war, denn ich schenkte meinem Vater zu Weihnachten einen selbst gefertigten Holzkasten. Dübeln, Verzinken, Hobeln, Schleifen und Lackieren war mir ja in der Werkstatt beigebracht worden. Da meine Stiefmutter seit ihrer Jugend mit dem Chef einer Cembalobau-Werkstatt befreundet war, ergriff mein Vater jetzt die Gelegenheit, mich dort in die Lehre zu schicken.

„Wenn der Meister dich fragt, ob du für dieses Handwerk Interesse hast, sagst du natürlich ja", befehligte mein Vater vor dem Einstellungsgespräch. Und was sollte dabei schon herauskommen als ein grandioser Misserfolg? Lehrjahre sind keine Herrenjahre, heißt es im Volksmund. Es gibt deshalb aber keinen Grund, einen Lehrling zu schikanieren. Das allerdings taten der Chef und seine Freundin, die ja unter einer Decke steckten.

Mit Hans, der im dritten Lehrjahr war, verstand ich mich recht gut und machte mit ihm auf einem Sportplatz Wettläufe. Auch betätigte ich mich in einem Handballverein und verletzte mich während eines Spiels am Mittelfinger, sodass ich krankgeschrieben wurde. In dieser Zeit malte ich ein Bild in Aquarell, welches ich einem Meister in der Werkstatt zugedacht hatte und der Chef war überrascht, als ich diesem dieses Bild übergab.

Von Januar bis Oktober 1961 stand ich die Zeit meiner Lehre mit versauertem Essen, unberechtigten Ohrfeigen des Chefs, die letzten Drecksarbeiten, den Spänebunker ausleeren, miese Behandlung der Stiefmutter, Intrigen und andere Ungereimtheiten durch. Das Leben mit dieser Frau wurde immer unerträglicher und das spitzte sich zu, als diese meiner Schwester und mir folgte, als wir zur Mittagsruhe unsere Zimmer betraten und ich das zu Weihnachten geschenkte Transistorradio meiner Mutter bei mir hatte.

„Willst du nicht mal der Birgit das Radio leihen?“, kam es über die Lippen dieser Frau, denn sie wusste allemal, wie gern ich es benutzte. Daraufhin erwiderte ich prompt, aber undiplomatisch: „Ja, wenn mich meine Schwester danach gefragt hätte.“

Und auf dem Absatz verschwand sie in die unter uns liegende Wohnung. Nach der Mittagsruhe stand mein Vater mit bitterbösem Gesicht vor mir und gab mir deshalb eine gesalzene Ohrfeige. Jetzt platzte mir der Kragen und ich schrie beiden meine volle Rechtfertigung ins Gesicht, sodass mein Vater mir zu verstehen gab, dass er zukünftig in Sorge wäre, wenn ich mit seiner Frau alleine wäre.

Aufgrund dieser angespannten Atmosphäre schickte mich mein Vater zu einem Psychologen, dem ich mein Herz ausschütten konnte, der aber genau das Gegenteil veranlasste, als es meinem Wunsch entsprach: nämlich dafür zu sorgen, in Hamburg bleiben zu dürfen. Stattdessen wurde ich auf Vorschlag von diesem frommen Doktor, so ähnlich war sein Name, laut Prospekt nach Traunreut in Bayern versetzt. Ein grauenvolles Heim, in dem es eine Tischlerei und Schlosserwerkstatt gab, aber nicht geheizt wurde und sehr schlechtes Essen zur Tagesordnung gehörte; ganz zu schweigen von Intrigen und Verhören über Intimitäten. Wieder wollte ich fliehen, aber wohin und zu wem? Das war die große Frage, die ich mir selbst beantworten musste. Ein winziges Schlupfloch ermöglichte es mir aber dann, aus dieser prekären Situation herauszufinden.

HOFFNUNG UND ILLUSIONEN

Als ich in den Weihnachtsferien meine Familie mütterlicherseits besuchen durfte, kümmerte ich mich selbst um eine Lehrstelle bei der Firma Steinway & Sons, die mir gleichzeitig ein Junggesellenheim in Halstenbek vermittelte, und nur mit diesem Freibrief erlaubte mir mein Vater, endlich nach Norddeutschland zu ziehen, wobei er die Wohnkosten einschließlich Verpflegung übernahm. Er schenkte mir zu Weihnachten einen Fotoapparat, eine Aqua Clack, mit der ich im Winter 1961/62 einige Aufnahmen von Hamburg machte, welche man in meinem Gedichtbüchlein findet.

In diesem Jahr gab es weltbewegende Ereignisse, die ich aber aufgrund meiner eigenen Probleme nur am Rande wahrnehmen konnte. Am 12.04.1961 flog der sowjetische Kosmonaut Juri Gagarin als erster Mensch ins Weltall und kurze Zeit später, am 15.08.1961 begann der Mauerbau quer durch Berlin. Die weltpolitische Szene spitzte sich bedrohlich zu.

Ich hatte zwar mein Ziel erreicht, bei Hamburg zu wohnen, aber unbewusst sträubte ich mich den Klavierbauerberuf anzunehmen. Das konnte einerseits auf Dauer nicht gut gehen. Andererseits brachte mir das Jahr 1962 viele neue Eindrücke: erste Mädchenbekanntschaften auf dem Dorffest, Tanz im Eggerstedter Park, den Umgang mit dem Moped und nicht zuletzt die Bekanntschaft mit dem Alkohol. Ich hatte ein großes Ressentiment davor und es widerte mich an, am Rande die Saufgelage mitzuerleben; vor allem, wenn man sich auf den Toiletten erbrach.

Eines Tages, ich kam gerade von der Arbeit, saßen meine

drei Stubengenossen am Tisch mit zwei großen Flaschen Rum. Ich wollte mich aus dem Staub machen, aber was blieb mir anderes übrig, als mit zu feiern, denn Benn aus Algerien hatte Geburtstag. Nach langem Hin und Her trank ich den hochprozentigen „Saft“. Ich hatte zwar hin und wieder das ein oder andere Bier getrunken, aber purer Schnaps war für mich bis zu diesem Zeitpunkt tabu.

Im Nu war ich benebelt und bald war ich blau, sodass ich lallte, nur noch Tee zu trinken. Ich merkte aber nicht, dass man mir mehr Rum als Tee in mein Glas gegossen hatte. Die Jungs hatten ihren Spaß und als ich von der Toilette kam, gingen bei mir die Lichter aus und ich fiel mit dem Hinterkopf auf die Türschwelle. Das war dann des Guten zu viel, denn man musste mir unter die Arme greifen, um mich ins Bett zu legen. In der Nacht erbrach ich mich und die Stubenkameraden mussten alles wieder säubern. Am Morgen stellte ich fest, dass es nicht ungefährlich gewesen war, denn auf meinen Händen hatten sich rote Striemen gebildet.

Das Jahr 1962 hatte aber auch angenehme Zeiten. Meine Mutter schenkte mir, nachdem ich den Führerschein Klasse 5 gemacht hatte, ein gutes gebrauchtes Moped der Marke Quickly NSU-T, mit dem ich in den Sommerferien mit 45 km/h von Jugendherberge zu Jugendherberge durch die Lande reiste.

Als ich in Remscheid an der Tür meines Vaters klingelte, wurde ich von ihm und seiner Frau lieblos abgewiesen, mit der Begründung, ich hätte mich anmelden müssen. Daraufhin fuhr ich in die Jugendherberge Wuppertal. Meinen Vater plagte aber dann das Gewissen und er glaubte, ich würde in der J. H. Schloss Burg übernachten. Als er dort anrief, um sich nach mir zu erkundigen, war ich bereits in Wuppertal, um am nächsten Tag meine Tour in Richtung Leer fortzusetzen. Weiter ging es dann über Esens nach Bensersiel, von wo aus ich mit der Fähre ein zweites Mal die schöne Insel Langeoog betrat. Damals durfte man noch mit dem Moped durch die Dünen kurven und nun war ich wieder an dem Urlaubsort, der mir vor zwei Jahren schon so gut gefiel.

Ende 1962 lernte ich in Halstenbek meinen späteren Freund Franz kennen. Ich sprach ihn an einem Wochenende an, ob er Lust hätte, mit mir nach St. Pauli zu fahren. Er verneinte zunächst, kam aber nach kurzer Zeit in mein Zimmer mit Anzug, Schlips und Neil-Test-Hemd, um mit mir dann doch noch mit der Dampflok nach Altona zu fahren. Wir waren in der großen Freiheit und gingen in das Medaillon, in dem Laternen an der Decke angebracht waren und zum Tanzen konnte man sich an einem Plattenautomat für ein paar Groschen bedienen. Gegen das Geschrei und die ohrenbetäubende Geräuschkulisse von heute war das damals ein musikalischer Genuss, wenn die Bee Gees, Everly Brothers, Simon & Garfunkel und viele solcher Gruppen zu hören waren. (5) Wir begnügten uns mit ein oder zwei Flaschen Bier für 1,10 DM, denn die Getränkepreise im gegenüberliegenden Star-Club, wo zu dieser Zeit die Beatles ihre kometenhafte Karriere starteten, waren für uns Auszubildende eher zu hoch. Wir unterhielten uns über alles Mögliche und dabei stellte sich heraus, dass er acht Monate vor mir im selben Krankenhaus wie ich in Sol Bad Hall bei Innsbruck das Licht der Welt erblickt hatte.

Im Winter 1961/62 war die Alster zugefroren und sein

uriger Stubenkamerad Uwe, mit dem ich ein paar Tage später auf glatter Straße mit seinem Motorroller eine Bauchlandung machte, gesellte sich zu uns, als wir uns auf einer Eisbahn der zugefrorenen Alster eine Rutschpartie erlaubten.

Noch ein Vierteljahr vorher war uns weniger bewusst geworden, auf was für einem gefährlichen Pulverfass sich unsere Erde befand, denn am 22.10.1962 führte die Kuba-Krise beinahe zum Dritten Weltkrieg mit der völligen Vernichtung durch Atombomben. Dieser Albtraum blieb der Menschheit gottlob erspart, dennoch sollte sie sich auch in Zukunft in dieser Hinsicht auf keine Experimente und Abenteuer einlassen, denn Luzifer wartet doch nur darauf, seine komplette Herrschaft durch die Dummheit der Menschen auf unserem Planeten für sich zu gewinnen.

Als die Fa. Steinway & Sons meinem Vater zu verstehen gab, dass man das Lehrverhältnis über kurz oder lang beenden müsste, drohte er mir mit einem Rechtsanwalt, dass nur noch der Hilfsarbeiter, die Handelsmarine, ein Erziehungsheim oder die Bundeswehr in Frage kommen würde, sollte das Lehrverhältnis aufgelöst werden, denn mit 18 Jahren war man damals noch nicht mündig. Daher musste mein Vater weiterhin finanziell für mich aufkommen und das wollte er verständlicherweise vermeiden.

Schnell suchte ich mir nach der abgebrochenen Lehre eine Arbeit, um dem Vorhaben meines Vaters zu entkommen. Aufgrund der schlecht bezahlten harten Arbeit war ich mal gerade drei Tage im Hotel Atlantik als Hausdiener tätig gewesen. Um ja keinen Leerlauf zu haben, suchte ich aufgrund meiner Unbeständigkeit immer schnell einen neuen Job: entweder als Zeitungsbote oder Küchengehilfe bei der ISG oder auch mal zur Abwechslung als Vertreter einer Bildungsgemeinschaft. Auch die Flausen in meinem Kopf, einmal auf einer Bühne zu stehen, waren nach wie vor noch sehr lebendig. Ich unterzog mich einer Prüfung bei der paritätischen Prüfungskommission, die aber negativ ausfiel. Man war der Meinung, dass ich zwar mit einem gewissen Enthusiasmus die Monologe vom Franz Moor, (Die Räuber) Weislingen, (Götz von Berlichingen) oder den Mephisto im Faust auf der Bühne des St. Pauli Theaters vortrug, aber die Wahl der Rollen nicht meinem Alter und Äußerem entsprachen. Die Bewegungen wären hölzern und die Stimme gepresst gewesen. Dennoch könne ich die Prüfung mit zu mir passenden Rollen, wie z. B. aus Thornton Wilders Stück, Unsere kleine Stadt, wiederholen. Das dämpfte meine Illusionen ein wenig, ließ mich aber keineswegs von meinen Hoffnungen abbringen, irgendwie, irgendwo, und sei es durch Beziehungen, doch noch eine Möglichkeit zu bekommen, im Fernsehen, Film oder auf einer Bühne mitwirken zu können. Deshalb schrieb ich meine Wünsche an den Regisseur Bernhard Wicki (Die Brücke) und Elisabeth Flickenschild. Das war in etwa so naiv, wie wenn sich meine Großmutter als Pilot bei der Lufthansa bewerben wollte.

Möbel von einem Raum in einen anderen Saal zu schieben, Leute auf offener Straße anzusprechen, Kartoffeln schälen oder Ähnliches war dann doch nicht so nach meinem Gusto. Als ich aber dann die in schmucken Livrees gekleideten Wagenpagen beobachtete, wusste ich sofort, dass ich mit Genehmigung meines Vaters die Chance ergreifen würde, mich bei der Touropa für die Sommersaison zu bewerben, was mir erfreulicherweise auch gelang. Es war eine saubere und vielseitige Aufgabe, an der ich viel Freude hatte, zumal man flirten konnte und schöne Urlaubsorte kennenlernte, wie z.B Seebrugg im Schwarzwald. Touropa war neben Hummel und Scharnow einer der komfortabelsten Reisegesellschaften, welche einen sehr guten Service und Unterhaltung während der Fahrt anzubieten hatte. Zudem bekam jeder Page sein eigenes Abteil, konnte im Speisewagen unentgeltlich sein Abendessen zu sich nehmen und nach Betreuung der Urlaubsgäste, einschließlich Betten bauen, sich zu Ruhe begeben. Das Grundgehalt war dürftig, deshalb hatten die Trinkgelder einen besonderen Stellenwert und je mehr Fahrgäste, um so besser der Lohn.

Inzwischen hatte meine Großmutter eine ärmliche Bodenwohnung bekommen, in der ich mein eigenes Zimmer hatte und die von meiner Mutter während meinem Aufenthalt in Oberstdorf tapeziert wurde. Mir fehlte aber sowohl ein Bett als auch ein Kleiderschrank und so schlief ich vorläufig auf den Matratzen, die ich im Internat von meinem Vater bekommen hatte. Einen Volksempfänger hatte ich von einem Mitbewohner in Halstenbek für 10 DM bekommen und das übrige Mobiliar bestand aus einem uralten Sessel, einer entsprechenden Stehlampe und einer Schreibkommode. In Omas Zimmer war eine kleine Abstellkammer für Lebensmittel, ein Gasofen zum Kochen und ein etwas größeres Waschbecken mit fließend Kalt-Wasser. Die Toilette war draußen auf dem Flur und wurde mit drei Familien geteilt. So nach und nach kaufte ich mir von dem wenigen Gehalt einen Tisch, ein Bett, eine Heizsonne und einen Stuhl. Man würde heute sagen: sehr primitiv, aber ich war 19 Jahre, jung und unbesorgt, weil ich endlich mein eigenes Zuhause hatte.

Die zweite Tour ging nach Mittenwald und ich besuchte dort die berühmte Geigenbauer Werkstatt, in der jetzt mein ehemaliger Freund Christoph in der Ausbildung war. Ich denke heute, dass mir dieses Handwerk eher zugesagt hätte, als Klaviere zu bauen.

Die dritte Tour ging über Mailand nach Albenga und da ich Italien noch nie gesehen hatte, war ich um so mehr von dem angenehmen Klima und der schönen Landschaft beeindruckt. Aber meine angenehme Tätigkeit währte nicht lange, denn die vierte und vorläufig letzte Tour wurde für mich zum Fiasko, denn am 17. Mai, drei Tage vor meinem 19. Geburtstag, ging es nach Oberstdorf, wo ich den längeren Aufenthalt zu einem imposanten Spaziergang nutzte, da der Urlaubszug erst am späten Nachmittag nach Hamburg zurück fuhr.

Bei blauem Himmel und grünem Weideland ging ich allein an der Schattenbergschanze vorbei in Richtung Bergmassiv. Der Weg wurde immer einsamer und schmaler. Auf dieser Wanderung verlief ich mich, sodass ich nicht mehr wusste, wo mein Trip enden würde. Plötzlich rutschte ich einen Abhang hinunter. Ein morsches Bäumchen, an dem ich mich festhielt und auch noch abbrach, leistete mir dabei Gesellschaft. Als ich endlich einen Halt bekam, sah ich hinauf und dann nach unten. Dabei wurde mir mulmig zumute und ich überlegte einige Minuten lang, was ich wohl am besten unternehmen könne, denn ich saß in der Falle.

Von da an verließ mich mein Erinnerungsvermögen, denn ich stürzte einen steilen Abhang hinunter und musste mit enormer Wucht auf einen Weg gekracht sein, denn ich war bewusstlos mit einer Gehirnerschütterung, einer doppelten

Oberarmfraktur und Schlüsselbeinbruch von einem Ehepaar aufgefunden worden. Einmal mehr hatte mein Schutzengel über mich gewacht, denn wäre ich in einem Gebüsch gelandet, hätte mich kein Mensch bemerkt und ich wäre höchstwahrscheinlich erfroren.

Das sehr nette Ehepaar hatte die Bergwacht alarmiert, die anhand meiner Uniform den Reiseleiter informierte und mich in das Kreiskrankenhaus brachte, in dem ich langsam aus meiner Ohnmacht erwachte. Zunächst bekam ich dort einen Streckverband und da nach vierzehn Tagen, warum auch immer, sich keine Möglichkeit ergab, den Oberarmknochen zu nageln und sich die Kallus entwickelte, musste man diesen unter Vollnarkose irgendwie zusammenfügen. Das nette Ehepaar besuchte mich, um zu sehen, wie es mir erging, und brachte mir einen Fruchtsaft zur Stärkung. Ich entschloss mich, nachdem der Arm im Gipsverband lag, diesen in Oberstdorf ausheilen zu lassen und konnte mich in dem nahe gelegenen Garten im Liegestuhl bei Sonnenschein und leiser Musik „Sukiyaki" der Blue Diamonds gut erholen. Von meinem kleinen Gehalt kaufte ich mir nämlich ein Kofferradio, welches einen hervorragenden Klang hatte. Hin und wieder machte ich einen Spaziergang zu dem nicht weit entfernten Eisstadion und beobachtete Marika Kilius und Hans Jürgen Bäumler bei ihrem gemeinsamen Training. Die beiden waren zu der Zeit das erfolgreichste deutsche Paar im Eiskunstlauf, Europa- und Weltmeister. Bei meiner Rückkehr in Hamburg musste ich meinen Arm erst mal mit Massagen wieder beweglich bekommen, da dieser durch die Ruhestellung steif geworden war, bevor ich wieder meinen Dienst bei der Touropa antreten konnte.

Der Herbst kündigte sich an durch bunte Blätter und kühlere Temperaturen. Der Vertrag mit der Touropa war abgelaufen und so stand ich jetzt wieder vor dem beruflichen Nichts. Ich hatte ja mit dem Beruf eines Schriftsetzers geliebäugelt, um später als Grafiker ausgebildet zu werden. Dem hätte mein Vater zugestimmt, doch der Meister einer Buchdruckerwerkstatt war nicht bereit, mich wegen meiner hinlänglich abgebrochenen Lehre auszubilden, obwohl ich zuvor eine Eignungsprüfung gemacht hatte und von einem Berufsberater empfohlen wurde. Nun stand ich da mit meinem Talent und wusste nicht, was ich anfangen sollte. Da kam die rettende Idee meiner geliebten Großmutter, die früher einmal bei der Reichspost angestellt war und mit mir zum Postamt 22 ging, um mich dort als Facharbeiter zu bewerben. Noch am selben Tag wurde ich nach dem Einstellungsgespräch mit einem Inspektor über den Ablauf der Tätigkeiten und Dienstvorschriften informiert und zudem noch über die Aufstiegsmöglichkeiten unterrichtet.

Am 21.10.1963 wurde ich in Begleitung eines Kollegen in der Dehnhaide als Briefzusteller angelernt und hatte nun nach langer Zeit einen gesicherten Arbeitsplatz. Da der Winter nahte, wurde uns ein Ofen genehmigt. Das Heizmaterial dazu holte ich in einer nahe gelegenen Kohlenhandlung mit einem Bollerwagen und den 25 kg schweren Sack mit Kohle und Eierbriketts wuchtete ich dann in den fünften Stock der Altbauwohnung.

Da ich nun auch eine Monatskarte der HHA besaß, zudem recht gutes Geld verdiente, konnte ich jeden Abend mit der U-Bahn nach St. Pauli fahren, um in den bekannten Star Club zu gehen, in dem in der Großen Freiheit zur dieser Zeit die berühmtesten Bands auftraten, wie z. B. Jimi Hendrix, Toni Sheridan, Bill Haley und nicht zuletzt die legendären Beatles. Dieses Gebäude war in den 50iger Jahren ein Kino, dass man 1962 für den wohl größten Rockpalast aller Zeiten umbaute. Vorhang und Bühne, auf der im Hintergrund eine Kulisse von New York zu sehen war, machten zur Musik u.a. auch von den Rattles mit Achim Reichel, die King Size Taylor, Little Richard, The Shadows, Fats Domino und viele mehr einen überwältigenden Eindruck. Jede Stunde wurde hinter dem Vorhang eine andere Band angekündigt, wobei um 21:45 Uhr im Saal eine Ausweiskontrolle gemacht wurde, da man damals unter 18 Jahren das Lokal gesetzlich verlassen musste. Dasselbe geschah in dem Twistschuppen Top ten auf der Reeperbahn, in dem jeden Abend zwei Kapellen spielten und in dem viele Singles anzutreffen waren. Das sprach sich schnell herum und jemand, der Solo war, hatte dort gute Chancen, dem entgegen zu wirken.

Oftmals fuhr ich mit der letzten U-Bahn um 0:45 Uhr nach Hause, hatte drei Stunden Schlaf, um dann um 05:30 zum Dienst zu erscheinen. Das passierte natürlich nicht jeden Tag, aber oft genug, um die ein oder andere Bekanntschaft zu machen. Der sogenannte Kiez war damals für junge Leute wesentlich attraktiver als heute, denn es gab die unterschiedlichsten Tanzlokale, wie das Café Keese, das Zillertal oder das Bayrisch Zell, in denen man Bekanntschaften schließen oder sich anderweitig amüsieren konnte. Zudem gab es viele urige Lokale, die aber nicht alle den besten Ruf hatten, wie z.B. zum goldenen Handschuh, die Bunte Kuh, oder der Rattenkeller. Mein Stammlokal wurde in den weiteren Jahren das Künstlertreff neben dem Oase Kino, in dem u.a. Filme mit Eddi Constantine oder Jerry Lewis zu sehen waren.

Irgendwann, im Oktober 1963, begab ich mich mal wieder ins Top Ten und forderte ein Mädchen zum Tanzen auf, obwohl ich eher glaubte, sie würde mir aufgrund ihres guten Aussehens einen Korb geben. Aber sie war nicht abgeneigt, mich kennenzulernen und auf der Tanzfläche merkte ich, während wir uns unterhielten, wie aufgeweckt und humorvoll sie war. Da auch ihre Freundin zugegen war, beschlossen wir noch in den Star Club zu gehen, um uns da noch ein wenig zu amüsieren. Als die beiden mich fragten, was ich denn beruflich machen würde, kam es übermütig über meine Lippen: „Ja, habt ihr mich denn noch nicht im Fernsehen entdeckt?"

Das war meinerseits eher ein Wunschdenken und Aufschneiderei, um mich ein wenig in den Vordergrund zu drängen, aber die Mädchen merkten sicherlich, dass ich nur einen Scherz gemacht hatte. Wie auch immer wurde aus dieser Begegnung eine für mich kaum absehbare tiefere Freundschaft, die aber acht Monate später mit einer schmerzhaften Depression ihr Ende fand. Immerhin trafen wir uns zwei- bis dreimal in der Woche, um ins Kino, zum Tanzen zu gehen oder ein Weinlokal zu besuchen oder in einem Park spazieren zu gehen. Nicht zuletzt verbrachten wir unser Zusammensein in ihrem Zimmer einer Wohnung in Harvestehude, welche nicht allzu weit von meinem Domizil entfernt war. Als wir am 22.11.1963 abends während leiser Radiomusik kuschelten, kam plötzlich eine wichtige Durchsage, nämlich die Nachricht, dass der Präsident der vereinigten Staaten von Amerika John F. Kennedy in der texanischen Stadt Dallas das Opfer eines Mordanschlags geworden war. Es wird wohl immer ungeklärt bleiben, wer wirklich hinter diesem schrecklichen Attentat steckte und ob der vermeintliche Mörder, ein ehemaliger Marinesoldat, Lee Harvey Oswald, tatsächlich der Schütze gewesen ist. Dieser wurde nämlich zwei Tage später von einem gewissen Jack Leon Rubinstein erschossen. Es gab und gibt bis heute noch Verschwörungen, die im Dunkeln bleiben. Dabei sollte man mal die Dokumentation „Wer steckte hinter dem Anschlag?“ lesen, bei dem die Darlegung des 11. September 2001 in einem ganz anderen Licht erscheint, als es allgemein bekannt ist. Die von einem Friedensforscher aufgestellten Hypothesen können ebenso richtig wie unwahr sein. Aber ich ziehe den Hut ab vor diesem Autor, der mit seiner Berichterstattung jederzeit in Schwierigkeiten kommen könnte. Es gibt immer Menschen, die den Mut haben, Wahrheiten aufzudecken, um sie zu veröffentlichen, aber oftmals mit Repressalien rechnen müssen, besonders dann, wenn sie in einem willkürlichen Staat leben. Wie ein jeder weiß, sind leider heute noch solche destruktiven Führer verschiedener Staaten am Werke. Diesem Treiben kann man nur dann entgegenwirken, wenn sich die Menschheit darauf besinnt, in jeder Hinsicht rücksichtsvoller und statt gegeneinander miteinander zu leben.(6) Dann wird der heutigen Spezies wohl früher oder später bewusst, dass sie für alle Unbill selbst verantwortlich ist und dafür den Ausgleich schaffen muss, ob sie das will, oder nicht. Damit möchte ich noch einmal in dem Kapitel *Kindheit* (siehe Seite 21) auf den dazu passenden Inhalt aufmerksam machen.

„Im König vereinigt sich die Seele des Volkes, denn der Herrscher ist ein freies Erzeugnis ihres Sinnes. Kein freies, in seinem Empfinden reines Volk duldet einen Tyrannen.“

Es war Frühling geworden und obwohl ich merkte, dass meine Freundin nicht mehr so sehr wie in den ersten Monaten für mich Interesse zeigte, gab ich es nicht auf, ihr meine Liebe zu bekunden. Um ihr zu imponieren, schlug ich ihr vor, mal in den Tanzschuppen Bali zu gehen, den ich noch von früher kannte. Dieser war in der Nähe vom Bahnhof Pinneberg und ich hoffte, dort alte Kumpels aus Halstenbek anzutreffen, um mich ein bisschen zu amüsieren. Stattdessen nahm ich an der Bar ein paar Schnäpse zu mir und trank wohl auch noch das eine oder andere Bier. Als sie merkte, dass ich ziemlich angetrunken war, machten wir uns auf den Heimweg zu ihr und am nächsten Tag hatte sie ein wenig Mühe, mich aus dem Bett zu bekommen, denn ich hatte einen dicken Kopf.

Über die Ostertage gab sie mir immer mehr zu verstehen, dass ich ihr nicht mehr viel bedeuten würde, denn die darauf kommenden Wochenenden verbrachte sie angeblich bei ihrer Mutter in Bad Schwartau. Ich wollte aber noch nicht aufgeben und konnte sie überreden, mit mir im Sachsenwald spazieren zu gehen. Wir fuhren vom Hauptbahnhof mit dem Zug nach Aumühle. Der Himmel war blau, die Sonne verteilte ihre Strahlen durch das Geäst der Bäume und man hätte glauben können, dass uns an dem Tag fürs weitere nichts trennen würde. Die letzten schönen, fast romantischen Stunden mit ihr waren damit der krönende Abschluss einer nie vergessenden Jugendliebe.

Die kommenden Monate verliefen danach trotz meiner Wehmut und pseudo-Freundschaften einigermaßen kontinuierlich, aber die Sehnsucht zum künstlerischen Beruf und die Erinnerung an die rosarote Zeit waren mein ständiger Wegbegleiter. Immer wieder versuchte ich auf irgendeine Weise doch noch auf einer Bühne, oder im Film mitzuwirken. Es wäre müßig, die vielen Kontakte mit Funk und Fernsehen, Produzenten oder Schauspielern aufzuzählen, um mein gewünschtes Ziel zu erreichen. Mein Idealismus, meine Unerfahrenheit und Naivität waren mit meinen Vorstellungen nicht zu vereinbaren und von vornherein aussichtslos. Das hinderte mich aber nicht, meinen Träumen weiterhin freien Lauf zu lassen.

DIE JUGEND

Oh träumerische Jugend, sonniges Gemüt,
Der Tag ist schön, die Nächte lang,
Nicht fragend, was die nächsten Jahre bringen,
Sie ist aus kindlichem Geblüt,
Und ist fürs weitere gar nicht bang.

Doch eh du dich versiehst,
Sind viele Jahre schnell vergangen.
Wenn du auf deine Kinder schaust,
Die lachend ihre Scherze machen,
Und in der Gegenwart sich amüsieren.

Die Zukunft kommt heran geflogen,
Und eilt im Blitztempo herbei!
Wo sind sie bloß, die schönen Wonnestunden?
Du fühlst sie noch und bist benommen
Ist das das Leben oder Zauberei?

Es ist das naturelle Elixier,
Von Keinem aufzuhalten,
Behindern sich die Menschen allzu oft
In ihrer grenzenlosen Gier,
Den kurzen Lebensweg vernünftig zu gestalten.

Aber es blieben eben nur unerfüllte Träume, die nichts weiter als Illusionen und Resignation hinterließen. Ich erfuhr durch eine Boulevardzeitung den Wohnsitz von dem damals bekannten jungen Schauspieler Thomas Fritsch und hoffte ein wenig, mich von ihm beraten zu lassen, nachdem ich der Hausdame ein Schreiben von mir persönlich überreichte. Einen Monat später schrieb ich an die cCc Filmproduktion Arthur Brauner, um eventuell in einer Komparsenrolle mitzuwirken. Ich bekam schon nach vier Tagen eine Antwort, in der mir mitgeteilt wurde, dass man zwar an Nachwuchsschauspielern interessiert sei, aber nur mit einer entsprechenden Ausbildung. Also blieb mir wohl nichts anderes übrig, als eine Schauspielschule zu besuchen. Aber wo und wann? Das war jetzt die große Frage und vor allem, wie sollte ich so eine Ausbildung finanzieren? Zu der Zeit suchte die Tanzmusik-Produktion Neumünster gewisse Nachwuchstalente, hatte aber kein besonderes Interesse an meinen dürftigen Liedtexten. Es war mal wieder ein Hirngespinst von mir, damit Geld zu verdienen oder womöglich sogar ins Schaugeschäft zu kommen.

Was mich aber dann ein wenig hoffen ließ, war die Möglichkeit, im Thalia-Theater in kleineren Rollen mitzuwirken. Aber auch diese Option musste ich mir aus dem Kopf schlagen, da man zu den Proben morgens erscheinen musste, was mit meinem Postdienst nicht zu vereinbaren war.

Ende Juli nutzte ich meinen Urlaub, um mal wieder in die Jugendherberge Langeoog zu fahren. Den Film, auf dem ich Sandra in Aumühle fotografiert hatte, ließ ich im Dorf entwickeln, und als ich ein sehr gelungenes Bild von ihr sah, wurden damit alte Erinnerungen wach, die mich mehr oder weniger bedrückten. Ich liebte sie immer noch, sodass ich ihr förmlich hinterher lief und sie von mal zu mal an der Strippe hatte. Nachdem sie mich darum bat, ihr dieses Foto zukommen zu lassen, schickte ich es ihr mit einem Brief zu ihrem Heimatort.

Auch schipperte ich mal wieder nach Helgoland, wo mein

Vater alleine seinen Urlaub verbrachte, was mich ein wenig stutzig machte. Als ich ihn fragte, warum seine Frau nicht dabei wäre, wollte er mir weismachen, dass sie es mit der Schilddrüse zu tun hätte und ihr daher die Seeluft nicht gut bekommt. Mir kam der Verdacht, dass seine Ehe in die Brüche ging, was sich dann ja auch bewahrheitete. Unabhängig davon liebte ich ihn irgendwie, schließlich war er mein leiblicher Vater, trotz aller vorangegangener Demütigungen und Intrigen. Ich besitze heute noch ein sehr schönes Fotobild von dieser Begegnung. Als wir uns verabschiedeten, schenkte er mir eine Flasche Martini, die ich auf dem Weg zur Jugendherberge öffnete und von der ich einen Schluck nach dem anderen zu mir nahm und dann beduselt war, als ich die Domäne erreichte. Das erinnert mich an das Buch von Jack London, König Alkohol, in dem er beschreibt, wie er aus einem Behälter das Bier trank, was er eigentlich seinem Vater mitbringen sollte.

So langsam, aber sicher, war ich mit meinem Latein am Ende, zumal meine Idee, in einer der nahe gelegenen Schulen weiterhin auf der Geige oder dem Klavier zu üben, von vornherein ein aussichtsloses Unterfangen gewesen war. Außerdem war eine Weiterbildung, in was auch immer, nicht mehr möglich, da ich zum 07.01.1965 meinen Wehrdienst im Ausbildungs-Rgt1/Pinneberg antreten musste.

Immer wieder musste ich, wie so oft in meinem Leben, durch meine Art und Weise irgendwie auffallen und stolperte so von einer Eskapade in die andere.

Oft hatten wir am Wochenende Freizeit und konnten diese Stunden selbst gestalten. Da ein paar Rheinländer einmal der Truppe fernblieben, um bei ihrem geliebten Fasching dabei zu sein, nahm ich mir eines abends heraus, mit meiner neuen Freundin Petra den Zapfenstreich zu überziehen. Am nächsten Morgen rief ich mit schlechten Gewissen meinen Kompaniechef an und sagte ihm, dass ich zu Hause bei meiner Oma verschlafen hätte, wofür ich einen strengen Verweis bekam. Ich möchte nicht behaupten, dass ich, wie in dem Jerry-Lewis-Film „Krach mit der Kompanie“ so toll war, aber immerhin brachte ich meine Kameraden in manchen Situationen richtig zum Lachen, egal ob ich beim Stubenappell noch auf dem Tisch stand, um auf der Lampe Staub zu wischen, oder bei der Gefechtsausbildung im Hinfallen den Helm vom Kopf fallen ließ. Ähnlich verhielt ich mich, ohne dass man die Absicht dahinter bemerkte, als ich in der Cembalo Werkstatt über einen Holzbock stolperte und zu Boden krachte, sodass ein Geselle lachend zu mir sagte: „Man hat‘s nicht leicht, aber leicht hat‘s einen.“ Diese Verhaltensweise war einerseits kindisch, aber andererseits ein unbewusster Protest gegen Zwang und Bevormundung, was mich zwar nicht weiterbrachte, mir aber in dem Moment gleichgültig war. Letztlich hatte ich in meinem Leben bei unüberlegten Handlungen das Nachsehen und musste daher auch sehr viel Lehrgeld zahlen. Heute bin ich aber ein anderer Mensch geworden, den ich kaum wiedererkenne, was aber nicht heißen soll, dass ich unfehlbar geworden bin. Dafür gibt es unter uns Menschen zu viele (Heim-)Tücken und abstruse Verhaltensweisen, die von unsichtbaren Dämonen in die Hände labiler Charaktere gespielt werden.

Nach der Grundausbildung wurde ich nach Neustadt (Hessen) zum Sanitäts- und Krankenpflege-Lehrgang abkommandiert und war dort, wie so häufig in meinem Leben, unüberlegt, nicht gerade diplomatisch und schon gar nicht selbstbewusst. Das zeigte sich mal wieder symptomatisch bei mir, als der Spieß, Mutter der Kompanie, seine Meinung über Wagner, einen Auszubildenden zu verstehen gab, dass dieser keine Ahnung von Musik hätte, weil jener keine so glorreiche Meinung über diesen Komponisten vertrat wie er. Das ärgerte mich entsprechend und ich machte den Hauptfeldwebel darauf aufmerksam, dass er in dieser Sache nicht objektiv gewesen wäre. Wie dumm meine Reaktion gewesen war, bekam ich kurze Zeit später zu spüren, als er mich für den San-Dienst ungeeignet hielt und mir damit für die kommenden Monate meiner Wehrpflicht einen guten Arbeitsplatz verwirkte. Das spürte ich um so mehr, weil ich es vorläufig in der San-Staffel Uetersen dienstlich sehr gut hatte und auch nicht weit weg von Zuhause entfernt war.

Ich sollte nach kurzer Zeit ins Fla Bataillon TV nach Siegburg, doch der dortige Stabsarzt schnippte nur mit dem Finger, um weiter nach Kilianstädten in das Flugabwehr-Raketenbataillon stationiert zu werden. Das war auf einem Wochenende und deshalb fand ich leere Holzbarbaracken vor, weil die richtigen Kasernen noch im Bau waren. Einsam und verloren kam ich mir vor, als in meinem Kofferradio der Song von Peggy March erklang: „Mit 17 hat man noch Träume“. Die einzigen Träume blieben, nach meinem Wehrdienst mit der Schauspielschule anzufangen und jedermann zu zeigen wo ich hingehöre, nämlich auf die Bretter, die die Welt bedeuten. An diesem Wochenende passierte wieder etwas Kurioses und kann das folgende Ereignis, weil es ja über fünfzig Jahre her ist, gar nicht mehr hundertprozentig nachvollziehen. Ich fuhr mit der Eisenbahn in die nicht weit gelegene Stadt Frankfurt, um mich in irgendwelche Kneipen zu begeben. Da ich noch nicht meine Zivilkleidung mitnehmen konnte, musste ich notgedrungen meine Ausgehuniform tragen und wurde deswegen hier und da mit dienstgeil beschimpft. Aber es gab auch mitfühlende Mitmenschen und ebenfalls Bundeswehr-Soldaten, die mir auch mal ein Bier ausgaben. Mit einem freundlichen Kameraden unterhielt ich mich eine ganze Weile, sodass ich nicht merkte, wie schnell die Zeit verging und den letzten Zug verpasste. Er bot mir daraufhin eine Wohnung an, in der ich übernachten könne. Er öffnete mit einem Schlüssel die Wohnungstür und zeigte mir sein Zimmer, in dem ich schlafen dürfe. Dann verwies er noch auf die Räume seiner Schwester und Eltern, und erklärte mir, dass ich am nächsten Tag die Haustür nur einklinken bräuchte, bevor er sich verabschiedete und sich zu seiner Einheit begab.

Als ich ein paar Tage später unter der von ihm hinterlassenen Telefonnummer anrief, um mich nachträglich zu bedanken, stimmte weder der Name noch kannte man diesen hilfsbereiten Kameraden. Ich stehe bis heute vor einem Rätsel und nicht auszudenken, wenn … War es ein Traum oder eine Halluzination? Ich glaube eher nicht, denn zu der Zeit nahm ich weder Drogen, noch übermäßigen Alkohol zu mir.

In diesem Sommer wurden am 12. 6. 1965 die Beatles, Paul McCartney, George Harrison, John Lennon und Ringo Starr im Buckingham Palast empfangen, um den Empire-Orden aus der Hand von Königin Elisabeth entgegenzunehmen.

Inzwischen war ich bereit, mich freiwillig zu verpflichten, sollte ich wieder Sanitäter werden. Aufgrund dessen kam ich dann in das kleine Dorf Kemel im Obertaunus und durfte sogar im Krankenhaus Bad Schwalbach im OP assistieren. Da wir Wehrpflichtigen damals keine Freikarten für eine Bahnfahrt bekamen, um am Wochenende nach Hause zu fahren, trampte ich früh Morgens mit Genehmigung der Stationsschwester nach Hamburg. Das klappte in Uniform recht gut, weil man in diesem Aufzug vertrauensvoll wirkte. Ausgerechnet an dem Tag kam mein Vorgesetzter in das Krankenhaus, um nach mir zu schauen, und aus war es mit der Sanitätslaufbahn. Ich musste zurück nach Kilianstädten und dort hatten mich schon einige Neider auf dem Kieker. Als ich dort abends in die Kantine ging, wurde ich von einem betrunkenen Unteroffizier ohne ersichtlichen Grund angepöbelt und beleidigt. Ich schubste ihn von mir weg, er verlor das Gleichgewicht und krachte gegen einen Stuhl. Ich verließ die Kantine und mir folgten zwei Soldaten, die mich deswegen zur Schnecke machen wollten. Glücklicherweise konnte ich den Chef dieser Einheit, einen Oberstleutnant, ausfindig machen und bat ihn um schnellstmögliche Versetzung. Da er für mich Verständnis hatte, ging es ohne wenn und aber in die Steuben-Kaserne nach Gießen. Dort hatte ich Dienst in einer Schreibstube, wurde aber kurze Zeit später zum 3. /FlaRakBtl 38, Krummenort versetzt, weil ich für den San-Dienst nicht mehr in Frage kam.

Am Silvesterabend meines Diensturlaubes, am 31.12.1965 machte ich einen Streifzug durch die Stadt, kaufte mir an dem ein oder anderen Kiosk einen Doornkaat oder Brandy und ging nochmal in irgendwelche Kneipen, bis ich zuletzt im Kaisersaal, dem heutigen Delphi-Theater, landete. Dort verbrachte ich die Nacht, nachdem ich Whisky, Martini, Weinbrand und Bier durcheinander getrunken hatte. Kurz vor Mitternacht zum neuen Jahr 1966 wurde mir speiübel und ich hatte das Gefühl, spiralartig an die Decke zu fliegen. Mit allerletzter Kraft schaffte ich es bis zur Toilette und konnte mich rechtzeitig übergeben, sonst hätte ich meinen neuen, blauen Anzug versaut. Für mich gab es einen doppelten Grund zum Feiern, denn jetzt hatte ich nur noch ein halbes Jahr bei der Bundeswehr zu dienen. Aha, könnte man jetzt denken, nun ist er Alkoholiker geworden. Aber weit gefehlt, denn süchtig wird man nicht von einem auf den anderen Tag, nur weil man sich mal einen Ordentlichen hinter die Binde kippt. Mir war trotz meiner selbst verschuldeten unruhigen Zeit etwas wohler zumute, da ich nicht mehr so weit von meinem Ziel entfernt war, die Schauspielschule zu besuchen. Ich durfte im Teilbereich Ordonnanz abends auf dem Klavier spielen, als mich die diensthabenden Soldaten zu einem Drink einluden. Es blieb natürlich nicht bei einem. Es wurde ausgelassen gefeiert. Ich hatte plötzlich ein Spiegelei im Gesicht und musste später von zwei Kameraden sturzbetrunken an der Wache vorbei geschleust werden.

Kurz vor Beendigung meiner Wehrdienstzeit stellte mich der Vater von Petra vor die Entscheidung, entweder bei der Post zu bleiben, um die Freundschaft mit ihr aufrechtzuerhalten oder diese zu beenden, wenn ich Schauspieler werden wollte. Das erstere wäre sicherlich vernünftiger gewesen, wenn ich gewusst hätte, auf welches Abenteuer ich mich deswegen eingelassen hatte.

Als ich am 24.06.1966 als Gefreiter ehrenhaft aus der Bundeswehr entlassen wurde, ging es dort mit den anderen Reservisten zur Sache. Wir kamen schon auf dem Bahnhof

Rendsburg mit unseren Strohhüten „Reserve hat Ruh“ betrunken an und im D-Zug nach Hamburg ließ ich die Sau raus. In sämtlichen Abteilen ahmte ich Jerry Lewis nach und die Kameraden krümmten sich vor lachen.

Inzwischen war meine Bude ganz ansehnlich geworden und ich hatte bei meiner Dienststelle erst mal Urlaub beantragt. Das passte meinem neuen Vorgesetzten, einem Amtmann, überhaupt nicht, doch konnte ich meinen Willen durchsetzen. Damit fiel ich gleich zu Anfang meines Postdienstes unangenehm auf. Beliebt war er ohnehin nicht und wurde sogar später versetzt.

Nachdenklich stand ich auf dem U-Bahnhof Landungsbrücken, als plötzlich und unverhofft mein Freund Franz vor mir stand. Lange hatte ich ihn nicht gesehen, denn er war ja Seemann geworden und schipperte um die Welt. Bis heute besitze ich noch die Briefe von ihm aus aller Herren Länder. Ich sagte ihm, dass ich meinen Wehrdienst hinter mir hätte und nun zur Jugendherberge Langeoog fahren würde. Prompt musterte er ab, er wollte sowieso nicht auf dem Pott bleiben, und kam mit. Mit seinem Zelt im Gepäck fuhren wir mit der damals zuverlässigen Deutschen Bundesbahn nach Esens/Bensersiel, von wo aus das kleine Linienschiff zur Insel hinüberfährt. Ich amüsierte mich auf dem Oberdeck nicht alleine über seine Feststellung, dass eine Frau angeblich keinen Schlüpfer trug, sondern über seine lakonisch trockene Art und Weise, mir das mitzuteilen. Wohl etwa zehn Minuten konnte ich nicht aufhören, darüber zu lachen. Als ich mit Franz über das Weideland in Richtung Domäne ging, stieg ich auf die Dünen, sah die Wellen und das Meer und rief: „Freiheit, Freiheit und noch mal Freiheit!“

Jetzt war ich keinem Befehl mehr unterworfen und kein Hindernis, so schien es, konnte mich nun abhalten Schauspieler zu werden. In dieser Stimmung entstand so mein erstes Gedicht:

SEHNSUCHT

Wenn Sehnsucht dich in weite Ferne drängt,
Schläft in den Tiefen deiner Seele,
Der Wunsch nach Frieden auf der Erde.

Er ist verborgen, ist geheim.
Freiheit ist das höchste Gut des Menschen,
Doch ohne Liebe erstickt das Herz
Und die Lebensglut im Keim.

Es wurde dann ein schöner Urlaub, einschließlich einer Clique, mit der wir viel Spaß und Freude hatten.

Ein paar Tage später kam eine kleine Jugendgruppe mit ihren Zelten, und mir fiel dabei ein Mädchen auf, welches mir gefiel. Es bedurfte aber einer gewissen Anstrengung, ihr näher zu kommen, denn schließlich gehörte sie zu diesem Verein. Irgendwie schaffte ich es dann aber, mit ihr alleine zu sein, und versprach ihr, sie auf meiner Heimreise zu besuchen.

Sabine war zwei Tage vor mir abgereist, deshalb konnte ich mein Vorhaben in die Tat umsetzen, um sie wiederzusehen. Da der Ort Sillenstede relativ klein ist, orientierte ich mich anhand einer sehr genauen Straßenkarte, um in Heidmühle einen Bus zu besteigen, der zu dieser Siedlung fuhr. In Sillenstede angekommen, erklärte mir ein Spaziergänger, wie ich das Haus, in dem Sabine wohnte, finden könne, nachdem dieser von mir den Nachnamen erfuhr.

Ich klingelte an der Haustür und Sabine persönlich machte mir auf. Für mich gab es in diesem Moment nichts Schöneres, als ich merkte, wie sie sich ebenfalls freute. Ich stellte mich bei ihrer Mutter vor und dann machten Sabine und ich einen harmonischen Nachmittagsspaziergang. Das Wetter war gut und da es dort viel Wald gibt, waren wir beide ganz ungestört beim Klönen und Himbeeren pflücken. Gegen 19 Uhr musste ich leider wieder abreisen und Sabine begleitete mich noch bis zum Bus, wobei ich mir kaum vorstellen konnte, dass diese Romanze ein jähes Ende mit sich bringen würde. Dieser kurze Aufenthalt bescherte mir nach langer Zeit die schönsten Stunden, die mich im Moment alle vorher gewesenen Enttäuschungen vergessen ließen.

Aber jeder kennt das Sprichwort: Wie gewonnen, so zerronnen. Da ich trotz diverser Briefe mit Fotografien von ihr und mir auf der Insel Langeoog keine Antwort erhielt, hätte ich mir eigentlich denken können, dass Sabine unverhofft an einer weiteren Verbindung mit mir wenig Interesse hatte, obwohl man das in jungen Jahren nicht wahrhaben möchte.

Am 10. September 1966 trampte ich daher mit Postuniform, einen Führerschein hatte ich noch nicht, geschweige ein Auto, nach Sillenstede. Als ich Sabine jetzt unter anderen Voraussetzungen wieder traf, merkte ich sofort, dass ihrerseits keine Zuneigung mehr bestand. Ich übernachtete in der Jugendherberge Jever und weinte. Na ja, dachte ich, wenn sie nicht mehr will, kann man es nicht ändern, sie wird mich ja früher oder später auf der Leinwand wiedersehen. Aber auch hier irrte ich mich gewaltig und meine

Zukunftspläne, Hoffnungen und Illusionen, überzogen sich langsam aber sicher, mit düsteren Wolken.

„Warum nur warum muss alles vergehen“. So heißt ein musikalisch und textlich sehr schönes Lied von Udo Jürgens, was aber selten zu hören und auch im Handel kaum zu bekommen ist. Er hatte Anfang August ein Gedicht von mir bekommen, mit der Bitte, dieses zu vertonen. Es wäre ja auch zu schön gewesen, um wahr zu sein, dennoch bekam ich kurze Zeit später einen handgeschrieben Brief, in dem stand, dass er meine Idee leider nicht verwenden könne, da er für die nächsten Monate eingedeckt wäre und im Nachhinein gesehen waren diese Dichtungen wohl nicht so umwerfend.

Da ich für die damaligen Verhältnisse ein recht gutes Einkommen hatte, kaufte ich mir einen Kleiderschrank, ein modernes Radio und vor allem einen Plattenspieler und dazu Platten mit klassischer Musik. Ich bekam sie recht günstig, weil die Stereo-Technik im Kommen war, ich aber nur Mono Geräte besaß. Ich besorgte mir die zwei Klavierkonzerte von Mozart in C-und in d-Moll und war beim Zuhören dieser himmlischen Musik jenseits aller Misserfolge.

In mein Tagebuch schrieb ich am selben Tag: „Am Donnerstag habe ich meine Aufnahmeprüfung in der Schauspielschule bestanden. Nun starte ich und Gott helfe mir, dass ich dieses schon immer erwünschte Studium durchhalte. Ich will und muss es.“

Als ich mich nach einer gewissen Zeit in den Umkleideraum begab, flüsterte mir dort eine Schülerin ins Ohr, dass ich höchst wachsam sein sollte und ob ich schon einen Vertrag unterschrieben hätte. Da erst war mir klar geworden, dass ich einen vernebelten rechtsgültigen Vertrag unterschrieben hatte, der u.a. folgenden Inhalt hatte: „Unsere Druckerei hat uns leider im Stich gelassen, sodass wir im Moment keine Anmeldungsformulare für die Aufnahme des Unterrichts da haben und diese erst im Laufe der nächsten 14 Tage liefern werden. Aus diesem Grunde dieses Schreiben.“ Und am Schluss: „Unsere üblichen Verträge gehen Ihnen sowieso bis dahin längst zu.“ Diese Zeilen sollen nur für beide Teile eine Bestätigung der persönlichen Absprache bedeuten. Als ich den Schulleiter, der ja so sehr von meinem Talent überzeugt war, bat, von diesem sogenannten Vertrag vorläufig Abstand zu nehmen, schaltete er ohne Umschweife seinen Rechtsanwalt ein und machte mir dazu noch Angst, mit der Justiz in Konflikt zu geraten. Somit war meine Euphorie und mein Glauben am Ende, denn nun erkannte ich, dass zu so einem Beruf wesentlich mehr gehört als überschwängliche Begeisterung, Träumerei und Idealismus. Von nun an resignierte ich vor den Lebenserwartungen und sah mich von allen Hoffnungen und Zukunftsplänen betrogen. Damit wurde mehr oder weniger der Freund mit Maske, König Alkohol, hinter der eine grässliche Fratze des Grauens und Verderbens steckt, in mir aktiviert. Die Alkoholsucht hatte einen Nährboden gefunden, um sich unbemerkt wie ein Krebsgeschwür in meinem Körper auszubreiten. Aber noch waren die dunklen Wolken, die erstmals in weiter Ferne nahten, weder bedrohlich noch angsteinflößend, sondern eher eine Begleitung meines noch sorgenfreies Lebens. Ich hatte alles, wenn auch nur in sehr bescheidener Form, was ein junger Mann zum Leben benötigte. Ein Kämmerlein in einer Dachwohnung, eine wohlgesinnte Ersatzmutter und eine relativ gesicherte Arbeitsstelle bei der damals ehrwürdigen Deutschen Bundespost. Inzwischen hatte ich eine Stammtour bekommen und bekam Ende des Jahres 1966 zur Weihnachtszeit ein schönes Trinkgeld und vor allem ein paar Flaschen hochprozentigen Schnaps, u.a. Doornkaat und Asbach Uralt. Als ich so manche Flasche geleert hatte, grübelte ich nicht mehr über meine Zukunft, sondern ging vergnügt zum Ahrweiler Stadtfest und freute mich unbekümmert darüber. Das war im Sommer 1967.

Nur kurze Zeit vorher, am 19.04.1967 war der erste Bundeskanzler der Bundesrepublik Deutschland, Dr. Konrad Adenauer, gestorben und ich schrieb in mein Tagebuch: „Mit einer ergreifenden Zeremonie wurde der Leichnam in einem besonders schönen mit Blumen geschmückten Sarg über den Rhein zur letzten Ruhe gefahren und in den Kinos der Fox tönenden Wochenschau erklang dazu der zweite Satz aus Beethovens dritter Sinfonie Eroika. Nicht nur ein außergewöhnlicher Politiker, sondern auch ein großartiger Mensch! Ich glaube, dass mit der Ära Adenauer eine besondere geschichtliche Epoche zu Ende gegangen ist."

Im selben Jahr wurde der berühmte Film Dr. Schiwago in die deutschen Kinos gebracht und ich schrieb dazu: „Hat mich nun mehr die dazu gehörende Musik oder die Handlung ergriffen? Jedenfalls bin ich fasziniert von diesem Filmkunstwerk, was bisher wohl das schönste Schauspiel auf der Leinwand ist. Fantastisch ist der Roman schon selber, aber nachdem ich diesen Film gesehen habe, ist mir bewusst geworden, wie realistisch und gleichzeitig sehr schön dieser Roman ist. Nun kann ich es mal wieder nicht unterlassen, meine Begeisterung dem Regisseur David Lean preis zu geben, zumal mir keine andere Chance zum

Schauspiel übrig bleibt, als Beziehungen zu knüpfen, die bisher erfolglos waren. So habe ich z. B. dem Intendanten Ernst Schütter vom jungen Theater, heute Ernst Deutsch Theater, geschrieben und mich gleichzeitig an den Produzenten des Films Davidswache gewandt. Ich bekam von beiden eine liebenswürdige Absage, da ich keine abgeschlossene Schauspielausbildung habe, aber ich gebe den Mut dennoch nicht auf. Ich werde weiterkämpfen, bis es mir gelingt, den richtigen Anschluss zu bekommen. Ansonsten bin ich ganz zufrieden, selbst wenn ich zur Zeit keine Freundin habe. Das war in dieser Hinsicht nur Kuddelmuddel, aber nie das Richtige. Aber wie unwichtig scheint mir das gegenüber meinem Ziel Schauspieler zu werden, obwohl es doch ehrlich gesagt ebenso wichtig ist, wenn man den richtigen Menschen gefunden hat. Es erinnert mich mal wieder an einer der schönen und geschmackvollen Lieder, die Zärtlichkeit: Leben kann man ohne Güter und ohne das Geld etc. von Alexandra, die ich bis heute noch sehr schätze, aufgrund ihrer zum Teil vergessenen und kultivierten Auftritte mit entsprechend sinnvollen Texten in Begleitung harmonischer Melodien. Tiefsinnige Lieder, wie z B. „Mein Freund der Baum“ oder „Sehnsucht heißt ein altes Lied der Taiga“ haben bis heute ihre Berechtigung und sollten daher immer wieder in den Äther ausgestrahlt werden, um die Menschen an edle Dinge zu erinnern. “

Es ist schon erstaunlich mit welcher Naivität ich mich in die Theater- und Kinowelt einschleichen wollte und mir dabei gleichzeitig Verständnis von Fachleuten aus entsprechenden Berufen entgegen brachten. (7) Es folgten noch anderweitige Versuche, in meine Traumwelt der Scheinwerfer zu finden, doch musste ich bald erkennen, dass alle Liebesmüh vergeblich war.

Inzwischen war die letzte Rate der Probezeit an die Schauspielschule entrichtet und ich hatte somit auch mehr Geld für meine kommenden Freizeitbeschäftigungen zu Verfügung und darauf wartete ja König Alkohol geduldig, aber siegessicher, um in seinen Bann zu kommen. Er ließ auch nicht mehr lange auf sich warten und reichte mir seine Hände, als ich feststellte: Wieder einmal habe ich einen Kleinen in der Krone. Das fing am Samstagnachmittag an und ich war so herrlich blau, dass ich mir die tollsten Dinge in verschiedenen Tanzlokalen erlaubte, die Nacht durchmachte und am nächsten Tag bei einer Frau aufwachte, ohne zu wissen, wie es dazu gekommen war. Was musste ich da alles vom Stapel gelassen haben, um in einer wildfremden Wohnung wieder zu mir zu finden? Man traf sich danach kurzweilig zu einem Plauderstündchen, aber eine tiefgreifende Freundschaft kam dabei nicht zustande, stattdessen ließ ich mir kurz darauf eine Flasche Martini schmecken und fühlte mich entsprechend gut, als ich schrieb: „Es ist jetzt 17.20 Uhr, meine Schiwago-Platte dreht sich und ich frage mich, wann ich es schaffe, Schauspieler zu werden. Wann überhaupt? Gott sei Dank kann ich morgen ausschlafen, denn es ist der 01. Mai. Die Nacht geht natürlich drauf. Dennoch komme ich nicht zu Ruhe, bis ich mein Ziel geschafft habe. “

Am 20.05.1967 feierte ich mutterseelenallein, Oma war verreist, in meiner kleinen Stube den 23. Geburtstag. Es war auf einem Samstag am späten Nachmittag, schon ein bisschen betäubt durch Cola Rum und hörte auf einer Platte das Klavierkonzert a-moll von Robert Schumann. Dabei hatte ich ein erhabenes Gefühl mit einer inneren Freude, die, so meinte ich, nicht vom Alkohol herrührte, sondern durch Gott gegeben war, den wir Menschen zwar nicht begreifen können (sonst wäre es nicht Gott) aber lieben, achten und ehren sollten, denn schließlich ist er der Schöpfer aller Dinge und des Lebens. Und weil ich diesen Zustand so schön fand, wiederholte ich diese Prozedur eine Woche später und schrieb in mein Tagebuch: „Es ist Samstag Nachmittag 17:40 Uhr und sitze wieder bei Cola Rum in meiner kleinen Dachwohnung, wo die Sonne hereinscheint und einen Funken göttlichen Glanzes ausstrahlt. Ich besitze und kann nicht viel, aber wenn ich mir gerade eine Orgelfuge von J. S. Bach anhöre, so gibt mir das mehr als manch irdisches Glück."

Und zehn Tage später setzte ich meine Berichterstattung fort: „Hoffentlich versacke ich nicht ganz! Seit zwei Tagen lässt mich meine innere Unruhe ganz aus dem Gleichgewicht geraten. An ein Kunststudium ist nicht mehr zu denken, mein Postberuf ist in höchster Gefahr, weil ich mich mal wieder krank meldete; es sind die nervösen Magenbeschwerden und mein Geld wird auch immer knapper, weil ich nun für Alkohol im Monat mehr ausgebe, als was mich die Schauspielschule gekostet hatte."

Folglich wurde ich permanent zum Stammkunden verschiedener Kneipen und eines nahe gelegenen Pfandhauses.

Langsam, aber sicher fingen meine inneren Organe an, aufgrund der regelmäßigen Besäufnisse zu rebellieren und daher war es kein Wunder, dass ich deswegen im Krankenhaus landete und eine sehr unangenehme Gastroskopie über mich ergehen lassen musste.

Franz war inzwischen im Lande, besuchte mich und wollte wissen, wie es mir geht. Er hatte die Idee, im Urlaub mit mir nach Dänemark zu fahren, um da zu zelten, doch bevor es dazu kam, wurden meine Schwester und ich, nachdem mein Vater das dritte Mal geheiratet hatte, von ihm und Marianne zu einem Treffen mit Hotelübernachtung auf Helgoland eingeladen. Hätte er diese Dame zehn Jahre vorher kennengelernt, die sowohl vom Äußeren als auch vom geistigen Wesen ihrer Art wesentlich besser zu ihm passte als die vorangegangenen Frauen, wäre so einiges harmonischer in der entsprechenden Familie abgelaufen und mir so mancher Kummer erspart geblieben.

Während unseres Aufenthalts hatte ich nicht im Entferntesten den Wunsch ein alkoholisches Getränk zu mir zu nehmen und auch nicht, als Franz und ich uns aufmachten, über Nacht mit dem Zug, ohne zu wissen, wohin die Reise eigentlich hin gehen sollte, auf der Insel Fanö landeten. Damals waren alle Plätze in den Dünen verstreut und eines Nachts klapperte es ziemlich laut neben unserem Zelt. Franz schlief tief und fest und ich sah mich genötigt, ihn zu wecken. Als wir nach dem Rechten sahen, war es lediglich ein Igel, der sich an unseren Essensresten herangemacht hatte.

Ein paar Tage später ging es dann mit der Fähre nach Esbjerg und von da aus nach Fredericia ohne Auto, aber mit Huckepack und Trampen. Auch hier hatte ich nicht das geringste Bedürfnis, Alkohol zu mir zu nehmen, obwohl sich mein Freund die ein oder andere Flasche Bier gönnte.

Als wir wieder in Hamburg ankamen, trennten sich unsere Wege und er fuhr wieder zur See, während ich in der folgenden Zeit, so langsam aber sicher, in die alte Manier verfiel. Aber noch hielt sich mein Betragen in Grenzen, denn ich wollte weder in Schulden verfallen noch meine Arbeitsstelle bei der Deutschen Bundespost verlieren, zumal ich auf einen Lehrgang ging, um ins Beamtenverhältnis übernommen zu werden.

RESIGNATION UND ABHÄNGIGKEIT

An einem Sonntag im August traf ich mich mit einem netten Mädchen, die als Krankenschwester in der Universitätsklinik Eppendorf angestellt war, um mit ihr ein schönes Wochenende zu verbringen. Wir gingen zu mir und hörten uns einige Teile der Zauberflöte an, wovon ich einen Plattenquerschnitt besaß. Dann gingen wir spazieren und verbrachten abschließend einen unterhaltsamen Abend in einem mexikanischen Restaurant mit angenehmer Atmosphäre. Am nächsten Tag, die Sonne schien und es war angenehm warm, wollten wir eigentlich ins Freibad gehen, aber zufällig traf sie eine alte Bekannte, die mit ihr auf der Schule gewesen war und so begaben wir uns in ein Café und klönten über allerlei Ereignisse der letzten Zeit. Am Abend verabschiedete ich mich dann von Helene, nachdem ich sie zu ihrem Domizil zurückgebracht hatte. Bis dahin war der Alkohol nebensächlich gewesen, aber nun wollte ich noch nicht nach Hause gehen, fuhr zur Reeperbahn und trank hier und da etliche Biere, um damit jene Euphorie zu bekommen, an die ich mich irgendwie gewöhnt hatte. Helene war noch nicht aufgefallen, dass ich mehr oder weniger ein Suchtverhalten an den Tag legte, welches ich vor ihr noch geheim halten konnte.

Am 4. September 1967 setzte ich meine emotionale Berichterstattung fort: „Gestern kam ich mit Helene um 21:40 Uhr in Hamburg Altona an. Wir waren am Wochenende bei ihrer Mutter in Glückstadt. Helene hat noch zwei Schwestern und zwei Brüder. Ihr Vater war zu der Zeit nicht anwesend, da er Kapitän zu See ist, was allerdings der herzlichen und lebensfrohen Familie nicht abträglich war. Am

Sonntag habe ich mich wie unter eigenen Geschwistern gefühlt. Als ich mich am nächsten Tag verabschieden musste, überkam mich eine Wehmut. Jedenfalls hatte ich das Gefühl, dass sie mich leiden mochten. Helenes Mutter begleitete uns dann noch bis zum Bahnhof. Sie war freundlich und liebenswert zu mir und sagte, dass ich bald einmal wiederkommen könne. Heute treffe ich mich nochmal mit Helene und werde sie früher oder später heiraten. Sie ist ein nettes und intelligentes Mädchen."

Eigentlich waren jetzt alle Voraussetzungen geschaffen, um in den Hafen der Ehe zu fahren und ein entsprechend gesichertes Beamtenleben zu führen. Aber wie sagt man im Volksmund: Erstens kommt es anders und zweitens als man denkt oder der Krug wandert so lange zum Brunnen, bis er bricht. Mein Krug war zwar noch nicht gebrochen, aber sehr rissig geworden. Die Sprünge an ihm ließen sich kaum noch reparieren und es war nur noch eine Frage der Zeit, bis man ihn nicht mehr gebrauchen konnte. Im Nachhinein kann ich über mich selbst nur den Kopf schütteln, denn durch mein schamloses Betragen in puncto Liebe und Beruf mit gleichzeitiger Labilität verdarb ich mir alles, was ich mir in dieser Hinsicht aufgebaut hatte. Wie ein Kurzsichtiger stieß ich mir an jedem selbstgemachten Hindernis den Kopf, was insofern nicht so weh tat, weil die Blessuren immer wieder aufs Neue durch meinen Freund mit Maske betäubt wurden. Mit immer mehr Tempo raste ich auf meine Katastrophe und es hätte unabdingbar einen Knall mit Todesfolge gegeben, hätte nicht mein Schutzengel durch die Vorsehung auf mich Acht gegeben.

Trotz der noch regelmäßigen Bezüge bei der Post fing auch meine Geldbörse an, Löcher zu bekommen und durch diese Nachlässigkeit reichte das Geld nicht mehr so richtig, um für den Nachschub meines Alkoholkonsums zu sorgen.

Mitte September kam ich erst um 02:00 Uhr nach Hause und war nicht mehr in der Lage, etwas niederzuschreiben, weil ich ein paar Liter Hopfen und Malz intus hatte. Eine Woche später fing ich schon morgens mit Bier trinken an und das Geld hatte ich mir unter einem anderen Vorwand bei Helene geliehen. Ich würde allzu gerne, wie auch in anderen Situationen meines Lebens, in dieser Hinsicht einiges wiedergutmachen wollen.

„Mein Tagebuch muss schon nach Alkohol stinken“, schrieb ich am 11.11.1967 in dasselbe, als ich mir abends die dritte Sinfonie von Johannes Brahms anhörte. Der 2. und 3. Satz daraus gefiel mir besonders gut und ich war im siebten Himmel, denn nun hatte ich in knapp drei Stunden vier Dosen Bier und eine kleine Flasche Weinbrand ausgetrunken.

Dann machte ich erst einmal zehn Tage eine Verschnaufpause, fuhr aber danach mit der U-Bahn zum Stephansplatz, um mich in einem KB-Express mit Bier und Schnaps einlullen zu lassen. In diesem Restaurant mit sehr großen Fenstern, in dem in der Mitte ein Rundtresen angebracht war, trafen sich oftmals dieselben Stammgäste, wozu ich auch gehörte. Wenn ich mich dann auf einen Hocker mit Blick zur Staatsoper platzierte wurde ich von einem netten Kellner, „ah, die Schnapsdrossel ist wieder da“, begrüßt. Man war mitten unter Menschen und konnte, was ich so gerne tat, in einem gewissen Rausch diskutieren und kommunizieren.

Anfang Dezember 1967 saß ich in meiner kleinen Bude und genoss zwei Flaschen Wein, die ich mir bei einem Discounter um die Ecke gekauft hatte. Trotz des immer häufigeren Alkoholkonsums in meinen vier Wänden und umliegenden Kneipen war die Welt für mich noch in Ordnung. Hin und wieder besuchte ich meine Mutter. Das entsprang aber weniger aus Zuneigung, sondern war eher eine formelle Begegnung, die auch nicht all zu häufig stattfand. Sie mochte mehr oder weniger von meinem Alkoholproblem gehört haben, ließ sich deswegen aber nicht abhalten, mir Hochprozentiges anzubieten, und ich konnte soviel trinken, was die Flasche hergab. Ich hatte mich mit feinsten Korn voll laufen lassen, mit dem Ergebnis: Ich war nicht mehr fein. Der Grund, einen Freibrief für dieses Besäufnis zu haben, war die bestandene Prüfung bei der Post für das zukünftige Beamtenverhältnis. Von meinem Vater bekam ich einen entsprechenden Brief: „Herzlichen Glückwunsch! Ich hatte angenommen, dass Du damit auf jeden Fall Beamter werden würdest und bin erstaunt, dass man Dir wegen Deines Gesundheitszustandes noch ein ganzes Jahr Wartezeit einräumt. Mögest Du dann auf jeden Fall durchkommen. Das wünsche ich Dir aufrichtig." Und dann, wie wahr: „Sicherlich kannst Du einiges von Dir aus dazu tun, dass Du es schaffst. Je maßvoller Du trinkst und rauchst, desto wohler wirst Du dich fühlen. Nicht nur mit dem Magen – oder ist es die Leber? – sondern auch im Gesamtbefinden. Sehr vernünftig finde ich Deinen Entschluss, das Heiraten zurückzustellen. Bleibe vorerst dabei! Man muss nicht gleich einen Dampfer kaufen, wenn man mal eine Seereise machen will. Die Ehe läuft Dir nicht fort. Erlebe zuerst einmal in Ungebundenheit und ohne Verantwortung für einen anderen Dein Leben."

Da ich aber den Alkohol weiterhin wegen seiner psychischen Wirkung und nicht wegen seines Geschmacks liebte, gab es für mich keinen Grund, mit dieser neu gewonnenen Liebe aufzuhören. Noch in derselben Woche war ich mal wieder alleine in meiner geheizten Dachwohnung, nahm ein paar Flaschen Biere zu mir und sinnierte, was aus mir noch werden sollte, obwohl ich den Grundstein für eine dauerhafte und gute Arbeitsstelle gelegt hatte. Meine Sehnsucht nach einer kontinuierlichen Freundschaft war alleine daher gewachsen, weil ich Helene einen Brief schrieb und ihr darin mitteilte, dass ich zu ihr sehr ungerecht war und es daher akzeptieren würde, unsere Verbindung zu lösen. Es war fast aussichtslos, noch irgendetwas geradezubiegen und mir wurde ganz anders, darüber nachzudenken, was ich mir selber in puncto Kunst, Beruf und Liebe zerstört hatte.

Inzwischen war mein Alkoholpegel angestiegen, ich hörte das fünfte Klavierkonzert Es-dur von Ludwig van Beethoven und bewunderte die geistige Klarheit dieses großen Musikers. Der zweite Satz, ein musikalisches Geschenk der Innigkeit, brachte mich zum Schwelgen und war dadurch weit von allen Misshelligheiten entrückt.

Zu Weihnachten desselben Jahres bekam ich wieder viel Weihnachtsgeld auf meiner Zustelltour und konnte mir deshalb ein neues Jackett, eine Hose, ein paar Schuhe und Lederhandschuhe kaufen. Allerdings hatte ich auch davon viel durch meinen sündigen Schlund gejagt, wie sich meine Oma dazu äußerte, die mein Verhalten auch nicht mehr länger akzeptierte und mich aufforderte, eine andere Unterkunft aufzusuchen. Das war schon schmerzlich genug, aber noch bedrückender war die Vorladung am 22. Februar 1968 im Zimmer des Amtsvorstehers, indem mir vor Augen gehalten wurde, dass ich mit einer Entlassung aus dem Postdienst rechnen müsse, wenn sich meine Arbeitsweise nicht nachhaltig verbessern würde. Dazu zählten Pflichtverletzungen, Verzögerungen meines Dienstantritts, weil der Alkohol mich am Vorabend entsprechend betäubt hatte und vor allem tage- und wochenlange Krankmeldungen. Ich schäme mich heute deswegen und kein Arbeitgeber würde heute soviel Geduld aufbringen wie meine damaligen Vorgesetzten und sich solche Eskapaden gefallen lassen. Von Alkohol war bei den zu Recht gemachten Vorwürfen nicht ein einziges Wort gefallen. Man hatte wohl nicht bemerkt, dass ich inzwischen von Bier und Schnaps abhängig geworden war.

Noch am 14.02. des Jahres vor der Verwarnung saß ich abends in der neuen Unterkunft in einem schon gewohnten Zustand und hörte auf einer Platte „Stranger of the shore“, gespielt von Mister Acker Bilk mit dem lakonischen Kommentar: „Zur Zeit bin ich mal wieder krank, aber nicht körperlich, sondern seelisch. In einem apathischen Zustand sitze ich hier nun und kann nicht begreifen, dass ich zu wenig Energie aufbringe, um mein Leben wieder in den Griff zu bekommen. Die einzige Flucht war bisher der Alkohol, aber mein Geld ist alle und morgen muss ich Oma anpumpen und zum Leihhaus gehen, um mich noch eine Woche zu ernähren.“

Da meine geliebte Großmutter eine bessere Wohnung bekommen hatte, durfte ich wieder in die Semperstraße umziehen. Diese war ein Stockwerk tiefer und während ich mir die Jupiter-Sinfonie anhörte, griff ich wieder zur Flasche. Am nächsten Tag war ich durch den Alkohol entsprechend verkatert, so dass ich nicht aus den Federn kam und verspätet zum Dienst erschien, obwohl meine Oma mehrmals versucht hatte, mich zu wecken. Durch meine Unausgeglichenheit und das zügellose Verhalten, wie ein Blatt im Winde, hatte ich jetzt alles, bis auf das neue Heim, verloren.

Man hatte mir bei der Post nahegelegt, dass es besser wäre, wenn ich selbst kündigen würde, was auch geschah. Die Zeit als Wagenpage hatte ich noch in guter Erinnerung und glaubte, bei der DSG einen ähnlich guten Job zu bekommen. Aber weit gefehlt. Nachdem ich in der dafür zustehenden Bekleidungskammer eine passende Uniform bekommen hatte, ging meine erste Tour nach München. Die zweite Fahrt ging dann nach Basel, die insofern schwierig war, weil im Gegensatz bei der Touropa kein Schlafen möglich war. Am Ziel angekommen, wollte ich in einem Abteil zu Ruhe kommen und war gerade eingenickt, als eine Putzkolonne mein Vorhaben vereitelte, und so begab ich mich auf den Weg zu einem kostenpflichtigen Ruhegarten. Aber auch hier gab es ein Hindernis, denn ich wurde von einer Wespe in den Hals gestochen und jetzt war an Ruhe nicht mehr zu denken. Die Rückfahrt war dementsprechend anstrengend und ich war erleichtert, als ich wieder in meinem Bett lag, um den notwendigen Schlaf nachzuholen.

Mir war klar geworden, dass ich diesen Job nicht länger durchhalten würde, und ich kündigte zum Monatsende. Doch bevor ich damit aufhörte, hatte ich noch eine Tour nach Süddeutschland zu absolvieren. Dort hatte der Zug ein paar Stunden Aufenthalt.

Ich unterhielt mich mit dem Schlafwagenschaffner und dieser genoss das preisgünstige Personalbier ebenso wie ich, denn die halbe-Liter-Flasche kostete nur 50 Pfennig.

Wie viel ich getrunken hatte, weiß ich heute nicht mehr. Irgendwann versackte ich in der Nacht und erwachte erst auf dem Abstellgleis in Bremen, obwohl ich einige Fahrgäste hätte wecken müssen. Die waren von alleine wach geworden und somit hatte diese peinliche Situation kein unangenehmes Nachspiel für mich.

Das Trinken war sowohl in meiner Freizeit als auch teilweise an meiner Arbeitsstelle zu einem ungesunden und gefährlichen Hobby geworden, aber ich schaffte damit gleichzeitig ein Ventil für meine nicht erhofften Wünsche. Ob ich dadurch den Wirt nicht mehr bezahlen konnte, in eine Schlägerei hineingezogen wurde, oder meinen Vorstellungen freien Lauf ließ, einen Django oder Jerry Lewis nachzuäffen: Die ungehemmte Verhaltensweise durch die veränderе chemische Substanz meines Gehirns konnten mein zügelloses Benehmen oftmals nicht mehr bremsen. Es waren sicher zum Teil groteske Darbietungen, aber die Leute und ich hatten dabei ihren Spaß, so auch bei dem Gedicht, der Ford:

Das Pferd im Fort fuhr nicht fort, weil der
Ford mit dem Pferd im Fort fort fuhr.
Und nicht das Fort mit dem Pferd,
Und nicht der Ford mit dem Fort,
Sondern vorwärts fuhr der Ford
Mit dem Pferd im Fort fort.
Before four o'clock!

Ab jetzt ging es Schlag auf Schlag, ich war unstet und wechselte dadurch meine Freundinnen und Arbeitsstellen wie das Hemd, verfiel in immer höhere Schulden mit der

Quintessenz: Zukunftsperspektive gleich 0.

Außerhalb meines eigenen Bereichs wurden mir die politischen und gesellschaftlichen Ereignisse in Deutschland und der Welt nur schattenhaft bewusst, so z.B. dass im April gleichen Jahres die Terroristen Andreas Baader und Gudrun Ensslin auf sich aufmerksam machten, als sie mit selbst gebastelten Zeitbomben zwei Frankfurter Kaufhäuser in Brand steckten.

Da ich mich sehr oft in den umliegenden Kneipen in Winterhude und im Künstlertreff auf St. Pauli aufhielt, bekam ich einiges zu hören, was mir dienlich war oder zum Schaden gereichte, wie z.B. über das gefährliche Schlafmittel Mandrax.

Das Künstlertreff hatte einen langen Tresen und wurde von einer Artistenfamilie aus Südamerika unterhalten mit einer dazu passenden Atmosphäre. Zudem stand am Ende des Tresens, wie damals so üblich, eine Musikbox, aus der die Klänge heute längst vergangener Lieder erklangen mit den Bee Gees: „New York Mining Disaster“, Sonny&Cher: „Little Man“, Manfred Mann: „Ha Ha said the clown“ oder The Moody Blues: „Nights in White Satin“ und viele mehr.

Verträumt und schon ein wenig angetrunken durch Bier und Rum, genoss ich Abend für Abend die Adventszeit mit der schönen und für mich einlullenden Musik, wie z. B. von Keith West: „Excerpt From A Teenage Opera“ und war in angehobener Stimmung und guter Laune. Es war noch eine entsprechend schöne und sorgenfreie Zeit, auch weil ich meine bestandene Beamtenprüfung in der Tasche hatte und mich in dieser Vorweihnachtszeit 1967 in einer unbesorgten Zukunft wähnte.

Viele Stammgäste waren dort oft anzutreffen und im

Frühling 1968 landete ich morgens nach einem nächtlichen Streifzug mal wieder im Künstlertreff und erfuhr dort von einem jungen Gast, dass er sich auf seinen Urlaub freuen würde, den er auf Gran Canaria gebucht hatte. Das war finanziell möglich, weil er als Kranführer auf einer Werft einen guten Lohn bekam. Diese Story veranlasste mich, nachdem ich bei der DSG aufgehört hatte, zehn Tage später bei den Howaldswerken-Deutsche-Werft anzurufen, ob man mich als Kranfahrer anlernen würde. Das klappte sofort und ich wurde zuerst auf den über vierzig Meter hohen Helgen bei Finkenwerder beordert, um dort die Katzen auf Rädern durch Schalthebel zu bedienen, die auf sehr langen Drahtseilen hin und her gesteuert und an einem jeweiligen Punkt herunter gelassen werden konnten, um die entsprechende Last an eine andere Stelle zu befördern. Diese Anlage war aber für mich nicht geeignet und ich wurde aus diesem Grund auf einem museumsreifen Unikum angelernt. Das war eine Lore mit einem Ausleger auf Schienen, einem Dieselmotor und Schaltgestänge, welches im Stehen bedient werden musste, um das urige Gefährt in Gang zu bringen. Da es dort wenig zu tun gab, las ich auf einem kleinen Sitzplatz die Tageszeitung und trank dabei mehrere Flaschen Bier. Um 15:30 Uhr war dann Feierabend, ich trank auf dem Schiff zu den Landungsbrücken weiter Bier mit Köm, sodass sich die Bedienstete hinter dem Schanktisch ein bisschen wunderte, weil ich als letzter, schon leicht wankend, das Schiff verließ, denn immerhin könne man doch als junger Mann, mal gerade vierundzwanzig geworden, sicher noch etwas anderes bewerkstelligen, als sich zu betrinken. Das juckte mich aber wenig und ich steuerte die Kneipe am Hafentor an, in der ich noch einige

Zeit verbrachte, ehe ich mit der U-Bahn nach Winterhude fuhr und gegen 23:00 Uhr ins Bett plumpste.

Einmal mehr erwachte ich viel zu spät und aus dem Radio, welches über Nacht nicht abgeschaltet war, erklang ein Streichquartett von Joseph Haydn. Oh Schreck, der Wecker den ich überhört hatte, zeigte schon 09:35 Uhr. Das Frühstück mit Marmeladenbrot und Ei, aber vor allen Dingen ein paar Tassen Kaffee gegen den Brand ließen meine verkaterten Glieder wieder erwachen. Auf der Werft hatte ich es immerhin schon einige Wochen ausgehalten, aber heute war meine Verdienstquelle wieder in Gefahr, weil ich bereits zum dritten Mal zu spät auf der Werft erschien. Zu meinem Glück hatte ich einen verständnisvollen Meister, dem ich mit überzeugenden Argumenten meine missliche Situation zu verstehen gab, ohne dabei zu erwähnen dass letztlich der Alkohol die Ursache allen Übels war. Nicht weit von dem Lorenkran entfernt lag die Flinders Bay am Kai, ein im Bau größeres Containerschiff, als bei Schweißarbeiten im Inneren ein Feuer ausbrach und zwei Arbeiter den Ausgang nicht mehr rechtzeitig finden konnten und jämmerlich verbrannten. Oh Gott, dachte ich im Stillen, wie furchtbar muss es für die Familien sein, am Abend diese Hiobsbotschaft zu erfahren, und es dauerte gar nicht lange, bis ich selbst in einen schlimmem Unfall hineingezogen wurde.

Meine Arbeitsstelle war erst mal gerettet, was das Begehren nach Alkohol nicht im Mindesten, dafür aber meine finanziellen Verhältnisse erheblich einschränkte und ich dadurch zu den letzten Mitteln griff, um an Geld zu kommen. Bei der Haspa 1860 bekam ich ein Darlehen von 300 DM und zahlte damit die rückfälligen Schulden bei der damaligen Konkurrenz Haspa 1827 ab. Somit hatte ich wieder 150. DM zur Verfügung und brachte außerdem mein Radio, Schallplattenapparat mit Platten, einen Wintermantel und Anzug, einen Weltatlas, ein Schachspiel, einen Fotoapparat, eine Armbanduhr, gute Bettwäsche und sogar noch meinen Rasierapparat in das Leihhaus, was mit diesen Dingen heute wohl kaum zu erreichen wäre. Nun konnte ich meine Suchtbedürfnisse wieder befriedigen und hoffte mit einem Schlagertext, der zum Wettbewerb einer Boulevardzeitung angeboten wurde, noch etwas zu verdienen. Ich hatte keinen Erfolg damit, aber immerhin wurde ich ins Studio Hamburg eingeladen, um den Song eines Gewinners mitzuerleben. Graham Bonney sang: „Zähle drei drei drei auf dem Telefon, zähle drei drei drei und du hast mich schon." Es wurde ein großes Bierfass geöffnet und alle Mitbewerber einschließlich meine Wenigkeit konnten sich nach Herzenslust betrinken. Nach der Veranstaltung wurde man mit einem Bus in Richtung nach Hause gefahren.

In diesem Jahr wurde es warm und wärmer und mein Freund Franz erschien mal wieder auf der Bildfläche, um mit mir etwas zu unternehmen. An einem Wochenende sahen wir einen Django-Film und gingen danach in einige Kneipen. Wir hatten schon einiges intus, als er auf die Idee kam, dass ich mit an Bord seines Schiffes kommen könne, um da noch etwas zu erleben. In seiner Kajüte ging es turbulent zur Sache, während sich zwei Seemänner und eine weniger kultivierte Frau dazugesellten. Was im Einzelnen geschah, weiß ich heute nicht mehr, aber aus irgendeinem Grund wurde Franz fuchsteufelswild und donnerte einige volle Bierflaschen an die Wand. Irgendwo bekam ich eine

Schlafgelegenheit und morgens wurden dann die restlichen Flaschen geleert und ich durfte in der Messe beim Mittagstisch dabei sein. Am späten Nachmittag begaben wir uns dann zu den Landungsbrücken, legten uns auf eine Wiese auf der wir unseren Rausch ausschliefen, um dann wieder auf St. Pauli zu versacken.

Mein Girokonto war weit überzogen, die Leihhausscheine stapelten sich und meiner geliebten Großmutter konnte ich nicht mal mehr den Mietanteil bezahlen. Ich hatte keine konstante Arbeitsstelle mehr und wechselte diese sehr häufig, aber nicht alleine wegen meines schluderigen Lebenswandels, sondern auch wegen anderer Gründe, z. B. weil ich keinen Kranschein besaß oder um mehr Geld zu verdienen.

Ich kündigte bei den Howaldswerken, weil ich bei Blohm & Voss als Kaikranfahrer zehn Pfennig die Stunde mehr bekam und mir diese Arbeit zudem interessanter erschien. Als ich an einer Großbaustelle in Altona vorbei kam, ließ ich mir den Umgang mit einem Baukran erklären und da es dort einen wesentlichen höheren Stundenlohn gab, beendete ich das Arbeitsverhältnis auf der Werft, um meine Schuldenlöcher schneller zu stopfen. Weil aber ein Baukran schwerer zu bedienen ist als ein Hallenkran und es daher während der Arbeit mehr Konzentration bedarf, war an Alkohol nicht mehr zu denken. Außerdem fühlte ich mich wohler, zu glauben, das meine wirtschaftliche Situation sehr bald positiver aussah als im Moment. Aber meine gute Verdienstquelle währte nicht lange, denn der Polier erfuhr, dass ich keinen Kranschein besaß, und somit wurde mir gekündigt. Nun hatte ich in finanzieller Hinsicht zwar etwas Aufwind bekommen, da man auf dem Bau wesentlich mehr Geld verdienen konnte als anderswo, aber aus den besagten Gründen musste ich mir mal wieder einen neuen Arbeitsplatz suchen. Ganz in der Nähe war das Arbeitsamt und mir wurde da eine Kranstelle bei den Norddeutschen Kohlen- und Kokswerken angeboten. Was blieb mir jetzt auch anderes übrig, als diese Möglichkeit zu nutzen?

In diesen Novembertagen war es frühmorgens neblig und nasskalt, als ich mit der Straßenbahn der Linie14 von Winterhude nach Veddel fuhr, um von da aus zu Fuß in ca. 25 Minuten die Firma zu erreichen. Dort wurde ich auf einem Greifbaggerkran eingewiesen. Der hatte keine Heizung, dafür aber kaputte Fenster, durch die der kalte Wind hinein pustete. Noch am selben Tag gab es da nichts mehr zu tun und ich sollte deshalb an einer Außenwand die Farbe abkratzen. Das war zu viel des Guten und ich sehnte mich nach meiner Arbeitsstelle bei der Deutschen Bundespost zurück, denn jetzt merkte ich besonders, wie sehr ich mich verschlechtert hatte. Ich fröstelte und mir kam es vor, als würde mir eine eiserne Hand, ähnlich wie in der Oper Don Giovanni, langsam, aber sicher das Genick umdrehen. In diesen Tagen kam mein Vater mit seiner dritten Frau nach Hamburg und lud meine Schwester und mich im Goldenen Stern zu einem Essen ein und dabei wurde u.a. über mein Alkoholproblem gesprochen. Der Vater gab mir wohlwollende Ratschläge, dem entgegenzuwirken, war aber nicht bereit, mir 100 DM zu leihen, und so fühlte ich mich, wie so oft, im Stich gelassen. Er meinte lediglich, dass, wenn ich so weiter trinken würde, eine Leberzirrhose das Ende vom Lied sei und ich dann zu bedauern wäre, so wortwörtlich: „Dann bist du auf deutsch gesagt ein armes

Schwein.“ Er hatte sicherlich nichts Verkehrtes gesagt, aber nicht im mindesten gespürt, wie es in meinem Inneren aussah. Meine persönliche Katastrophe, die unausweichlich schien, braute sich zusammen wie ein drohendes Gewitter. In einer Gastwirtschaft sprach ich mit einem Krankenpfleger und dieser kam meinem Wunsche nach, mir 50 Dominal zu besorgen, weil ich erhebliche Schlafstörungen hätte. Es war so weit: Ich wollte damit alles beenden.

AM RANDE DES ABGRUNDS

Am 15. 12. 1968 kam zu meiner Resignation der absolute Tiefpunkt und die Kapitulation meines turbulenten Lebens. An einem Sonntag war ich so verzweifelt, dass ich am Abend unter Alkoholeinfluss alle Dominal-Tabletten zu mir nahm. Dadurch wurde der Montag zu einem Tag des Grauens: Ich erwachte in der Mittagszeit und begriff zunächst gar nicht, was mit mir geschehen war. Als ich aufstehen wollte, fiel ich sofort wieder auf den Boden, mit dem Gefühl, als hingen Bleiklumpen an meinen Gliedern. Der Versuch, erneut aus dem Bett zu kommen, scheiterte, weil ich immer wieder ausrutschte und dabei gegen einen Stuhl krachte, der dabei aus allen Fugen ging. Als ich entkräftet wieder im Bett lag, fühlte ich einen stechenden Schmerz, der von einem Anstecklämpchen herrührte, welches ich in meinem Tran mitgerissen hatte und das dabei an einer Stelle kaputtgebrochen war. Ich musste wohl einen elektrischen Schlag bekommen haben, der eine Halluzination in mir erweckte, als wäre ein großer Taschenkrebs in das Bett gekrabbelt, den ich fangen wollte, aber nicht zu fassen bekam, weil ich immer wieder ausrutschte.

Inzwischen waren Oma und Mutter nach Hause gekommen und sahen das verwüstete Zimmer. Da ich mich nicht in der Gewalt hatte, war alles durcheinander gewirbelt. Sie bestellten einen Unfallwagen und alarmierten die Polizei. Man versuchte mit Hilfe zweier Feuerwehrmänner mit mir die Treppen hinunter zu gehen, aber ich wäre beinahe mit ihnen die Stufen hinuntergestürzt, deshalb holte man eine Trage und beförderte mich dann in einem Unfallwagen zum Krankenhaus. Während der Fahrt dorthin wurde mir speiübel und ich musste mich öfters übergeben. Die Auskünfte, die ich den Ärzten geben sollte, kamen eher lallend zustande, weil mein ganzer Körper gelähmt war. In der folgenden Nacht schlief ich sehr fest und am nächsten Morgen ging es mir entsprechend gut, sodass ich wieder entlassen wurde. Nun kamen mir Bedenken, dass ich zu meinen Schulden auch noch die Krankenhauskosten einschließlich Unfallwagen begleichen müsse, weil ich in keinem Arbeitsverhältnis stand, aber die AOK schickte mir keine Rechnung. Sollte ich nun mein Weiterleben als Glück betrachten? Jedenfalls steckte ich tiefer im Sumpf als je zuvor. Zwei Tage später suchte ich die Wohnung eines Meisters in der Paul-Rosen-Straße auf, um mich erneut auf der Werft Blohm & Voss als Kranfahrer zu bewerben. Er war vielleicht etwas erstaunt darüber, kam aber meinem Wunsch entgegen und ich wurde somit auf einem Magnetkran für nur kurze Zeit angelernt. Irgendwas passte da nicht zusammen und deshalb kam ich in ein anderes Gewerk, was zum Trockendock Elbe 17 gehörte. Ich hatte zwar meinen Suizidversuch überlebt, aber hätte beinahe zwei Arbeiter durch eine Unachtsamkeit in den Tod gerissen.

Das Trockendock ist von den Landungsbrücken aus gut zu sehen, in dem sowohl Containerschiffe als auch Luxusliner wie z.B. die Queen Marry 2 für Reparaturen und Instandsetzungen bereitliegen. An den beiden Seiten gibt es fahrende Hochkräne, die die entsprechenden Lasten von A nach B bringen können. Zu meiner Zeit waren es die Kokskräne und später die moderneren Superkräne aus Eberswalde.

Der Meister sagte zu mir, dass ich ausschließlich die Anweisungen des Anschlägers beachten solle, was letztlich zu einem tragischen Unglück führte, aber nicht die alleinige Ursache war.

Ich ging die Treppen empor zur Führerkabine aus der man eine schöne Sicht über Hamburg und den Hafen genießen kann. Eigentlich war diese Arbeit nach meinem Postdienst die beste Beschäftigung für mich und eine interessante und verantwortungsvolle Aufgabe, bei der ich gleichzeitig ein gutes Geld verdienen und meine Schulden tilgen würde, wenn, ja wenn sich nicht schon die vorprogrammierte Katastrophe ankündigte. Aus dem Führerhäuschen sah ich den älteren Herrn, der vorher an meiner Stelle den Kran bediente und der jetzt eine gute Beurteilung für mich abgab, weil er anfangs dabei war, als ich den 40 Tonner gut bediente. Ich hatte inzwischen einen schweren Eisenbock auf eine Luke des Containerschiffs platziert und musste danach eine Hieve mittschiffs zur Reling fahren. Der Anschläger zeigte dann nach unten, wobei ich annehmen musste, dass der etwa eine halbe Tonne schwere Eisenkopf dahin gebracht werden sollte, aber stattdessen machte er mit beiden Armen das Stopp-Zeichen, ging irgendwohin und somit baumelte das gute Stück vor sich hin. Plötzlich wurde mir angezeigt, den Ausleger an die Stelle zu fahren, wo der Anschläger die Hieve angebracht hatte. Ich drehte den Kran nach rechts und bedachte dabei nicht, dass die Hieve noch zu niedrig angebracht war. Vor der Luke war eine große Plane angebracht und ich konnte daher nicht erkennen, dass sich dahinter Arbeiter befanden. Im letzten Moment erkannte ich, dass die Hieve gegen den schweren Eisenbock stoßen würde, aber es war zu spät. Natürlich hätte ich geistesgegenwärtig das Drahtseil vor dem Hindernis weiter nach oben bringen können, bevor es zur Kollision mit dem nicht fest montierten Eisenbock kam, der nun auf zwei Arbeiter krachte, die dadurch schwer verletzt wurden. Erstarrt durch die augenblickliche Situation, wünschte ich, in Grund und Boden zu versinken und hoffte dabei, dass dieser Unfall nicht noch einen Todesfall nach sich ziehen würde. Das hätte für mich wahrscheinlich ein sehr unangenehmes Nachspiel mit den Gesetzeshütern gehabt. Aber diese Konsequenz blieb mir Gott Lob erspart, weil es eben ein Betriebsunfall war.

Aus diesem Grund gab es eine Versammlung in einem größeren Raum, in dem nun viele Mitarbeiter saßen und durch ein Telefongespräch eines Betriebsratsvorsitzenden gespannt erfuhren, was für Verletzungen die Betroffenen hatten und wie schwerwiegend sie waren.

Bei einer so verantwortungsvollen Aufgabe hatte ich nicht das geringste Bedürfnis, auch nur eine Flasche Bier zu trinken. Als ich aber am nächsten Tag bei Durchzug und Kälte unter einem Schiff arbeiten sollte, meldete ich mich krank und ertrank meinen Kummer in einer nahe gelegenen Kneipe und konnte mir an zwei Fingern ausrechnen, dass das eine betriebliche Kündigung bedeutete.

Es war Mitte Februar, als ich mal wieder einen intus und mich in verschiedenen Kneipen aufgehalten hatte. Es schneite unaufhörlich, sodass die Autos nur langsam voran kamen. Zuletzt kam ich wohl gestimmt aus dem Zillertal und nach einer kleinen Prügelei hatte ich die Nase voll und wollte nach Hause fahren. Da aber bei den vereisten Straßen mit Schneegestöber kaum ein Taxi zu finden war, blieb mir nichts anderes übrig, als bei dem ungemütlichen Wetter so lange auszuharren, bis ich endlich ein freies Taxi sah.

Ich lief so schnell ich konnte, um es anzuhalten, rutschte dabei aus, machte eine volle Bauchlandung und verletzte mir den rechten Oberarm. Dadurch bekam ich eine unangenehme Prellung, die bei jeder Bewegung erheblich schmerzte. Es war wichtig, dass diese Blessur so schnell wie möglich geheilt wurde, weil man mir bei einer Stauerei einen Arbeitsplatz offen hielt, um entsprechend gutes Geld zu verdienen, denn ich hatte immer noch einige Schuldscheine im Leihhaus einzulösen. Bei der Stauerei arbeitete ich drei Tage, musste da aber wieder aufhören, weil mein Arm noch zu stark schmerzte. Nun hatte ich vorläufig keinen Arbeitsplatz, aber in dieser Zeit war es nicht all zu schwer, einen neuen Job zu bekommen. Firmen, die Leute brauchten, fragten oftmals nicht lange, was man wie und wo vorher gemacht hatte. Daher fand ich sowohl in der Bildzeitung als auch in der Morgenpost durch Inserate Verdienstmöglichkeiten, die mir eine Chance boten, wieder auf die Beine zu kommen. Wie aber bereits beschrieben, behielt ich diese Arbeitsstellen seit Beendigung meines Postdienstes höchstens ein paar Wochen. Mitte März konnte ich auf einem Brückenkran bei der Salzgitter-Stahl beginnen und hätte da ausnahmsweise länger bleiben können, wenn nicht mein Freund, der als gelernter Schlosser auf Montage sehr viel Geld verdienen konnte, mir durch diesen Ohrwurm zu verstehen gab, dass ich selbiges machen könne, um mich meiner Schulden zu entledigen. Der hatte sich jetzt eine Bude in der Otzenstraße gemietet und dort besuchte ich ihn hin und wieder. Bei einem Kasten Bier und einer Flasche Korn konnte ich hier aus dem Vollen schöpfen. Wir unterhielten uns über alte Zeiten und seine Idee, auch auf Montage zu arbeiten, beeindruckte mich, weil ich dann das große Geld verdienen könne. Damit wurden Hoffnungen in mir geweckt, denn ich war mit meinen Ratenzahlungen bei der Neuen Sparkasse in Verzug, die Miete war noch offen und die Pfandscheine wurden auch nicht weniger, da ich ja Nachschub für meinen Durst brauchte. Ein Alkoholiker findet fast immer eine Möglichkeit, sich in irgendeiner Weise Geld zu beschaffen, um seiner Sucht nachzukommen. Und das hatte Priorität vor den eigentlich wichtigeren Dingen, wie Mietzahlungen oder dringend nötige Textilien zu kaufen, denn ich besaß nur noch eine Jacke mit Hose und einen gereinigten Anzug. Zwei Paar Schuhe waren entsprechend wenig und wenn ich nun auch noch die Arztkosten vom UKE hätte bezahlen sollen, wäre gar nichts mehr möglich gewesen, denn mein Arbeitsplatz stand stereotyp auf tönernen Füßen.

Am Wochenende hatte ich mich mal wieder auf St. Pauli herumgetrieben, als ich morgens vor dem Lokal Stahlnetz von einem Unbekannten einen Faustschlag einstecken musste, der mir den rechten Unterkiefer brach. Ich hatte soviel Promille in mir, dass ich bis heute nicht weiß, wie es dazu gekommen war. Höchstwahrscheinlich musste ich irgendetwas Aggressives vom Stapel gelassen haben, wie es mir nicht das erste und letzte Mal im betrunkenen Zustand passierte, und damit den entsprechenden Denkzettel bekommen haben. Natürlich ist es unfair und leicht einen wehrlos wankenden Schluckspecht niederzuhauen, aber wer fragt schon danach, zumal man ja selber der Urheber für dieses Geschehen ist. Wenigstens belastete ich meine Großmutter nicht noch mit meinen Dummheiten, denn sie war in derselben Zeit in Garstedt zur Erholung. Als ich gegen Mittag nach einem Tiefschlaf wieder zu mir kam, musste ich erst mal meine Lebensgeister mit einem starken Kaffee wieder erwachen lassen. Als ich allerdings den Versuch unternahm, ein Stück Brot zu essen, hatte ich zu starke Schmerzen, denn ich kannte zu diesem Zeitpunkt noch nicht die Ursache meiner Beschwerden. Daraufhin begab ich mich in die Universitäts-Klinik Eppendorf, um mich untersuchen zu lassen. Der behandelnde Kieferchirurg meinte lakonisch, dass ich eventuell einen doppelten Kieferbruch hätte, was sich durch das Röntgenbild bestätigte. Mir wurde das Gebiss mit Spezialdraht so befestigt, dass ein Bewegen mit dem Kiefer nicht mehr möglich war und ich nur noch Suppen und Pudding in die Klappe bekam. Mir wurde zwar deswegen nicht gekündigt, aber die Betriebskrankenkasse weigerte sich vorläufig die Arztkosten und das Krankengeld zu zahlen. Nun musste ich schnellstens in der Davidswache ein Protokoll und eine Strafanzeige gegen Unbekannt aufnehmen lassen. Mit diesen Bescheinigungen bekam ich dann doch das dringend benötigte Krankengeld und die Arztkosten wurden beglichen. Auf Grund dieser Umstände hatte ich zwei Wochen nichts verdient und wäre froh gewesen, mir wenigstens ein paar Socken kaufen zu können. Und trotzdem kam ich irgendwie immer zu Geld, um mir Bier, Wein oder Schnaps zu besorgen. Am 25.04.1969 schrieb ich, schon berauscht, mit kaum leserlichen Schrift: „Wie vom Wahnsinn getrieben, jage ich durch die Nacht. Es ist 03:15 Uhr und glaube, verfolgt zu werden. Mal ist es Angst, mal ist es eine Halluzination. Habe manches gehört und gesehen, aber komme nicht zum meinem gewünschten Ziel. Bei Gott und ich glaube an ihn, dass er mich erhört. Was ist Glückseligkeit allein, als mit ihm und den Naturgesetzen im Einklang zu leben. Wenn ich doch endlich den Kampf gegen den Alkohol=Teufel gewinnen könnte. Ich will und muss es schaffen, aber es ist schwerer, als ich dachte.“

Ich hatte mich also überreden lassen, meine relativ gute Arbeitsstelle aufzugeben, um bei einer Stahl und Elektrobau Firma das doppelte, sogar das dreifache zu verdienen als bisher. Die Annonce in der Zeitung entpuppte sich aber als Reinfall. Im Geiste hatte ich mir eine Großbaustelle mit mindestens sechs Baukränen vorgestellt, stattdessen sollte ich mich in 8 m Höhe auf etwa 20 cm breiten Stahlplanken an der Montage beteiligen. Das war ja nun gar nichts für mich, da ich zudem eine gewisse Höhenangst durch meinen Sturz in Oberstdorf hatte. Die Monteure wurden tatsächlich mit 400 DM netto die Woche entlohnt und ich hatte mal wieder das Nachsehen. Der einzige Kran, der da stand, war schon besetzt, und so musste ich nach zwei Tagen aufgeben.

Da ich aber ein nettes Zimmer bei einer sympathischen Familie gefunden hatte, wollte ich nicht gleich wieder nach Hamburg fahren und überbrückte die Zeit bei einer Baufirma, in der ich mich als Planierraupenfahrer anlernen ließ. Vom mehr Verdienen war aber jetzt keine Rede mehr, an Alkohol war nicht zu denken und deshalb machte ich mich auf den Heimweg.

Enttäuscht von all meinen erhofften Verbesserungen saß ich in meiner Stube und ließ mir eine Flasche Martini schmecken, während aus dem Lautsprecher meines Radios die Jupiter-Sinfonie erklang. Noch in derselben Nacht wurde ich durch die laute Beatmusik geweckt, die auf dem ganzen Hinterhof zu hören war. Es herrschte über Hamburg ein dermaßen schwüles Klima, dass viele Leute bei geöffneten Fenster die Nacht ohne sonderliche Ruhe erlebten. Auch an meinem Fenster, welches ebenfalls sperrangelweit geöffnet war, zeigte das Thermometer um Mitternacht noch 26 Grad und ich schlief ohne Decke mit Badehose.

Neuerdings hatte ich bei der Firma Beton & Monierbau einen Arbeitsplatz gefunden, denn diese benötigte u.a. auch Maschinisten. Jetzt bediente ich wieder einen Baukran auf der Arge Paketpostamt Altona an der Holstenstraße. Man machte mir hier die Hoffnung, den Kranschein zu erwerben, ich konnte 10,5 Stunden am Tag und samstags 6 Stunden arbeiten und glaubte damit endlich aus meinem Manko zu kommen. Aber es blieb nur beim Glauben, weil das Versprechen der Firma nicht eingehalten wurde, und ich beendete deshalb das Arbeitsverhältnis.

Wenn ich dann mal zwei Wochen keine alkoholischen Getränke zu mir nahm, war es nur eine Frage der Zeit, wann der Freund mit Maske wieder aus seinem Versteck kam und mich dazu bewegte, das Leben wieder feucht fröhlich zu genießen.

Inzwischen wurde weltweit durch Presse und TV bekannt gegeben, dass die Astronauten vom Mond wieder heil und unversehrt die Landung auf die Erde gut gemeistert hatten. Über 50 Millionen Menschen konnten am 20.07.1969 an den Bildschirmen miterleben, wie die Landefähre Eagle des Raumschiffs Apollo mit den Astronauten Neil Armstrong und Edwin Aldrin den Mond erreichten. Da ich noch keinen Fernsehapparat besaß, verfolgte ich dieses spannende Spektakel ohne großes Besäufnis in einer Gastwirtschaft am U-Bahnhof Denheide.

Durch die immer häufiger wechselnden Arbeitsstellen und das rastlose Nachtleben in Kneipen und Tanzlokalen wurden meine Pfandscheine und Kreditrückzahlungen nicht weniger. Deshalb kam ich vorläufig auf keinen grünen Zweig und da sich mal wieder mein Radio und Plattenspieler im Leihhaus befanden, benutzte ich meinen Detektor und Kopfhörer, um die wunderschöne Musik aus Mozarts Singspiel Zaide hören zu können. Es ist eigentlich schade, dass man dieses Werk seltener aufführt, da es ein Fragment ist und unvollendete Werke in dieser Hinsicht im Allgemeinen benachteiligt sind.

Bäumchen, Bäumchen wechsele dich war mein Spiel bei verschiedenen Firmen und ich landete schließlich in der Firma Industrie und Transportsysteme AG als Hallenkranfahrer auf dem Gelände der ehemaligen Kampnagel Fabrik. Ein günstiger Arbeitsplatz, denn diesen konnte ich zu Fuß in zehn Minuten erreichen, sparte Fahrgeld und brauchte auch nicht allzu früh den Wecker zu stellen. Zudem gab es dort eine Kantine, in der man frühstücken und mittagessen konnte.

Die Kräne hatten ein offenes und kastenartiges Führerhäuschen, in dem ich meine Bierflaschen auf den Boden stellte und Zeitung las, wenn mal nichts zu tun war. Ich entdeckte eine Annonce, die ein Möbeleinkaufshaus in der Nähe von Neugraben aufgegeben hatte, und konnte dort unkompliziert ein Darlehen von 2000 DM bekommen, allerdings mit der Verpflichtung dort neue Möbel im Wert von 1000 DM zu kaufen. Mein Zimmer sah jetzt wie verwandelt aus: ein neuer Teppich, ein modernes Bett mit einer Essay-Gold-Matratze, ein Nachtschrank passend zum Bett mit einer Nachttischlampe und ein hübscher Polstersessel machten meine vier Wände recht wohnhaft und gemütlich. Der Kreditgeber wusste jedoch nichts von meiner

Unbeständigkeit und schon gar nicht, dass ich die blauen Scheine in erster Linie für meinen Alkoholkonsum benötigte. Das wäre ihm nach Vertragsabschluss wohl auch egal gewesen, weil die Zinsen von 22,4% entsprechend hoch waren. Darüber machte ich mir aber kein Kopfzerbrechen, denn nun konnte ich reinen Tisch mit meinen sonstigen Schulden machen und alle Pfandscheine im Leihhaus einlösen. Was für ein herrlicher Tag, denn mit diesem erleichternden Gefühl hörte ich im Geiste den Song aus dem Musical Anatevka, „Wenn ich einmal reich wär“, als ich von Neugraben mit einem gefüllten Geldbeutel wieder nach Hause fuhr.

EIN HOFFNUNGSSCHIMMER AM HORIZONT

Es war nur eine Frage der Zeit, bis man die ausgetrunkenen Bierflaschen in meiner Führerkanzel entdeckte, und ich wurde deswegen gefeuert. Wieder einmal hatte ich durch mein Trinken eine gute Arbeitsstelle verloren und es sollte nicht die letzte sein. Da ich noch den Führerschein Klasse 5 besaß, nahm ich nach einem kurzen Gastspiel bei Boe und Ketelsen, warum wohl, zwangsläufig einen Job als Moped-Bote an. Nach zwei Wochen wurde mir auch dort der Laufpass gegeben, aber nicht wegen meiner bisherigen Verfehlungen, sondern weil ich noch nicht den Führerschein Klasse 3 gemacht hatte und der Chef für den kommenden Winter nur Leute einstellte, die in einem PKW diese Arbeiten ausführen sollten. Ich verkaufte zwar noch am Straßenrand die Bild und die Welt am Sonntag, um mich über Wasser zu halten, musste aber damit wiederum aufhören, weil eine Montage-Firma Hallenkranfahrer suchte und ich mich da beworben hatte. An einem frühen Montag Morgen traf ich mich im Bahnhof Altona mit noch zwei weiteren Bewerbern, um uns von einem Manager einweisen zu lassen, der uns mit einen Firmenwagen an Ort und Stelle brachte. In einer Stahlbauhalle verlangte man von mir, einen 30-Tonnen-Brückenkran zu fahren, dessen Funktionen mir völlig unbekannt waren, und somit bat ich den zuständigen Meister, auf Grund meines Ressentiments mich einen anderen Kran fahren zu lassen. Damit war er nicht einverstanden, weil die anderen besetzt waren. Ich ging zum leitenden Ingenieur, der noch viel sturer war. Alkohol war mir nicht in den Sinn gekommen. Nun nahm ich mir abends einen zur Brust, hatte daraufhin bei der

Arbeitsstelle eine Fahne und kam prompt zu spät. Endeffekt: Ich konnte meine Sachen packen und wieder nach Hause fahren. Jetzt befand ich mich in einem sogenannten Interim zwischen der alten und neuen Arbeitsstelle, als ich mal wieder unter Alkoholeinfluss, ich hatte zu Hause ein paar Biere zu mir genommen, in einem griechischen Lokal vor versammelter Gesellschaft einen Komiker zum Besten gab. Dabei entging es mir nicht, wie sich eine junge Frau über meinen Auftritt in Bewegung und Mimik als Jerry Lewis amüsierte und herzhaft lachte. Als ein Platz neben ihr frei wurde, bat ich sie um Erlaubnis, diesen einzunehmen, um die Chance zu bekommen, in normaler Manier mit ihr zu plaudern. Ich hatte zwar wieder Geld in der Tasche, aber außer meinem selbstbewussten Auftreten und einem gewissen Charme absolut nichts zu bieten. Deshalb war ich erfreut, dass sie trotz ihres guten Aussehens gerade mir Gehör schenkte, obwohl meine vorher gemachten Blödeleien eigentlich weniger Anlass dazu boten. Trotzdem war sie weiterhin interessiert, dass wir hier und da mal ein Café oder ein Weinlokal aufsuchten, um uns näher kennenzulernen. Das beflügelte mich so sehr, dass ich meinem Alkoholverlangen ihr gegenüber ein wenig Einhalt gebot. Aber wie lange, das war hier die Frage!

Um jedes Missverständnis auszuschließen, möchte ich, bevor sich zwischen Bettina und mir eine innige Freundschaft entwickelte, offenbaren, dass die Zusammenkünfte zwischen mir und den Frauen keinesfalls einem machoartigen Benehmen gleich kamen, geschweige einen Don Giovanni zum Vorbild hatten. Im Gegenteil: Meistens war ich der Mann, der unter den Beziehungen auf Grund meines unreifen Charakters und entsprechendem Verhalten mehr darunter gelitten hatte, weil die anfänglichen Freundschaften nicht haltbar waren und mir die Trennungen seelisches Leid zufügten. Welchem Jüngling kann man es verdenken, wenn sich dieser im besten Mannesalter eine weibliche Beziehung wünscht, mit der er in harmonischem Einklang sein Glück zu finden versucht. Entsprechend dieser Vorstellung suchte ich trotz beruflicher Pleiten, finanziellem und menschlichem Desaster die aufrichtige Freundschaft einer Frau. Es gilt aber in dieser Zeit immer häufiger festzustellen, dass die sonst gottgewollte, erfüllende körperliche Verbindung heute mehr denn je mit perversem Sex, alleine durch die massenhafte Vermarktung einiger Medien zu immer mehr Kälte, (es ist ja ohnehin alles so cool) und mechanischen Abläufen führt. (8)

Es dauerte keine Woche, da war ich wieder in Hannover, diesmal im Stadtteil Langenhagen, weil die Firma Babcock für die Großbaustelle Reemtsma Maschinisten benötigte und dafür inseriert hatte. Da steuerte ich einen modernen Peinerkran, mit dem ich keine Probleme hatte. Ich arbeitete dort u.a. mit netten Türken zusammen, die wie ich in einer naheliegenden Baracke essen und schlafen konnten. Man trank nach Feierabend das ein oder andere Bier und die Kollegen hatten ihren Spaß, wenn ich einen intus hatte und mich dabei mit meinem Firlefanz hervorheben konnte. Mit dem Spaß ging es aber ziemlich schnell zu Ende, denn nachdem ich meinen Arbeitspflichten nachgekommen war, sollte ich plötzlich einen Stangenkran fahren, auf dem zuvor ein anderer Maschinist saß und dem die altmodische Funktionsweise ebenso wie mir missfiel. Das interessierte den Oberpolier nicht die Bohne und er sah meine Argumente wegen der schwierigen Handhabe als Arbeitsverweigerung an. Und die Moral dieser Geschichte war: Ich musste mit ein paar winzigen Tierchen im Genitalbereich, die ich mir wohl wegen der Hygiene in der Baracke eingeschleust hatte, die Baustelle verlassen, um wieder nach Hamburg zu fahren.

Bettina war erfreut, mich wiederzusehen, und war nicht einmal enttäuscht, als ich ihr mitteilte, dass ich auf Montage einen Kran zu bedienen hatte, denn sie war Germanistikstudentin und hatte dementsprechend ein anderes Niveau im Umgang mit ihren Kommilitonen. Um in dieser Hinsicht einen Ausgleich zu schaffen, besuchte ich jetzt eine Abendschule mit dem Ziel, Übersetzer oder Dolmetscher zu werden. Zudem versuchte ich mich an einem Drehbuch: Einer von Millionen, allerdings ohne fachmännische Kenntnisse und somit wenig Hoffnung auf Erfolg. Das konnte ich aber noch nicht wissen, als Bettina das komplette Drehbuch abtippte und ich stolz und erhobenen Hauptes einer neuen Illusion entgegen sah. Heute weiß ich, dass so ein Drehbuch formal und technisch ausgereift sein muss, dass es einer Gliederung bedarf und dass Bildschnitte, Dekorationen, Szenenwechsel etc. exakt angegeben müssen. Von der Filmgesellschaft Constantine bekam ich ein Schreiben mit dem ermunternden Kommentar: „Der Stoff ist zwar lebendig und lebensnah geschrieben, aber der Grundkonflikt ist doch zu klein und leichtgewichtig für einen abendfüllenden Spielfilm."

Vorerst trafen wir uns immer an Wochenenden, an denen wir uns in netten Lokalen aufhielten und ich mich dabei auch nicht sonderlich blamierte, weil ich immer nur so viel Alkohol zu mir nahm, wie es meine vermeintliche Beherrschung zuließ. Dass mir nach mehr Sprit gelüstete, ließ ich mir nicht anmerken, denn mir war klar geworden, dass ich bei ihr gut ankam, und das wollte ich unbedingt aufrechterhalten. Zwischendurch war ich einmal bei ihr und sie bei mir, wobei wir uns Musik verschiedener Komponisten anhörten, u.a. ein Juwel der klassischen Musik: nämlich Mozarts letztes Klavierkonzert Nr. 27 in B-Dur, bei dem man im 2. Satz glauben könne, dass die Engel musizieren. CDs gab es damals noch nicht, aber Langspielplatten hatten den gleichen Effekt und es war recht harmonisch, wenn wir dazu eine Flasche Wein tranken oder uns auch mal ein gutes Bier gönnten. Im Badezimmer hatte ich vorsorglich immer eine Flasche Schnaps versteckt und nahm einen kräftigen Schluck aus der Buddel, wenn ich die Toilette aufsuchte. Jetzt war mir wohler zumute und die Zunge wurde etwas lockerer, während ich ihr erzählte, wie sehr gerne ich Musik studiert hätte und über die Liebe zum Theater. In dieser Stimmung zitierte ich Monologe aus den Räubern von Friedrich Schiller, Goethes Faust und nicht zuletzt aus Grabbes Bühnenstück Scherz, Satire, Ironie und tiefere Bedeutung.

Die Zuneigung füreinander vertiefte sich, als wir einen schönen Tag bei Sonnenschein und blauem Himmel in der Heide verlebten, wo ihr Onkel ein Haus besaß. Bettina blieb dort noch einige Tage, während ich in Winterhude meinem alten Schlendrian wieder freien Lauf lassen konnte. Ich begab mich in einige der umliegenden Kneipen, in denen ich so manchen Kampf mit Mohammed Ali gesehen hatte, der mit Abstand wohl einer der größten Boxer aller Zeiten gewesen war. Bettina wusste nichts von meinen Besäufnissen, auch nicht, als ich mich in meinen vier Wänden aufhielt, das Requiem von Mozart anhörte und bei

Whisky und Soda über mich sinnierte, dass ich letztlich gar nichts auf die Beine gestellt hatte, um irgend etwas vorzuweisen. Dafür hatte ich einen Tröster gefunden, den ich ungeachtet aller Ethik und Moral immer öfter in Anspruch nahm. Trotzdem gelobte ich mir immer wieder für längere Zeit, abstinent zu bleiben.

Ein paar Tage später schrieb ich in mein Tagebuch: „Es ist 20:40 Uhr, ich lasse mir einen Gin Tonic schmecken und höre dabei die 5. sogenannte Schicksals- Sinfonie von L. v. Beethoven, der in seiner Verbitterung den Satz äußerte, weil er fast taub geworden war: Ich will dem Schicksal in den Rachen greifen. Das will ich jetzt auch. Ich habe mir vorgenommen, bis zum 30. Juni keinen Schluck Alkohol mehr anzurühren, da Trinken tatsächlich zur Gewohnheit werden kann, woraus später, so nehme ich an, dann eine Sucht wird."

Mir war also nach drei Jahren immer noch nicht bewusst, dass ich schon viel zu lange in ihr verankert war. Eigentlich hätten mir jetzt die Augen aufgehen müssen, besonders, als ich am frühen Morgen nach einer durchzechten Nacht mit einer Flasche Bier bei meiner Arbeitsstelle erschien, was zur fristlosen Kündigung führte. Schnell hatte ich aber eine neue Firma gefunden, sodass ich diesen Vorfall und mein Trinken vor Bettina geheim halten konnte. Diese hatte mir einen sehr netten Brief geschrieben, in dem sie mir mitteilte, wie froh sie sei, mich kennengelernt zu haben. Jetzt schämte ich mich mit dem Gefühl: „Zwei Seelen wohnen ach, in meiner Brust."

Es war nun der Frühling mit dem Erwachen der Natur, dem frischen Grün der Baumkronen und der Blütenpracht in vielen Parks und Anlagen eingezogen. Auch in mir selbst wurde es lichter, weil ich mir einen Ruck gegeben hatte, so oft wie möglich auf alkoholische Getränke in Begleitung von Bettina zu verzichten, um meine Freundschaft mit ihr nicht zu gefährden. Das fiel mir nicht ganz leicht, ich nutzte jedoch jede Möglichkeit, wenn ich alleine war, irgendwelche Stammkneipen aufzusuchen, um meinem Laster auf andere Weise nachzukommen.

In jedem Fall war ich jetzt ausgeglichener geworden, was Frauen und Beruf betraf, und hatte trotzdem die Möglichkeit, weiterhin mein Gehirn zu betäuben. Da kam mir das Angebot der Stahlbau- und Stahlhandelfirma, bei der ich als Brückenkranfahrer beschäftigt war, Schichtdienst von 12 bis 22 Uhr zu machen, gerade recht, denn nun konnte ich mich abends nach Herzenslust betrinken, um am nächsten Tag auszuschlafen und bei der Arbeit pünktlich zu erscheinen. Bettina war für ein paar Tage zu ihren Großeltern nach Tuttlingen gereist und ich bekam ausgesprochen nette Post von ihr, die einer Liebeserklärung ähnelte. In einem dieser Briefe teilte sie mir mit, dass ich noch die Chance hätte, im nächsten Jahr nicht Vatertag zu feiern, und war, nachdem sie so einen Verdacht äußerte, sehr erleichtert. Mein Vater schrieb mir zu meiner Freude: „Jedes mal, wenn ich höre, dass Du noch bei der selben Firma bist und die Verbindung mit Deiner Freundin Bettina weiter besteht, bin ich sehr froh. Es wäre wirklich ein Glück für Dich, wenn Du im Rahmen Deiner Möglichkeit beständig geworden bist."

Das freute und bestärkte mich, denn im Moment war die Welt für mich in Ordnung: eine beständige Arbeitsstelle, eine länger währende Freundschaft mit einer jungen Frau und nicht zuletzt die Aussicht, mich beruflich zu verbessern, denn meine Sprachtalente wollte ich professionell ausbauen und den Führerschein Klasse 3 erwerben.

Es gab zwischendurch auch mal Zeiten, in denen ich mich geistig und kreativ beschäftigte, Schach spielte oder Bücher las mit dem Titel „Ich beantrage Freispruch“ von Professor Dr. Dr. Frey, in dem mich sein größter Fall Paul Kranz beeindruckte. Zudem las ich im Rechtslexikon der Büchergilde, um im Nachhinein juristische Dinge in mein sogenanntes Drehbuch einfließen zu lassen. Dazu äußerte ich mich in meinen Memoiren: „Es hilft mir dabei sehr, das Trinken aufzugeben, wenn ich mich mit Sachen beschäftige, die mich gar nicht mehr daran denken lassen.“

Aber die Kraft der Sucht war dann doch stärker als jegliches Bemühen, ihr etwas entgegenzustellen.

Folglich kam der Tag, als ich in einem sehr beliebten Restaurant und Bierlokal im Herzen Eppendorfs meinen Rappel bekam und deftig ins Glas schaute, nachdem ich zu Hause schon ein paar Halbe zu mir genommen hatte. Bettina und ich waren hin und wieder dort eingekehrt, aber heute dachte ich nicht mal an sie, obwohl wir uns am selben Tag verabredet hatten. Wir hatten uns eine Woche nicht gesehen und plötzlich stand sie in der Tür, als ich auf dem Klavier eine Variation von Mozart spielte, dann irgendetwas improvisierte und anschließend den Flohwalzer herunter klimperte. Danach wankte ich zur Toilette und als ich wieder das Lokal betrat, staunte ich nicht schlecht, als Bettina plötzlich an meinem Tisch Platz nahm. Jetzt wusste sie, was mit mir los war, denn schließlich hatte ich vergessen, dass wir uns treffen wollten und sie jetzt davon ausgehen musste, dass ich an ihr weniger Interesse hatte, weil vermutlich ein anderes Mädchen dahintersteckte. Sie hatte den Rest meiner musikalischen Vorstellung noch mitbekommen und meinte ich sollte doch lieber meine von Gott gegebenen Talente nutzen, statt zu tief ins Glas zu schauen, denn es war kaum zu übersehen, dass ich rechtschaffen betrunken war, wie sie es bei mir noch nicht erlebt hatte. Ich beruhigte sie, während wir uns aussprachen, und begleitete sie danach ein Stück des Weges. Als ich die Arie aus Figaros Hochzeit, „nun vergiss, leises Flehn, süßes Kosen“, vor mir hin trällerte, lachte sie wieder und schlug mir vor, zu einem Vortrag der alten Uni zu gehen, um einen Film und Lichtbildervortrag über Ufos anzuschauen. Erich von Däniken war gerade mit seinem Buch „Erinnerung an die Zukunft“ weltweit bekannt geworden und es gab so etwas wie einen Boom mit allerlei Fantasien auf diesem Gebiet. Als ich zudem das Knaurs-Buch der modernen Astronomie las, war ich so fasziniert von der unendlichen Vielfalt des Kosmos, dass Alkohol im Moment nebensächlich erschien.

Wie auch immer, Bettina und ich gingen in die alte Universität, um dem Film und Diavortrag beizuwohnen. (9) Als dabei ein Mann mit Raumanzug von hinten gezeigt und behauptet wurde, es sei ein Außerirdischer, tobte die Zuschauermenge und ließ damit nicht unverhohlen, dass man solchem Quatsch kaum Glauben schenkte. Ich selber hatte mal einem Vortrag von Däniken im Operettenhaus beigewohnt und auf Fragen einiger Zuhörer wurden Antworten geschickt mit einem jein ausgewichen.

Mein Freund war in Dingolfing auf Montage gewesen und teilte mir mit, dass er mit seiner Freundin nach Hamburg kommen würde. Das war natürlich ein Freibrief, erst mal in eine Kneipe zu gehen, um seine Verlobung zu feiern.

Ich rief Bettina an, ob sie nicht Lust hätte, zu einem Stelldichein in eine Gastwirtschaft zu kommen, von der aus man einen schönen Ausblick zum Hafen hatte. Weil sie sich noch an mein letztes Besäufnis erinnern konnte, stutzte sie ein wenig, gab aber dann ihr Einverständnis, gegen 16 Uhr dort einzutreffen.

Da Franz, seine Verlobte und ich bis dahin noch Zeit hatten, bummelten wir durch die Stadt, um dann in einem Bierlokal in der langen Reihe Platz zu nehmen. Man tauschte alte Erinnerungen aus und amüsierte sich ein wenig und hatte, als wir in der besagten Wirtschaft eintrafen, schon einige Bierchen zu sich genommen. Wir waren unbestritten in recht ausgelassener Stimmung, als Bettina die Wirtschaft betrat. Ich stellte sie meinem Freund vor und erklärte ihr unser lustiges Zusammensein aufgrund seiner Verlobung, was mit einem Alibi verbunden war, diese zu begießen. Bettina merkte ich an, dass ihr das Niveau mit entsprechender Atmosphäre nicht so zusagte, konnte aber bis zu einem gewissen Zeitpunkt diese brenzlige Situation übertünchen. Ich versuchte ihr klar zu machen, dass bei einem Seemann und einem Bauarbeiter andere Dialoge stattfinden, als es bei Akademikern der Fall ist und der heutige Tag eine Ausnahme wäre. Sie hätte das vielleicht akzeptiert, da ich aber in kürzester Zeit ein Bier nach dem anderen verputzte und mich mehr mit Franz beschäftigte, als mich mit ihr zu unterhalten, platzte ihr nach einer Meinungsverschiedenheit der Kragen, sie stand auf und verabschiedete sich von uns. Sie sah mir in meine glasigen Augen mit dem Kommentar, dass, wenn ich wieder nüchtern bin, sie eine Erklärung erwarte, was ich mir von dem Nachmittag versprochen hatte. Puh, das war daneben gegangen, allerdings äußerte sich mein Freund verwundert darüber, dass es eine der typischen Launen einer Frau wäre und wir ruhig weiter feiern sollten. Hatte ich nun, wie bei Helene, alles kaputt gemacht, oder bestand noch ein wenig Hoffnung, die verkorkste Angelegenheit wieder in Ordnung zu bringen? Die Antwort darauf sollte ich schnell bekommen, denn als ich abends abgefüllt nach Hause kam, ging das Telefon und Bettina war an der Strippe, um mir mitzuteilen, wenn wir uns nochmals treffen würden, sie den Wunsch hätte, dass es dann wieder so kultiviert wie in den vergangenen Wochen zugehen sollte. Sie sprach also im Konjunktiv und das gab mir zu denken, zumal sie erst mal Abstand von mir nehmen wollte. Jetzt war ich ein wenig konsterniert und musste mir etwas einfallen lassen. Eine Woche später war Bettina bei ihrem Onkel in Jesteburg und ohne mich vorher anzumelden, aber nüchtern, erschien ich dort auf der Bildfläche mit einem prachtvollen Blumenstrauß und einer Karte, auf der ich folgendes geschrieben hatte: „Hallo, meine Liebe! Ich bereue im Nachhinein mein Verhalten bei unserem letzten Zusammensein. Es soll nicht wieder vorkommen!“

Diese Art meines Auftretens gefiel auch ihrem Onkel, der noch nichts von meinen Trinkgewohnheiten wusste, und ich konnte damit einiges wieder gut machen, obwohl ich mich in dem beigefügten Gedicht verraten musste:

Die Sucht

Nimmt weg den Liebesduft.
Doch ist die Liebe oftmals stärker,
Als jeder Griff zum Alkohol.

Und führt zum reinen Licht,
Das niemals endet.
Die Liebe, die nicht weniger wird,
Wenn man sie verschwendet.

Im Gästezimmer durfte ich übernachten und beim Frühstück wurde ich von Bettina in einer Art und Weise angelächelt, als hätte es keine Diskrepanzen zwischen uns gegeben. Am Nachmittag lagen wir bei schönem Wetter und angenehmen Temperaturen in Liegestühlen und wetteiferten darüber, wer das erste Ufo sehen würde. Für Albernheiten war sie zu haben, hörte mir aber auch interessiert zu, wenn es um wahrhaftige Dinge ging, wie z. B. über Astronomie. Ich erzählte ihr, dass ich mich mit diesem Thema schon eine geraume Zeit beschäftigt hätte, sodass es nicht vorstellbar wäre, bei diesen unendlichen Entfernungen auch nur annähernd den etwa 4,25 Lichtjahre entfernten nächsten Fixstern im Dreifachsystem Alpha Centauri mit unserer relativ unterentwickelten Raumfahrt- und Raketentechnik zu erreichen. Wenn es so etwas wie eine Teleportation weit entwickelter Zivilisationen gäbe, wäre es durchaus vorstellbar, dass jene solche Unendlichkeit überwinden könnten. Allein das bekannte Sternbild, der große Bär, im Volksmund als der Wagen benannt, in dem man deutlich sieben Sterne erkennt, die etwa 78 bis 124 Lichtjahre entfernt sind, kommen einem so nah vor, vermitteln uns aber gleichzeitig einen Hauch der Unendlichkeit. (10) Ich erzählte ihr noch einiges mehr und war ein wenig stolz, ihr dieses Wissen zu vermitteln, denn ihr Gebiet war eben die Wissenschaft der deutschen Sprache und Literatur. Ich hoffte, mich langsam, aber sicher ihrem Niveau anzupassen, mit der Aussicht, die im Moment innige Verbindung für längere Zeit aufrechtzuerhalten. In dieser hoffnungsvollen Stimmung lud ich sie zu dem Singspiel, die Entführung aus dem Serail ein. Es war ein schöner milder Sommerabend, als wir nach der Oper die restliche Zeit in einem Weinlokal verbrachten und ich im folgenschweren Irrtum verharrte, mich vom Alkohol lösen zu können.

Mir war tatsächlich so, als würde ich die schlimmste Phase meiner Sucht überwunden haben, denn die kommende Zeit war in jeder Hinsicht kontinuierlicher: Meine Schulden waren weniger geworden, ich´hatte einen guten beständigen Arbeitsplatz und mit meiner Freundin war ich nun fast ein ganzes Jahr zusammen. Nur hin und wieder bekam ich einen Rappel und trank dann einige Bierchen über den Durst in eine der nahe gelegenen Wirtschaften. Ein Alibi wieder zu trinken, hatte ich dann mit Beginn der Fußballweltmeisterschaft 1970 in Mexiko. Bettina interessierte sich nicht sonderlich für Fußball und war mit ihrem Studium beschäftigt, während ich die ein oder andere Wirtschaft aufsuchte, um die Spiele in Farbe mitzuerleben. Damals war das Pal-Fernsehen noch etwas besonderes und ein Klassiker war im Viertelfinale die Begegnung zwischen Deutschland und England zu dem ich viele Jahre später entsprechende Verse dichtete:

Das Fußballwunder

Vor 20 Jahren, wer hätte das gedacht,
Mit Gerd Müller und Sepp Maier,
Gab‘s eine ganz besondere Schlacht,
Danach ‘ne delikate Siegesfeier.

Es war schon spannend, interessant,
Denn vom Gegner kam das erste Tor
Und das zweite ebenso.
War es da noch möglich für ‘ne Wende?
Oder war das schon das bitt‘re Ende.

I wo, da gab‘s doch ein‘ Franz Beckenbauer
Der dribbelte und kam vorbei;
Die deutschen Rufe wurden immer lauter
Deshalb schoss er das eins zu zwei.
Und nun kam das Husarenstück!
Der Hinterkopf von Uwe Seeler,
Manch einer denkt ich bin verrückt,
Man glaubt es kaum, im gegnerischen Tor
Da ist das Leder!

England du bist wundervoll,
Wir haben‘s nie vergessen
Und dachten noch ans Wembley-Tor,
Wir spielten wie besessen.

Gerd Müller war nicht nur den Fans bekannt,
Im nu kam er geschwind herbei,
Er war der Bomber für das ganze Land
Und schoss zum Endstand drei zu zwei.

Das spannendste aber aller Spiele war dann das Halbfinale gegen Italien, bei dem Deutschland in der Verlängerung verlor.

Das musste ich Bettina in meiner Euphorie telefonisch

mitteilen, die aber sofort merkte, dass ich ziemlich abgefüllt war. „Na Jens, du hast ja mal wieder ganz schön einen im Tee“, war ihr zwar nicht vorwurfsvoller, aber treffender Kommentar. Ich erwiderte: „Aber das ist erst mal wieder für längere Zeit eine Ausnahme, denn so eine WM gibt es schließlich nur alle vier Jahre.“ Diesmal noch sah sie das nicht so verbissen und lachte. „Wetten“, entgegnete ich, „bis Ende des Jahres habe ich erst mal genug vom Alkohol.“

Der Herbst nahte und ich bestand am 24.11.1970 meine Führerscheinprüfung, die mich beruflich ein Stück weiterbrachte. In meine Memoiren schrieb ich: „Es ist mir noch nie so gut gegangen wie im Moment und das mag wohl im Wesentlichen daran liegen, dass ich mir einen Ruck gegeben habe zu schwören, bis 1971 nicht einen Tropfen Alkohol anzurühren. Das habe ich seit September strikt durchgehalten und ich muss erkennen, dass ich das schon eher hätte machen sollen. Es hat mir nur Glück gebracht. Wenn ich vor einem Jahr noch meine Arbeitsplätze wie das Hemd wechselte, so bin ich heute noch immer in der Firma Carl Spaeter als Kranfahrer tätig, von der ich im Dezember 70.- DM Weihnachtsgeld bekomme und eventuell im nächsten Jahr als Kraftfahrer eingestellt werden kann. Außerdem bekomme ich 350.- DM Urlaubsgeld, das ich im Januar 1971 für meinen Skiurlaub im Harz verwenden werde. Das hätte ich mir vor zwölf Monaten nicht träumen lassen.“ Und weiter: „Vor fünf Wochen habe ich ein neues Darlehen bei einer Kundenkreditbank aufgenommen. Davon habe ich das restliche Geld von 200.- DM an die Fahrschule gezahlt und mir Anzüge, Kleidung und meinen ersten Fernseher gekauft. Aufgenommen hatte ich 2500.- DM, die ich in monatlichen Raten a 131.- DM in zwei Jahren zurückzahlen muss. Mir ist durchaus klar, dass ich über ein Sechstel mehr von der Summe zurückzahlen muss, da so eine Bank recht hohe Kreditgebühren (0,95%) verlangt, aber 131.- DM kann ich monatlich leicht zurückzahlen, da ich jetzt einen Durchschnittsverdienst von 800.- DM netto habe. “

Das waren Fakten, mit denen es sich gut leben ließ, und ich hätte mir mal wieder eine solide Existenz aufbauen können, wenn nicht der Freund mit Maske bald darauf seine Chance nutzte, mich wieder zu verführen.

Als sich das Jahr dem Ende neigte und ich bis dahin standgehalten hatte, so gut wie keinen Alkohol mehr zu trinken, wurde auch die Beziehung mit Bettina vertieft, die ein wenig lächelte, als ich ihr vorschlug, dass man sich bei Gelegenheit verloben könne. In dieser Zeit rumorte es in Polen nach heftigen Unruhen, wegen der unverhältnismäßig hohen Preiserhöhungen der Lebensmittel. Aber es erfolgte auch ein ganz besonderes Ereignis, als der ehemalige Bundeskanzler Willy Brandt sich vor dem Mahnmal der Opfer des Warschauer Gettos am 07. Dezember 1970 hinkniete, um mit dieser Geste der Versöhnung der Welt zu zeigen, dass Deutschland auf immer in Reue und Demut dieser schrecklichen Ereignisse gedenken würde, und 1971 den Friedensnobelpreis in Empfang nahm.

Bettina fuhr über Silvester zu ihren Großeltern und ich verbrachte die Nacht zum 01. Januar 1971 mit viel Stimmung, Bier und Sekt im Bayrisch Zell. Noch stark alkoholisiert fuhr ich am selben Tag mit meinen Holzskiern und Lederschnürschuhen vom ZOB in den Harz. Im Bus sorgte ich für etwas Wirbel unter den Urlaubern und erfreute mich der schneebedeckten Landschaft. In Braunlage war ich in einer netten Pension untergebracht und die Piste war in unmittelbarer Nähe. In der zweiten Woche schmolz der Schnee und an Skifahren war nicht mehr zu denken. Da stach mich wieder der Hafer und wusste nichts anderes mit meiner Zeit anzufangen, als schon am Nachmittag einen kleinen Flachbau aufzusuchen, in dem sich trinkfreudige Leute aufhielten. Manch einer trank dort ein paar Pilsener und ich eher Rum mit wenig Bier, um nicht am nächsten Morgen in einem nassen Bett zu erwachen. Braunlage ist ein nettes Städtchen mit Flair; es gibt gemütliche Cafés, nette Wirtschaften und vor allem eine Tanzbar, in der ich mich mit einer Clubjacke und weißen Rollkragenpullover an der Theke amüsierte. Ich kam mir vor wie ein Playboy und lernte dort ein Mädchen kennen, das mir außerordentlich gut gefiel. Sie tanzte mit mir, aber alle meine Bemühungen, ihr näher zu kommen, waren zum Scheitern verurteilt. Immerhin traf ich sie zwei Tage später in einem Café, wo sie mit ihrer Freundin verweilte. Sie hatte nichts dagegen, dass ich mich an ihren Tisch setzte. Wir unterhielten uns über dieses und jenes und Irene schien nicht abgeneigt zu sein, mit mir weiterhin in Kontakt zu bleiben, zumal wir unsere Adressen austauschten. Es blieb trotz späteren Schriftverkehrs bei einer platonischen Freundschaft, die ich aber etwas vertiefen wollte, als ich mir ein Auto kaufte, um sie in Bad Bevensen zu besuchen. Wir waren von einem Profi in der S&M Bar fotografiert worden und die Bilder konnte man in einem entsprechenden Geschäft bekommen. Dies war u.a. der Auslöser für das Ende der harmonischen Zweisamkeit zwischen Bettina und mir. Was musste wohl in mich gefahren sein, eine wundervolle Beziehung aufs Spiel zu setzen und letztlich wieder in den alten Trott zu verfallen. Als die beiden Freundinnen vor mir Braunlage mit einem Bus verließen, winkten wir uns noch zu, als dieser nach Bad Bevensen davon fuhr und ich um eine Illusion reicher war.

Es bewahrheitete sich mal wieder, wie im Vorwort beschrieben: Oft baute ich mir im Leben etwas auf und warum, das weiß der liebe Himmel, zerstörte es mir wieder. Zwar behielt ich noch meinen guten Arbeitsplatz, aber die Sucht gewann wieder mehr und mehr die Oberhand. Trotzdem war mein Selbstvertrauen gestiegen, da ich jetzt vom Stahlbau in die Expedition als Kraftfahrer übernommen wurde. Im Cordanzug stellte ich, ohne überheblich zu sein, etwas Besseres da, als nur in der Tätigkeit als Kranfahrer.

Jetzt ging es mir so richtig gut und ich besuchte in dieser Verfassung am Nachmittag meine Stammkneipe, um mal wieder dem Alkohol zu frönen. Zuvor hatte ich schon mal in meiner Stube zwei Halbe zu mir genommen, die leeren Flaschen aber einschließlich eines Briefes von Irene mit den Fotos vom S&M Club, auf denen wir untrüglich zu erkennen waren, sorglos auf dem Tisch liegen gelassen. Ich ahnte ja nicht, dass mich Bettina mit einem Besuch in der Semperstraße überraschen wollte, und durch meine Großmutter erfuhr, dass ich in meiner Stammkneipe verweilte. Die leeren Flaschen und der Brief aus Bad Bevensen mit den Bildern vom S&M Club mochten wohl genug die Wahrheit erkennen lassen, in die ich mich achtlos hineinmanövriert hatte. Als ich mein Zimmer betrat, sah ich in die traurigen, aber auch entschlossenen Augen einer Frau, die mich für treu und charakterstark gehalten hatte. Mit schlechtem Gewissen erzählte ich ihr die Umstände, die für diese Situation gesorgt hatten, aber jetzt gab es kein Zurück. Alkohol und ein anderes Mädchen, von dem ich mehr erwartet hatte, als nur Händchen halten, besiegelten wieder einmal das Ende einer bis dahin scheinbar unzertrennlichen Liebe.

Ich litt noch eine längere Zeit an meiner mir selbst verschuldeten Dummheit und auch ein Wiedersehen mit Irene konnte meine innere Trauer nicht wett machen. Ein netter Briefaustausch und ein paar Telefonate mit diesem attraktiven Mädchen blieben ohne Hoffnung auf eine festere Beziehung. Aus diesem Grunde hatte ich nach Feierabend nur eins im Sinn: ein Alibi zu trinken, um zu vergessen. Aber das ging nicht so einfach, wie ich es mir vorstellte, denn man kann einen geliebten Menschen nicht so ohne weiteres in die Ecke stellen, wie einen Besen, den man nicht mehr benötigt. Der Mensch ist kein Roboter, sondern ein Wesen aus Fleisch und Blut mit Emotionen und den unterschiedlichsten Eigenschaften eines Individuums.

VERSTRICKT UND VERWORREN

Gleichgültig nahm ich durch die Medien zur Kenntnis, dass Walter Ulbricht als erster Sekretär des ZK der SED zurücktrat, um Erich Honecker den Thron zu überlassen. Auch dass der bis heute berühmte Jazztrompeter Louis Armstrong drei Monate später verstarb und wiederum zwei Monate danach das Viermächteabkommen über Berlin unterzeichnet wurde, war für mich nicht weltbewegend, denn ich befand mich in einer gewissen Lethargie, welche mich hinderte, einer geistigen oder kreativen Beschäftigung nachzugehen. Aber das Leben geht ja weiter und im Juni schaltete ich erst mal ab, als ich in der Jugendherberge auf der Insel Amrum ein paar Tage meines Urlaubs verbrachte.

Man kann aber die ostfriesischen Inseln nicht mit Amrum vergleichen. Kilometerlanger, sehr breiter Kniepsand, große Dünenmulden und Pinienwäldchen, eine Autostraße von Norddorf über Nebel bis zum Schiffsanleger in Wittdün und ein massiver Leuchtturm eignen sich für ältere Leute und Rentner, die hier ihre Ruhe suchen, aber nicht so sehr für Jugendliche, die etwas mehr erleben wollen. Passend dazu der Schlager der 60er Jahre von Gus Backus:

No Bier, no Wein, no Schnaps
Das ist keine Zustand für ein Mann,
No Bier, no Wein, no Schnaps
Kein Gruß und kein Kuss
Was fang ich an.

Mir fehlte das Flair mit den vielen Kneipen, das Hufengeklapper der Pferdedroschken, eine Tanzbude und die vielen Einkaufsmöglichkeiten, wie auf der Insel Langeoog. Das hatte allerdings den Vorteil, dass ich keinen Alkohol zu mir nahm, der mir bei solcher Atmosphäre auch nicht sonderlich fehlte. Zwei Mädchen aus der Jugendherberge fragten mich, ob ich nicht Lust hätte, mit ihnen eine Kutterfahrt nach Hallig Hooge zu machen. Der Abwechselung halber stimmte ich zu mit dem Eindruck, dass ich einem der Mädchen gefallen würde. Aber das war mir ziemlich gleichgültig und sehnte mich nach Langeoog und im August des selben Jahres begab ich mich mal wieder zur Domäne, nachdem ich bei C. Spaeter unüberlegt gekündigt hatte.

Somit hatte ich zwei wertvolle Positionen für mein Weiterkommen aufgegeben: eine sehr gute Arbeitsstelle und eine innige Freundschaft. Außerdem fing mein Schludern wieder von neuem an. Auf der Insel fuhr ich mit einem geliehenen Fahrrad ins Dorf und fühlte mich so richtig einheimisch, als ich die ein oder andere Kneipe aufsuchte und meinen Suchtbedürfnissen freien Lauf ließ. Morgens gegen 4:00 Uhr, noch stark alkoholisiert, stürzte ich kurz vor der Herberge auf einen recht schmalen Plattenweg über den Lenker und verletzte mich dabei unübersehbar im Gesicht. Da der Himmel bedeckt war, wurde ich nachmittags in ein Zelt netter junger Leute eingeladen, bei denen es genug Rotwein zu trinken gab. Natürlich kam ich in den Verdacht, dass eine Prügelei die Ursache für die dicke Lippe war, konnte aber glaubhaft machen, dass ich mich durch den Sturz verletzt hatte. Ich revanchierte mich, indem ich im Dorf zwei große Flaschen Wein kaufte, und es ging mit meinen Freunden erneut lustig einher.

Wieder zu Hause angekommen, hatte ich im Nu bei einer Spedition Arbeit gefunden. Ich fuhr einen neuen 7,5 to LKW, beförderte die Ladung schnell und zuverlässig, sodass ich den Mercedes mit nach Hause nehmen durfte. Das begoss ich abends in meiner Stammkneipe, verschlief und der LKW musste von der Firma abgeholt werden, was die fristlose Kündigung bedeutete. Ich bekam dann einen Job als Lasttaxifahrer, verdiente nicht schlecht, um mich mit Alkohol aufs Neue zu beglücken. Neue Bekanntschaften waren nicht von Dauer, weil die jungen Frauen schnell mitbekamen, in welchem desolaten Zustand meine Seele verweilte. Dann inserierte die Firma Werner Velbinger Organisation im Hamburger Abendblatt, die dringend für den Aufbau ihres Unternehmens sogenannte Verkaufsfahrer suchte. Dort fand ich unverzüglich einen neuen Arbeitsplatz, der mir gut gefiel, zumal man den Lieferwagen, einen nagelneuen Hanomag-Henschel nach der Auslieferung der Ware mit nach Hause nehmen durfte. Dadurch entstand die heute große und bekannte Paketfirma Hermes Versand. Hin und wieder fragte mich der Lagerleiter am nächsten Tag, ob ich was getrunken hätte, was ich mit einem Unschuldsgesicht verneinte, denn mir war nicht bewusst, dass man den Restalkohol vom Vorabend noch riechen konnte. Ich war darüber verwundert, ließ mich aber nicht abhalten, meine Trinkgewohnheiten fortzusetzen.

Symptomatisch äußerte sich mein Vater: „Was Marianne und mich sehr bedrückt, ist verständlicherweise dein Trinken! Willst du nicht mal über deinen Hausarzt eine Entziehungskur beantragen? Wenn du dich noch retten willst, wird es höchste Zeit! Denn du möchtest doch sicher nicht mit einem Leberschaden dahinsiechen!“

Tatsächlich war ich wieder in einer Phase, in der ich haltlos meine Freizeit dem Weib, Wein und Gesang widmete. Ich besaß inzwischen eine Stereoanlage und hörte, während ich in vier Stunden vier Flaschen Wein leerte, die Krönungsmesse oder das Vesperae solennes von Mozart an und war dabei im siebten Himmel. Sprüche wie, wenn ich es bloß schaffen könnte, den Alkohol zu meiden, meine letzte Chance, oder verfluchter Alkohol, sollten mir Ansporn geben, dem Unheil Einhalt zu gebieten. Aber es half nichts und die Nächte wurden häufig zum Tage gemacht, wenn ich nach durchzechter Nacht im Morgengrauen folgendes niederschrieb: „und dieses sollte mich endlich zu Vernunft bringen, dass es sowohl in meiner Kindheit als auch danach, als ich noch nicht alkoholabhängig war, denselben Kampf gibt, wie je zuvor: nämlich den Kampf um Liebe, Glück und innere Ausgeglichenheit“ und danach feststellen musste: „ich schwimme immer noch im selben Boot“ oder „immer noch dasselbe Theater“.

Diese schriftlichen Bekenntnisse wurden natürlich nur im betäubten Zustand hinterlegt und waren nichts anderes als ein Hilferuf zur Himmelswelt und als Befreiung meiner eigenen Geißel gedacht, so u.a. um 02:45 Uhr: „Ich werde versuchen das Leben zu beginnen, was ich mir vorstelle, nämlich mich zusammenreißen und trotz aller Enttäuschungen nicht Musik studieren zu dürfen, diese wunderbare Musik ausüben zu wollen und Gott hilf mir, dass es mir gelingt. Habe ich es doch alleine durch die Liebe und Gerechtigkeit des Allmächtigen geschafft, mir immer wieder vor Augen zu halten, dass das menschliche Leben mehr Sinn hat, als nur zu vegetieren. Die Allgegenwart Gottes ist stärker als alle Schwäche, die mich kaputtmachen will. Es sind noch so viele Probleme offen, doch Wahrhaftigkeit im Schönen zu erkennen, ist das Licht und die Reinheit. Alkohol hat mich zwar irdisch gesehen in der Macht, aber mein Glaube an Jesus Christus gibt mir Kraft, mich selbst zu besiegen. Die Wahrheit liegt tatsächlich da, wo man an nichts mehr zweifelt, und das ist mein Schöpfer. "

Den Rat meines Vaters nahm ich entgegen, indem ich angetrunken einen Nervenarzt aufsuchte, um diesem mein Leid zu klagen. Dieser wusste mir nicht anders zu helfen, als mir Valium zu verschreiben. Damit wurde mir zum ersten mal ein Weg gezeigt, wie man sich anderweitig berauschen kann, und ich kam vom Regen in die Traufe. Dieses Medikament dient in erster Linie zur Behandlung von Angstzuständen, kann aber auch eine Wirkung bei Schlafschwierigkeiten erzielen. Mit dem neuen Lieferwagen konnte ich inoffiziell mal hier-, mal dorthin fahren und beförderte meine geliebte Großmutter zu dem Grab ihres Mannes, der, als ich vier Jahre alt war, von einem Auto erfasst wurde und dabei ums Leben kam. Soweit mir bekannt ist, war er Spirituosenvertreter und trank auch gerne mal einen über den Durst. Mein Vater schrieb mir über diese gute Seele zweifelsfrei: „Was hast Du für ein Glück, dass Du Deine Großmutter so lange behalten darfst. Ich hoffe, Du zeigst Dich dieses Gottesgeschenkes jederzeit würdig. Das ist meine ehrliche Meinung und soll keine Moralpredigt sein!"

Mir war ohnehin bewusst, dass ich gnadenlos abgestürzt wäre, wenn ich sie nicht gehabt hätte, und ich trage sie bis heute ehrfürchtig in meinem Herzen.

An einem Wochenende fuhr ich mit dem Lieferwagen nach St. Pauli, um mich ein wenig zu amüsieren, trank aber mehr Bier, als ich geplant hatte. Nachdem ich im Bayrisch-Zell noch mein Tanzbein geschwungen hatte, nahm ich mir ein Taxi, um nach Hause zu kommen. Am nächsten Tag wusste ich nicht mehr, wo ich den Autoschlüssel gelassen hatte, und rekonstruierte, wo ich gewesen war, um nach dem Schlüssel zu fragen. Zu meinem Glück hatte man diesen auf der Tanzfläche gefunden und abgegeben. Aus diesem Grund fuhr ich zukünftig nur noch mit öffentlichen Verkehrsmitteln in das berühmte Vergnügungsviertel.

Eines Nachts war ich so abgefüllt, dass ich auf einem Rasen in der Nähe der Erichstraße eingepennt war. Durch einen Hund, der mich anbellte, wurde ich wachgerüttelt und trottete in den Elbschlosskeller. Dort unterhielt ich mich mit einem jungen Mann, der nach seinen Angaben ungewollt im Knast gesessen hatte und mir, nachdem ich ihm mein Gedicht Sehnsucht vorgetragen hatte, seine Verse offenbarte:

Und wieder geht ein Tag zu Ende,
Der Mensch, er legt sich hin zu Ruh.
Der Morgen graut, bringt einem Glück
Dem anderen Leid
Hat einer seinen Schatz verloren,
Die Wunde heilt wohl keine Zeit.
Trotzdem sei ehrlich, strebsam jeden Tag!
Gott wird dir helfen mit Rat und Tat.

Es müssen halt nicht alle Menschen schlecht sein, die mal etwas ausgefressen haben oder mit dem Alkohol verheiratet sind. Das kann man aber vorher niemals wissen und so traf ich vor dem U-Bahnhof Millerntor mit mindestens 1,5

Promille auf drei Landstreicher, die ich für Seefahrer hielt und die mich in eine rege Unterhaltung mit einbezogen. Ich latschte mit diesen fragwürdigen Leuten irgendwohin, saß plötzlich im Hinterhof eines Krankenhauses und hatte plötzlich einen Teller Suppe in der Hand. Mir war aufgrund meines benebelten Gehirns keineswegs bewusst, mit wem ich mich da eingelassen hatte, und ich ging mit dieser Gruppe an die Elbe, wo ich auf einer Bank einschlief. Die Sonne schien mir beim Erwachen ins Gesicht und als ich auf meine Armbanduhr nach der Zeit sehen wollte, war diese von den vermeintlichen Freunden, ohne dass ich auch nur das geringste gemerkt hatte, gestohlen worden.

Es war notwendig, ein zweites Mal den Nervenarzt aufzusuchen, der alles Mögliche mit mir besprach, aber letztlich keine Lösung für mein Problem hatte, außer mir Distraneurin zu verordnen. Somit kam ich, ohne mir im Klaren darüber zu sein, in das selbe Dilemma: Der Wirkstoff Clomethiazol ist rezeptpflichtig und dient zur Alkoholentwöhnung. Auch dieses Mittel kann abhängig machen, zumal es bei schweren Schlafstörungen aufgrund eines hirnorganischen Psyche-Syndroms verschrieben werden kann. Bei den AA (Anonymen Alkoholikern), welche ich hin und wieder aufsuchte, wird immer davor gewarnt, dass ein Umsteigen von Alkohol auf Drogen nur ein kurzer Schritt ist, und ich nahm nun beides. Es dauerte auch nicht lange, als ich mir aus purer Neugier bei meinem Hausarzt das gefährlich, süchtig machende Betäubungsmittel Mandrax verschreiben ließ und damit in eine noch gefährlichere Phase meiner Suchtkarriere hineinschlitterte. Dieses chemische Gift gehört zur Gruppe der Barbiturate, in der der Stoff Methaqualon enthalten ist, welcher in erster Linie auf das

Nervensystem einwirkt. Innerhalb weniger Minuten hat man das erhabene Gefühl einer Euphorie der Entspannung, die einem Frieden und Sorglosigkeit verheißt. Ohne Probleme kann man wohlig einschlafen, weil jegliche Grübelei von diesem Medikament abgenommen wird.

Mitte des Jahres stand mir bezahlter Urlaub zu und ich verbrachte diesen mal wieder auf meiner geliebten Insel Langeoog in der Jugendherberge. Es ging mir finanziell und seelisch recht gut, ich griff aber immer wieder zur Flasche. Ich hatte einen Flachmann mit Whisky am Strand ausgetrunken, ohne dass man in der Herberge davon etwas bemerkte.

Als ich mal wieder im Dorf zwei, drei Kneipen aufsuchte und im Morgengrauen in der Givtbude landete, war dort kein Mensch mehr anzutreffen. Es gab nur eine Bar mit einigen Flaschen hochprozentigem Schnaps. Ich nahm eine davon mit, ohne Moral und Anstand zu hinterfragen, setzte mich in einen Strandkorb, leerte den Rest der Flasche in aller Gemütlichkeit bis es hell wurde, um dann am Strand und Meer in Richtung Herberge zu gehen. Dort erschien ich noch rechtzeitig, um mein Frühstück zu bekommen. Der tolerante Herbergsvater wusste nichts von meinen Eskapaden und kontrollierte mich auch nicht, ob und wann ich ins Bett gegangen war. Das sollte sich aber im darauf folgenden Jahr drastisch ändern. Bei Hermes-Versand hatte ich es tatsächlich vierzehn Monate ausgehalten, als ich eine Zeitung las, in der eine Nonfood-Firma inseriert hatte. Als ich mich da telefonisch erkundigte, wurden mir ein interessanteres Arbeitsgebiet und bessere Verdienstmöglichkeiten zugesagt, was mich veranlasste, wieder einmal bei einer guten Firma aufzuhören. Aber das war ein Trugschluss und ich schaffte mir mit diesem Wechsel privat, finanziell und beruflich mehr Probleme, als mir lieb waren: Mit anderen Worten, es ging mal wieder so richtig bergabwärts. In dieser so vielversprechenden Firma wurde ich eigentlich nur als Lückenbüßer eingesetzt, muss mir aber eingestehen, dass ich am jeweiligen Ort, wo ich die Ware anzuliefern hatte, danach mit Bier und Schnaps einen feucht fröhlichen Abend genoss. Gelegenheiten gab es in dieser Hinsicht genug; entweder im Hotel oder in einer nahe gelegenen Wirtschaft. Das mochte der ein oder andere Filialleiter wohl gerochen haben, um sich bei meiner Firma zu beschweren. Die Touren gingen nach Niedersachsen und Ostfriesland und wenn ich dann wieder in Hamburg war, ging ich auf den Swutsch, um auf eine neue Freundschaft zu hoffen. Ich lernte eine junge Frau kennen, mit der ich zwar keine Intimitäten hatte, die sich aber mit Wein und Bier bei mir das Klavierkonzert von Frederic Chopin anhörte. Ich versprach mir natürlich mehr davon, erfuhr aber eine Woche später, dass sie verheiratet war. Nun, diese Bekanntschaft war noch nicht vertieft, war aber trotzdem ein Schlag ins Kontor.

Im August 1973 wurde mir gekündigt und ich hatte weder eine Freundin noch eine beständige Arbeitsstelle in Aussicht. Und damit bahnte sich ein neuer Tiefpunkt meines Lebens an: ich hatte 6336.- DM bei der NKK abzuzahlen und mein Dispo bei meiner Sparkasse war auch schon am Limit, ich fuhr aber trotzdem nach Langeoog in die Jugendherberge, in der jetzt ein anderer Wind wehte, da der Herbergsvater mir nach 22:00 Uhr mit Schlägen drohte und ein Rausschmiss das jähe Ende der einstmals schönen Aufenthalte auf dieser Insel beendete.

Arbeitslosigkeit und hohe Schulden waren aber nicht alleine mein bedrückender Begleiter dieser Zeit, sondern auch eine herbe Enttäuschung, in der Hoffnung, eine neue Liebe kennen gelernt zu haben. Ich war ein paar Tage vorher in der sogenannten Givtbude gewesen und flirtete mit einem Mädchen, das sich beim Tanzen an mich schmiegte und damit zum Ausdruck brachte, mich näher kennenlernen zu wollen. Wir trafen uns täglich, waren am Strand, gingen zum Baden und sahen den lustigen Film: *Is' was, Doc* mit Barbara Streisand. Wenn wir allerdings abends in eines der Lokale gingen, merkte sie schon, dass ich so ein Bier nach dem anderen trank und mich dabei als Django oder Jerry Lewis aufspielte. Das könnte u.a. der Grund dafür gewesen sein, nachdem wir eine Woche fröhlich zusammen waren, dass sie plötzlich wie umgewandelt zu sein schien.

Eines Morgens, sie sah schon verstört aus, erklärte sie mir, dass sie nicht mehr mit mir zusammen sein wolle. In diesen Tagen lernte ich in einer der Kneipen einen dort stationierten Kunstlehrer kennen, der ebenfalls viel trank und mich aus Mitleid bei sich aufnahm, weil ich die Herberge nicht mehr betreten durfte. Er ließ mich für kurze Zeit meinen Liebeskummer vergessen, weil wir viel Spaß im berauschten Zustand hatten und manche Blödelei mit einem Lachsack, Witzen und unterhaltsamer Musik veranstalteten. Bei meiner Sparkasse hatte ich den Dispokredit von 2000.- DM fast aufgebraucht. Man überwies mir aber trotzdem über ein schnelles Konto 300. – DM, wodurch ich mich weiterhin mit Alkohol berieseln konnte.

Auf der Rückfahrt, wieder zu mir gekommen, weinte ich ab und zu in einer stillen Ecke und abends betrank ich mich wieder, was den ganzen Kummer nur noch vergrößerte. Nun ja, es kam, wie es kommen sollte, und heute weiß ich, dass diese Beziehung wegen meiner Trunksucht nicht von Dauer gewesen wäre, ganz abgesehen von meinen sehr schlechten beruflichen und wirtschaftlichen Verhältnissen, die ich durch meine Alkoholbedürfnisse hervorgerufen hatte.

Nach dem Aufenthalt auf der Insel seelisch angeknackst, fand ich Arbeit bei der Fa. Randstadt. Hier arbeitete ich mal als Kranfahrer, mal in der Holsten-Brauerei oder als Kraftfahrer bei den Nordwestdeutschen Kraftwerken. Dort hatte ich aufgrund von Restalkohol eine Fahne und man gab mir den Laufpass. Die Zeitarbeitsfirma behielt mich aber noch mal und ich wurde dann als Kraftfahrer bei Homeyer im Freihafengebiet eingestellt. Auch hier war es wieder König Alkohol, der mich verschlafen ließ, sodass ich endgültig bei Randstadt aufhören musste. Während ich so unstet war, kam ein Angebot der NKK, welches ich dankend annahm, da ich zu meinen Kreditabzahlungen bei der Haspa inzwischen über 2000.- DM minus auf meinem Girokonto hatte. Dieses konnte ich jetzt wieder ausgleichen, nachdem ich das Darlehen auf 10 000.- DM erhöht hatte, um mir für diese Summe einen älteren Simca 1501 finanzieren zu lassen. Ich brauchte diesen Wagen, um ein weiteres Risiko einzugehen, denn ich glaubte an den Erfolg, AMC-Töpfe zu verkaufen und damit das große Geld zu machen. Das wäre mir auch sicherlich gelungen, wenn ich statt hoher Schulden ein finanzielles Polster gehabt hätte. Man musste nämlich im Namen der Firma nicht nur für die Unterhaltung des Autos aufkommen, was alleine schon vierteljährlich über 500.- DM an Versicherung, Steuern und

Benzin kostete, sondern Fleisch und Gemüse aus eigener Kasse bezahlen, um damit zu demonstrieren, wie man fett- und wasserlos garen kann. Die Stimmung auf solchen Partys war nicht schlecht, weil man zudem einen guten Wein besorgen musste, um die Leute neugierig zu machen, denn man durfte an diesem Abend weder die Sortiments verkaufen, noch irgendwelche Preise bekannt geben. Das war die damalige Verkaufsstrategie, denn am nächsten Tag konnte sich der Kunde entscheiden, ob und welches Sortiment er haben wollte. Das war für den Durchschnittsverdiener zu teuer, denn ein Solo lag bei 400.- DM, das Junior bei 700.- DM, das Senior 1000.- DM und das Universal kostete mal eben 1300.- DM. Ich hatte den kleinen Vorteil, durch Hermes viele Kunden ausfindig zu machen, und konnte für eine angemessene Provision mal gerade zwei Sätze verkaufen, als höhere Autoreparaturen dazu kamen. In die Enge getrieben, trank ich mehr und mehr und stach mir damit immer tiefer in die Wunde. Mein Vater, der nur erahnen konnte, in welch schlimmen Zustand ich mich befand, schrieb mir folgende Sätze: „Dass Dein Trinken psychisch bedingt ist, steht außerhalb jeden Zweifels. Herr Dr. Georg Kaps in 2061 Bargfeld-Stegen behandelt diese psychische und nicht physische Erkrankung! Nachdem Du schon mehrere Jahre damit zu schaffen hast, ist es fraglich, ob Du allein damit fertig wirst. Ich kann Dir nur von Herzen empfehlen, bald einen Arzt zu konsultieren, denn jeder weitere Monat bringt Dich einem Leberschaden näher. Ich glaube, Du weißt nicht, was Du dann zu leiden hast!“

In Hamburg hatte ich dann mal hier, mal da, ein kurzes Intermezzo als Kraftfahrer und weiß bis heute nicht, wie ich die mir selbst geschaffene Unruhe und Wechselduschen der Gefühle verkraften konnte.

Ich war auf dem Weg zu einem Lasttaxiunternehmer, als mir der Simca ganz kaputt ging und ich diesen abschleppen und reparieren ließ. Dazu kam die Ölkrise und deshalb bekam ich vom Händler nur noch mit hohem Verlust 700.- DM für den Wagen. Die Last auf meinen Schultern wurde immer erdrückender und Gelegenheitsarbeit hielt mich notdürftig über Wasser. Im November 1973 landete ich mal wieder als Kaikranführer bei Blohm & Voss. Zu dieser Zeit brach ein Sturm in Norddeutschland aus und ein Wachmann schnauzte mich an, sofort in die Kanzel zu gehen, weil der Wind alles wegfegte, was nicht niet- und nagelfest war. Etwa zehn Minuten später passierte gar nicht weit von mir entfernt ein schweres Unglück, als die Gangway zwischen dem Aufstiegsturm und dem Schiff heruntergerissen wurde und dabei zwei Arbeiter in die Elbe stürzten und in dem eiskalten Wasser ertranken.

Kurzweilig war ich danach bei der Thyssen-Stahl beschäftigt, wo ich meinen ehemaligen Vorgesetzten von Hermes wieder traf, der jetzt im Kontor dieser Firma eingesetzt war. Auch hier gefiel es mir nicht sonderlich und ich wechselte zu einer Firma für Eiltransporte. Da mein Lohn nicht reichte, um meine hohen Schulden wettzumachen, blieb mir nichts anderes übrig, als einen neuen Arbeitgeber zu finden, bei dem ich mehr verdienen konnte. Ich war bei einem Speditionsunternehmen fündig geworden und konnte in der Woche 50.- DM mehr bekommen, allerdings mit wesentlich schwierigeren Arbeitsbedingungen. Mit einem VW-Transporter brachte ich die Filter für die Dialysegeräte in die Krankenhäuser nach Osnabrück oder Münster, bekam aber dafür weder einen

Nachtzuschlag oder eine Überstundenvergütung. Auf der Argentinienbrücke war der LKW überladen und ich schwitzte Wasser und Blut, damit dieser selbst, bei nur 20 km/h ja nicht umkippte, denn der Chef wurde nach Kubikmetern bezahlt und die Ladung war randvoll. Es war aber noch einmal gut gegangen, dafür gab es dann ein Desaster, als ich auf der Billstraße bei Nieselregen auf dem Kopfsteinpflaster ins Rutschen kam, weil der Unternehmer nicht gewillt war, das Gaspedal zu reparieren und ich dadurch einen Auffahrunfall mit einem parkenden Hänger hatte. Ein anderes Manko betraf ein Versprechen vom Chef, dass ich rechtzeitig Feierabend machen könne, um das Halbfinale der Fußball-WM Deutschland-Polen zu sehen. Aber daraus wurde nichts, weil ich zu lange beim Entladen aufgehalten wurde. Deshalb begab ich mich in eine Wirtschaft, um meinem Wunsch nachzukommen. Da sich das Spiel aufgrund eines Dauerregens um neunzig Minuten verzögerte, trank ich währenddessen drei bis vier große Biere. Als ich meinen Chef unterrichtete, wo ich den Transporter abgestellt hatte, fragte er mich doch tatsächlich, ob ich nicht mehr fahren könne, worauf ich ihm erwiderte, dass das möglich wäre, ich aber lieber meinen Führerschein behalten wolle. Daraufhin kam ein Mitarbeiter in die Kneipe und machte ein fürchterliches Theater mit der Drohung, dass ich rausgeschmissen würde. Der Chef war aber nicht bereit, mich zu entlassen, schließlich dachte er an sein Versprechen, mich früher gehen zu lassen. Trotzdem verließ ich die Firma vier Wochen später aus Arbeitsmangel und so musste ich wieder einmal Bäumchen, Bäumchen wechsele dich spielen und hatte in nicht mal einem Vierteljahr vier verschiedene Arbeitsstellen. Für mich war diese Zeit ein einziges Wirrwarr und eine um zehn Jahre ältere Frau, die ich kurzfristig kennenlernte, war bereit, mir 450.- DM zu leihen, damit ich meine rückfälligen Raten bei der NKK bezahlen konnte. Zudem empfahl sie mir eine Nervenärztin, die mir eine Spritze gab, um den Alkoholgenuss zurückzudrängen und verschrieb mir Libium Tabs. Das Mittel hat die Substanz Chlordiazepoxid und wird bei Angstzuständen und Schlafstörungen eingesetzt.

Ich hielt es eine Woche und fünf Tage ohne Alkohol aus, seitdem verfiel ich wieder in meine alten Gewohnheiten.

Durch diese festgefahrene Situation befand ich mich zudem in einer fast apathischen Stimmung, als ich folgendes in meine Memoiren aufzeichnete: „Es ist jetzt nach Mitternacht und ich habe zu meinem Leidwesen festgestellt, wie gefährdet mein Zuhause und meine Existenz ist. Ich kann von Glück sagen, dass ich noch meine liebe Oma habe, die vor vier Wochen am grauen Star operiert werden musste. Durch die AMC, das Auto, was mich außer den üblichen Kosten noch zur Reparatur veranlasste, und durch mein Trinken kann ich seit einem halben Jahr nicht mal mehr die Miete bezahlen. Inzwischen habe ich eine Stelle als Kraftfahrer bei einer Firma für Siebdruckbedarf in der Forsmannstraße. Das ist von mir nur ein paar Minuten entfernt und brauche auch erst um 8:00 Uhr anzufangen, verdiene aber nur etwas über 200.- DM in der Woche. Und das ist auf die Dauer zu wenig bei meinen hohen Schulden. Bei der NKK habe ich noch etwa 8000.- DM in monatlichen Raten von 226.- DM zurückzuzahlen und auf meinem Girokonto habe ich noch 1500.- DM minus. Da muss ich jetzt auch anfangen mit dem Zurückzahlen. Im Moment lebe ich auf Sparflamme; das hat den Vorteil, dass ich keinen Alkohol zu mir nehme. Eigentlich habe ich das für längere Zeit vor."

Aber etwas vorhaben oder etwas in die Tat umsetzen, sind zweierlei Dinge. In die Zwickmühle geraten, kam zu meinem Glück, wie gerufen, ein Angebot meiner ehemaligen Spedition, die mich aufgrund einer Strukturänderung wieder als Fahrer einstellte. Dieses Angebot nahm ich dankend an, denn mit über 200.- DM mehr Lohn im Monat konnte ich wieder aufatmen und hoffnungsvoller in die Zukunft sehen. Nun hatte ich zwar nur noch Kleintransporte auszuführen, aber musste auch jeden Sonnabend erscheinen, um den VW-Buss zu waschen. Das war mal wieder eine ausgezeichnete Gelegenheit, nach Beendigung der Arbeit die Zeit in der Tankstelle mit Bier und Kümmerling zu verbringen, um urige, wie spaßige Dialoge zu führen. Dann kamen Sprüche, wie „dieses Mannes Vater ist meines Vaters einziger Sohn", um zu wissen, wer die zwei auf dem Bild sind. Wenn ich dann gut gelaunt mit der Straßenbahn nach Hause fuhr, entledigte ich mich meiner Arbeitsklamotten, um anschließend in der Schwimmhalle ein erfrischendes Bad zu nehmen. Ich kam aber auch nicht umhin, in einer nahegelegenen Kneipe Einkehr zu machen, um meinen Alkoholspiegel wieder etwas aufzufüllen. Der Bademeister musste mir dann Einhalt gebieten, um keine Sprungbretter zu benutzen, weil er damit verhinderte, aufgrund meines Zustandes mich und andere zu gefährden.

GEBORGENHEIT

Es war Herbst geworden und nachdem ich einerseits wieder besser verdiente, dadurch die anteilige Miete bezahlen konnte und andererseits in Versuchung kam, auch wieder mehr zu trinken, hielt sich mein Einkommen mit dem Auskommen die Waage. Nur hin und wieder überspannte ich den Bogen, wenn ich nach der Arbeit mit anderen Kollegen an dem in unmittelbarer Nähe gelegenen Imbiss ein paar Biere mit Underberg oder Kümmerling zu mir nahm. Der Abschluss des Tages wurde dann bei zwei bis drei Flaschen Wein mit der 2. Sinfonie von Robert Schumann und der 6. Sinfonie, der Pastorale, von L. v. Beethoven gekrönt.

Festgefahren und aussichtslos in einer Sackgasse gelandet, fragte ich mich, wie ich den Karren aus dem Dreck ziehen könne. Symptomatisch gab mir mein Vater zwar theoretisch gute Ratschläge, aber praktisch war er nicht in der Lage, mir zu helfen: Hinweise von ihm sollten mich dazu bewegen, das Unheil von mir abzuwenden:

„Wir haben es schon geahnt: Sollte es mit der AMC schief gehen, werden die Enttäuschung und der Rückfall ins Trinken um so größer sein. So ist es nun gekommen. Wenn Du mir seit Jahren schreibst, Dein Alkoholkonsum sei seelisch bedingt, so kann ich Dir darauf nur antworten: Jedes Trinken ist seelisch bedingt. Aber es muss behandelt werden! Ich kann nur den Herrgott bitten, dass er Dir ein Einsehen gibt und Du Dich mit Deinen Sorgen einem Arzt anvertraust. Das kann auf Kasse geschehen, denn Du brauchst Dich dessen nicht zu schämen. Trunksucht ist eine Krankheit, wie jede andere. “

Und ein Jahr später schrieb er mir wie folgt: „Ich kann

immer nur wieder helfen mit der Bitte: Tue etwas gegen Deinen Zustand ---- gegen Deinen Alkoholismus! ---- Es ist ein Fehler, wenn Du seit Jahren behauptest, Du müssest allein damit fertig werden. Du schaffst es nicht mehr allein, Du brauchst jemanden, der Dir hilft!"

Und nun kam er mit einem Ratschlag, den ich erst viele Jahre später beherzigte. Ich konnte mir nicht einmal im Traum vorstellen, dass die Wirkung der transzendentalen Meditation übergreifend und weltweit eine dermaßen positive Schwingung und Kohärenz auf unserem Erdball hervorruft und damit das Paradies auf Erden eine reale Chance bekommen kann. Und weiter folgerte er: „Weiterhin möchte ich Dir dringend empfehlen, Dich mal zu einem Vortrag der MIU (Maharishi International University) zu begeben. Durch die Meditation sind schon manche Rauschgiftsüchtige, z.B. die Beatles, geheilt worden. Und zwar nicht in Einzelfällen! Du wirst bei der MIU einen Kreis von Menschen antreffen, der Dich sicher interessiert. Und die Hauptsache: Es wird Dir geholfen. Scheue das Geld für ein Meditationstraining nicht! "

Das waren von meinem Vater Hilfestellungen für ein erfüllteres Leben, aber erstens war ich nicht dringend davon überzeugt, zweitens hochgradig verschuldet und drittens sah ich im Moment deshalb nur meinen Job und das Vergnügen. Und so fuhr ich am Wochenende, nachdem ich mir einen ordentlichen Schluck aus der Buddel genehmigt hatte, mit der U-Bahn zum Millerntor. Dort befand sich das Ballhaus Hamburg und ohne lange zu überlegen, steuerte ich genau darauf zu. Ich war in gehobener Stimmung, als ich auf einen Tisch zuging, an dem zwei Damen saßen. Während ich um Erlaubnis bat, Platz zu nehmen, erzählte ich alles Mögliche, von außergewöhnlichen und neuen Dingen, die die Welt bewegten, und war mir in meinem angetörnten Zustand nicht einmal im Klaren, inwieweit ich die Frauen damit langweilte. Aber irgendwie schaffte ich es mit meinen Unterhaltungskünsten die Aufmerksamkeit einer der zwei Damen auf mich zu lenken, welche mir jetzt interessiert zuhörte. Als ihre Freundin zum Tanzen aufgefordert wurde, bat ich auch meine neue Bekanntschaft bei einem Walzer einzuwilligen. Sie fragte mich, woher ich denn aus dem Nichts hereingekommen war und lachte, als ich trocken und sachlich erklärte: von der U-Bahn ins Getümmel. Ich würde sie aber gerne zu einem Drink an der Bar einladen und dabei den Dialog mit ihr fortsetzen. Sie war einverstanden und als wir uns wieder zu unserem Tisch begaben, war ihre Freundin nicht mehr anwesend. Als wir uns verabschiedeten, war sie nicht abgeneigt, dass wir uns mal wiedersehen könnten. Es dauerte auch nicht lange, als wir in einem Café in der Fußgängerzone Altona zu einem Stelldichein einen netten Nachmittag verbrachten. Nachdem wir uns namentlich vorgestellt hatten, duzten wir uns und begleitete sie danach zu ihrer Wohnung, die nicht all zu weit vom Einkaufszentrum entfernt war. Da die Sympathie inzwischen beiderseitig bestand und wir uns vor ihrer Haustür eigentlich noch gar nicht trennen wollten, bot sie mir an, noch zu einem Glas Wein hereinzukommen. Dabei kam ich wieder ins Schwelgen über meine hoffnungsvollen Wünsche, was Musik und die Schauspielkunst betraf. Jetzt erfuhr ich, dass sie einen erwachsenen Sohn hatte, der sie hin und wieder besuchte, und dass ihre Ehe geschieden wurde, weil ihr gut aussehender Mann mit einer anderen Frau zusammenleben wollte. Mir wurde vor Augen gehalten, dass Margarethe um einiges älter sein musste, und vertrat am selben Abend die Meinung, dass wir auf Dauer nicht zusammenbleiben könnten, weil der Altersunterschied zu gravierend sei. Ich merkte, wie traurig sie wurde, ruderte zurück und meinte, dass wir vorläufig die Feiertage zusammen verleben sollten, denn letztlich wäre ich auch solo.

Als wir die Flasche Wein ausgetrunken hatten, war sie zu meiner Freude nicht abgeneigt, noch Nachschub zu holen. Als ich mit zwei Flaschen zurückkam, war ihr Sohn vorübergehend anwesend. Auch er hatte unter der Scheidung seiner Eltern gelitten, was aber nicht hinderlich war, dass wir uns gut verstanden. Er wohnte nicht allzu weit von seinem ehemaligen Elternhaus entfernt in einer eigenen Wohnung und empfand es als angenehm, dass seine Mutter wohl einen neuen Partner gefunden hatte.

Zwischen Weihnachten und Neujahr war ich relativ schnell heimisch geworden und im Januar bot mir Margarethe an, auch über Nacht zu bleiben. Nun ja, es war zwischen uns nicht die feurige Liebe junger Teens, aber es entstand eine vertiefende Sympathie, die sich zu einer menschlich und harmonischen Zweisamkeit entpuppte und mir zudem eine entscheidende Lebenswende ermöglichte. Vom Schicksal an die Grenze zwischen dem physischem Ende und geistigem Erwachen geführt, wurde mir mal wieder aufgezeigt, wie nah der Tod und das Leben beieinander stehen. Ich gehe auf dieses wichtige Thema im nächsten Abschnitt etwas ausführlicher ein. Zunächst aber feierte ich mit Margarethe und Rainer die Silvesternacht gemeinsam und wir sahen dabei im Fernsehen die Sketche von Walter Giller und Peter Frankenfeld, über die wir uns köstlich amüsierten und herzhaft lachten. Das Trinken kam dabei nicht zu kurz und so fiel es auch nicht weiter auf, dass ich mit Alkohol ein größeres Problem hatte. Das ließ ich mir auch nicht sonderlich anmerken, wenn ich hin und wieder nach Feierabend ein paar Flaschen Bier und versteckte kleine Underberg mitbrachte. Ich kam auch nicht umhin, manchmal eine der nahe gelegenen Kneipen aufzusuchen, um da meinen alten Gewohnheiten nachzukommen. Das ging eine Weile gut, aber als ich mal wieder einen über den Durst getrunken hatte, gab es die ersten Auseinandersetzungen, die mit Kompromissen meinerseits geglättet wurden. Jetzt merkte sie bewusst, dass mein Trinkverhalten nicht normal sein konnte, und bot mir deshalb an, einmal die Woche in Winterhude einen Herrenabend zu verbringen. Dieser wurde dann auch in alter Manier genutzt, um ehemalige Bekannte in so mancher mir bekannten Wirtschaft wieder anzutreffen, mit denen ich kommunizierte, was das Plappermaul hergab und dabei trank und trank, bis ich mal wieder die Kontrolle über mich selbst verlor.

Das konnte ich mir finanziell leisten, weil ich bei der Spedition noch immer angestellt war und gutes Geld verdiente. Leider wurde mir wiederum Ende März aufgrund Arbeitsmangels gekündigt. Schnell hatte ich aber, wenn auch nur für zehn Tage, als Chauffeur für einen Unternehmer von teuren Brücken und Teppichen aus dem Orient Arbeit gefunden. Danach fuhr ich für ein Zahnlabor, aber auch nur für knapp vier Wochen, weil dem Chef irgendetwas nicht passte. Margarethe störte mein ständiger Arbeitswechsel weniger als mein zunehmender Alkoholkonsum nach Feierabend. Ich musste jetzt um jede Flasche Bier, die ich mehr trank als vorgesehen, feilschen. Als wir ein paar Tage später in ein nettes Lokal gingen und ich ihr versprach, mit einer gewissen Menge Alkohol vorlieb zu nehmen, und dieses Versprechen auch einhielt, stieg ich in ihrer Achtung. Der lakonische Kommentar lautete dann, dass ich die Feuerprobe bestanden hätte. Inzwischen wurde mein Arbeitsverhältnis bei der damals sehr guten Reinigungsfirma Dependorf zu einer konstanten Verdienstquelle, zumal ich als Auslieferungsfahrer erst um elf Uhr anzuhufangen brauchte, die Firma nur fünf Minuten von mir entfernt war und dadurch ein Zuspätkommen nicht mehr gegeben war, auch wenn ich mein Gehirn am Vorabend durch Alkohol betäubt hatte. Ich war mir manchmal nicht ganz sicher, ob ich bei meinem Dienstantritt noch Restalkohol im Blut hatte. Aber es verlief alles gut und es gab bei der noch intakten Betriebsatmosphäre zum Frühstück zwei Brötchen, ein Ei, Marmelade und guten Kaffee.

Die Tage, die ich in der Semperstraße verbrachte, trübten die Freundschaft mit Margarethe aber keinesfalls, obwohl ich auch in Altona eine Kneipe ausfindig gemacht hatte, in der ich zum Missmut von Margarethe immer öfter Stammgast geworden war. Inzwischen hatte ich mich mit ihren Eltern angefreundet und der Vater schenkte seiner Tochter nach bestandener Führerscheinprüfung einen Scheckheft gepflegten VW-Käfer mit Atomatik, mit dem wir hin und wieder an die Ostsee fuhren. Am 25. August schrieb ich in meine Memoiren: „Mit ihren Eltern, die mir vor kurzem das Du angeboten haben, verstehe ich mich sehr gut. Leider ist Margarethe vierzehn Jahre älter als ich und kann mir nicht vorstellen, dass wir aus diesem Grund zusammen bleiben. Das Problem Alkohol besteht immer noch. Auch wenn ich das Trinken hin und wieder reduziere, es bleibt ein Problem. Margarethe macht so ziemlich alles mit, nur wenn es ans Süppeln geht, bekomme ich Gegenwind."

Wir waren jetzt fast ein Jahr in einem eheähnlichen Verhältnis und fuhren in meinem mir zustehenden Urlaub im November aufs Geratewohl, ohne ADAC und etwaige Sicherheiten, Richtung Österreich. Am jeweiligen Ankunftsort gab es für mich immer ein Argument, Alkohol zu mir zu nehmen, so z.B. beim Nürnberger Weihnachtsmarkt, was hin und wieder eine strittige Auseinandersetzung mit sich brachte, aber keinen Bruch der Beziehung. In Salzburg kamen wir überein, Mozart zu feiern, was mit Bier und Weinbrand begossen wurde, nachdem wir das weltberühmte Geburtshaus besichtigt hatten. Schließlich fanden wir am Wolfgangsee eine nette Pension, wo wir den Rest unserer Ausflugsfahrt verbrachten. Wir machten schöne Spaziergänge bei leicht verschneiten Wald, in dem wir uns auf dem Rückweg vom Schwarzensee zu unserem Domizil beinahe verirrt hätten, wenn nicht Markierungen an den Bäumen angebracht wären, die uns die richtige Wegstrecke anzeigten. Wir waren dort ziemlich alleine, denn es war allgemein keine Urlaubszeit, und konnten in einem rustikalen Aufenthaltsraum das relativ neue Farbfernsehen genießen, was damals noch etwas besonderes war. Dabei bestellte ich mir eine Flasche hochprozentigen Obstler, den ich bis zur Hälfte wegputzte. Margarethe nahm es gelassen hin, weil ich danach ruhig und harmonisch blieb. Auf der Rückfahrt fuhr ich noch einen Umweg zum Hallstätter See. Als wir in Hallstatt bei Nebel und von hohen Bergen umgeben, da eintrafen, war dort kein Mensch zu sehen. Wir klopften an die Tür eines kleinen Hauses, welches wohl zur Kapelle gehörte, als uns von einer mysteriösen Frau die

Tür geöffnet wurde. Wir baten um die Besichtigung einer besonderen Gruft, in der hunderte Schädel wie Holzscheitel aufeinander gestapelt waren. Als Erster ging ich bis an das Ende dieser Höhle, als Margarethe hinter mir her rief, ich solle zurückkommen, denn auch ihr kam dieses wortkarge Weib unheimlich vor, und meinte auf der der Weiterfahrt, dass jene womöglich die Tür hinter mir abgeschlossen hätte und ein Totenkopf mehr zu der makaberen Sammlung gehören könnte. In der Tat: Ich war dann auch erleichtert, als wir diesen etwas schummrigen Ort, besonders bei Novemberstimmung im Nebel, verließen. Auf der Autobahn in Richtung Würzburg kamen wir in einen Stau, deshalb nahm ich die nächste Ausfahrt, um in einer Fernfahrerunterkunft zu übernachten. Am Abend war mir nicht nach Alkohol zumute und wir sahen die Sendung XY ungelöst, damals noch mit Eduard Zimmermann. Am nächsten Morgen war ein Reifen unseres Käfers platt, aber mit Hilfe des Gastwirts konnten wir einen Radwechsel vornehmen und in Hamburg erfuhr ich, dass die Panne von einem innen sehr porösen Reifen herrührte. Unser Schutzengel (Vorsehung) hatte uns demnach an eine Weiterfahrt auf der A7 gehindert, denn dieser sehr schlechte Reifen hätte bei einer Geschwindigkeit von 140 km/h platzen können und was wäre dann passiert?

Man weiß es nicht und ich wusste auch nicht, wo mein zukünftiger Weg hinführen würde, weil ich noch zu viel Drogen und Alkohol zu mir nahm. Mein typischer Kommentar: „nicht schön, aber wahr, König Alkohol ist immer noch mein Freund und wenn ich abends mal nüchtern bin, nehme ich immer noch die starken Schlaftabletten Mandrax."

Das Unheil schien sich mal wieder anzubahnen, als ich am 22.04.1976 in eine Kneipe ging, ein paar Biere trank und dazu noch die gefährliche Tablette nahm.

Wie ich dann die Wohnung erreichte, weiß ich heute nicht mehr und auch, was dann noch alles passierte, entzieht sich meiner Erinnerung, da ich regungslos auf der Couch verharrte, als Margarethe die dramatische Situation erkannte und einen Notarzt kommen ließ, der dafür sorgte, dass ich im Krankenhaus St. Georg deswegen behandelt wurde. Aber die ganze Sache mündete wohl meinerseits in einen Tobsuchtsanfall mit anschließender Verwahrung in einer Gummizelle. Irgendwie kam ich relativ unbeschadet aus diesen Turbulenzen heraus, obwohl mich mein Leichtsinn Kopf und Kragen hätte kosten können. Die Unfallwagen-Transport Kosten von 90.- DM sind bis heute noch eine mahnende Erinnerung an eine völlig vernebelte Zeit, die mir aber, wie ich schon erwähnte, eine entscheidend neue Richtlinie aufzeichnete. Jetzt war nicht der Tod gefragt, sondern durch die Wende meines Karmas ein sehr wichtiger Lebensabschnitt in Gang gebracht worden. Im Sommer 1976 war ich mit Margarethe auf der Insel Langeoog, wo ich so manche Wirtschaft aufsuchte, um da einerseits meinen Alkoholbedürfnissen nachzukommen und andererseits dem ein oder anderen Fußballspiel unserer Mannschaft beizuwohnen. Es ging um die Europameisterschaft und als unsere Elf gegen das damalige Jugoslawien zurücklag, verkündigte ich lauthals, der Bundestrainer solle doch Dieter Müller ins Spiel bringen, der dann tatsächlich zwei Tore schoss und damit Deutschland ins Finale brachte.

Der Sommer wurde dann von Tag zu Tag immer wärmer und Margarethe und ich sahen uns in den schon fast heißen

Tagen das Endspiel zwischen der damaligen Tschechoslowakei und Deutschland an, welches in die Verlängerung ging, und letztlich musste beim Elfmeterschießen eine Entscheidung getroffen werden. Uli Hoeneß verpatzte dabei durch einen Schuss in die Wolken den Titelgewinn und die Tschechoslowakei wurde Fußballeuropameister.

Danach kam die Zeit, um wieder in der Semperstraße zu wohnen, was aber kein Hindernis war, gute Freunde zu bleiben. Der entscheidende Wendepunkt für meine geistige Fortentwicklung kam aber mehr oder weniger zustande, als Margarethe einen Heilpraktiker kennenlernte, der durch sein fortgeschrittenes geistiges Niveau meine spätere Verlobte, zwei Freunde und Margarethe zu einem spirituellen Vortrag einlud und uns dabei ein Buch ans Herz legte, von dessen Inhalt er sehr schwärmte und uns damit sehr wissbegierig machte. Es ist ein Buch, was nicht oft genug in der ganzen Welt angepriesen werden sollte, um der Menschheit zu zeigen, woher sie kommt, warum sie hier verweilt und wo sie letztlich wieder hingeht. Der Titel dieses Buches lautet „GEBORGENHEIT“ von Prof. Dr. Walther Hinz und war seinerzeit im Arthur Brunner Verlag erschienen. Es ist so überzeugend und wenn ich mir erlaube zu sagen, logisch dargestellt, dass man kein Akademiker sein muss, um den Inhalt und seine Argumente zu verstehen. Aber trotz dieser einleuchtenden Erkenntnisse und Richtlinien eines bewusst reicheren Lebens, gehörte ich zu den uneinsichtig und engstirnigen Menschen, die einen sehr wertvollen Hinweis des Himmels danach verdrängten, weil die äußere Welt mit all ihren materiellen Anreizen momentan im Vordergrund stand und ich mich nicht davon abhalten ließ, vordergründig zu leben um weiterhin meinen Suchtbedürfnissen nachzukommen.

Bei der Firma Dependorf hatte man mir nahegelegt zu kündigen und ich arbeitete dann bei dem jetzt in Deutschland eingeführten amerikanischen United Parcel Paketdienst, bei dem damals schon 70.000 Mitarbeiter in den USA beschäftigt waren. Ich bekam dort einen sehr guten Lohn. Da man aber hinsichtlich der Arbeitszeit kaum vor 20:00 Uhr zu Hause war, suchte Margarethe im Hamburger Abendblatt eine andere Firma für mich und fand sie auch. Ich bekam einen Arbeitsplatz bei einer renommierten Hamburger Versicherung. Dort hatte ich eine geregelte Arbeitszeit, soziale Vorzüge und 14 Monatsgehälter.

Margarethe hatte inzwischen einen neuen Freund, mit dem sie sich bestens verstand, was mir ganz gut gefiel, denn schließlich wusste ich, wie es ist, alleine zu sein. Und da ich nun solo war, hatte ich in der darauf folgenden Zeit einiges an Geld für Anzeigen im Hamburger Abendblatt investiert, um eine Lebenspartnerin zu finden. Wenn es dann mal eine Bekanntschaft gab, verdarb ich mir diese durch mein permanentes Trinken. Als ich eines Abends mindestens eine halbe Flasche Wodka leerte, war mir am nächsten Tag nicht mal bewusst, dass ich noch reichlich Alkohol im Blut hatte, und ich konnte dankbar sein, dass ich in keine Verkehrskontrolle hineingekommen war. Hin und wieder rümpften die Mitarbeiter die Nase, um mich auf meine Fahne hinzuweisen.

Eines Nachts brannte es in der Nachbarwohnung und ich hatte eine Höllenangst, weil ich keine Hausratsversicherung abgeschlossen hatte, aber es verlief alles gut, weil die Feuerwehr schnell den Brandherd unter Kontrolle brachte.

Im Februar machte ich dann eine Woche Skiurlaub in

Malnitz. Es gefiel mir in den Bergen, aber trinken tat ich dort mehr als Ski laufen. Zudem war auf den Pisten verharschter Schnee und insofern war es mit meinen Läuferkünsten ganz aus, zumal ich noch die alten Holzskier ohne Sicherheitsbinden besaß.

Mein Darlehen hatte ich bei meiner Sparkasse auf 10.000.- DM erhöht und kaufte mir davon einen hellroten VW 1302 L. Er kostete 3500.- DM, war aus erster Hand und der Tacho stand bei 4900 km, außerdem hatte ich mal wieder genug in meiner Geldbörse, um ja nicht zu kurz zu kommen, was meinem Alkoholkonsum entsprach, denn nicht nur zu Hause besorgte ich mir Wein und Spirituosen, sondern brachte auch in den umliegenden Kneipen mein Geld, um die Gastwirte reicher zu machen. Die Probezeit meines Arbeitgebers war abgelaufen und ich glaubte dort auch bleiben zu können. Jetzt schloss ich mich einer Laienspielgruppe an, statt meine Freizeit nur mit Trinken zu verbringen. Gleichzeitig bemühte ich mich wieder eine Freundin zu finden, mit der ich aber kein Abenteuer suchte, sondern ernsthaft mit einem Menschen eine Lebensgemeinschaft aufzubauen. Und diesmal sollte ich nicht all zu lange warten, bis mein sehnlicher Wunsch in Erfüllung ging.

Bevor ich zu den Proben zu „Guten Abend, Mrs. Sunshine“ ging, das ein paar Tage später in dem Theater an der Marschnerstraße aufgeführt wurde, bummelte ich ein wenig herum, als das Telefon klingelte und sich eine Frau Friedrich meldete. Ich war verdutzt, da ich die Anruferin nicht kannte, wurde aber schnell aufgeklärt, dass ich auf ihre Anzeige im Hamburger Abendblatt geantwortet hätte. Es kam zu einem netten Dialog, in dem ich ihr mitteilte, dass, wenn sie Lust hätte, mich am 30. September auf der

Bühne kennen lernen könne. Sie besuchte die Aufführung und danach beabsichtigte man sich im Foyer des Theaters zu treffen. Ich entdeckte aber keine weibliche Person, die an mir in irgendeiner Weise Interesse zeigte und an meinem enttäuschten Gesicht konnte man meinen Gemütszustand erkennen. Hatte man mich etwa hingehalten, um sich einen Spaß zu machen? Nach meiner Resignation kam aus der Menschenmenge eine brünette, lachende junge Frau auf mich zu, um sich mit mir bekannt zu machen. Sie hatte sich tatsächlich einen Scherz gemacht, als sie mich versteckt beobachtete, wie ich reagieren würde. Nun ja, es war die sogenannte Liebe auf den ersten Blick. Wir stellten uns mit unseren Namen vor, nachdem ich ihr mitteilte, dass ich noch eine ältere Dame nach Hause bringen müsse, um danach noch irgendwo einzukehren. Ich brachte meine Großmutter in die Semperstraße, während Annemarie mit einem recht klapprigen Opel hinterher fuhr. Dann gingen wir in das Abendlokal Hansekogge, in dem wir einen gemütlichen Platz fanden und ich bei einem Plauderstündchen ein paar Gläser Bier genoss. Meine Begleiterin trank Saft, da sie ja noch nach Hause fahren wollte. Als sie mich noch ein kurzes Stück mitnahm, regnete es stark und da der Lüfter nicht funktionierte, konnte sie kaum noch etwas durch die Windschutzscheibe erkennen. Ich sagte zu ihr, dass es doch ein wenig riskant wäre, bei nächtlicher Dunkelheit in dieser Situation weiterzufahren. Daraufhin machte ich ihr den Vorschlag, mit in meine Wohnung zu kommen, um da zu übernachten. Es gäbe kein Grund zu Sorge, weil auch meine Oma anwesend sei. Früher wäre das komplett unmoralisch gewesen, aber in der heutigen Zeit sieht man das nicht so verbissen.

Meine Großmutter staunte nicht schlecht, als ich am Morgen Annemarie vorstellte und dabei bekundete, dass ich sie früher oder später heiraten würde.

In derselben Woche wohnte ich schon inoffiziell bei ihr, nachdem sie mich fragte, ob ich meinen Farbfernseher mitbringen würde. Das war nichts anderes als eine subtile Liebeserklärung und sie zeigte mir damit, dass sie gerne mit mir zusammenbleiben würde. Ich freute mich über ihre klare Richtlinie und trotz meiner unbeständigen Arbeitsstellen und der nicht unübersehbaren Neigung zum Alkohol blieb sie mir treu. Hin und wieder hatte ich bei meinen abendlichen Besäufnissen am nächsten Tag ein ungutes Gefühl, ob sie mir den Laufpass geben würde, zumal sie mit einem Mann verheiratet gewesen war, der seinen Alkoholismus nicht überlebte.

Bei der Versicherung war ich gezwungen zu kündigen, weil ich mich mit einem Abteilungsleiter anlegte und ihm rechthaberisch widersprach. Und diese unüberlegte, trotzköpfige Einstellung hatte mir, wie so oft in meinem Leben, nur Nachteile bereitet. Aber davon berichte ich noch in einem anderen Kapitel.

Mein Vater schrieb mir dazu folgende Zeilen: „Ich kann Dir für Deine weitere Zukunft nur raten: Gehe in allen Situationen den unteren Weg, auch, wenn Du Deiner Meinung nach Recht haben solltest. Das ganze Leben fungiert nach dem Prinzip der Macht! Das ist ein Naturgesetz. Hättest Du ein Spezialwissen, viel Geld oder einen Titel, so könntest Du auftrumpfen. Da Du das nicht besitzt, musst Du immer freundlich sein und darfst die Fäuste in der Tasche ballen. Dabei solltest Du bedenken, dass für Dich nur eines gilt: deine Stellung zu behalten und bei den anderen gern gesehen zu sein. Sonst ist alles Nebensache! Ich will hier nicht einer Selbstverleugnung das Wort reden, aber überlege Dir einmal, was wichtiger für Dich ist: Dein Recht haben oder Deine Existenz!“

Ergänzend dazu ist mir im Nachhinein klar geworden, wie realistisch manche Sprüche sind, so z. B.: „Was nützt es einem Menschen im Recht zu sein, wenn er sich damit einen Gegner schafft.“ Oder: „Man muss lernen, in vielen Dingen auf seinen eigenen Willen zu verzichten, wenn man Frieden und Eintracht mit anderen behalten will.“

Inzwischen hatte ich in der Betriebsverwaltung der Firma Siemens als Fahrer eine Arbeitsstelle bekommen. Es ging auf die Weihnachtszeit zu und ich verlobte mich mit Annemarie. Wir gingen hin und wieder in eine nahe gelegene Gastwirtschaft und ihre Einzimmerwohnung benutzten wir fortan, wenn auch etwas eingeschränkt, zum Wohnen und Schlafen. Auch gingen wir hin und wieder spazieren und hatten Spaß bei einer kleinen Schneeballschlacht. War es nun die Gemeinsamkeit, die mich dazu brachte, weniger Alkohol zu mir zu nehmen, oder die Gegebenheit, keine weiteren Kneipen zu besuchen, die ich zu Fuß erreichen konnte? Mein Verhalten war jedenfalls in dieser Hinsicht moderat geworden, aber auch hier war es nur eine Frage der Zeit, wann ich wieder in die alte Gewohnheit verfiel. Im Frühling bekam ich eine Kur in St. Andreasberg genehmigt, um mich zu regenerieren und vor allem von den gefährlichen Mandrax-Tabletten wegzukommen. Es gab auch Alkoholverbot, obwohl man immer ein Schlupfloch fand, wo man solcher Art von Dekret umging. Annemarie besuchte mich mal zwischendurch und brachte mir eine Radiokassette mit Anleitung über autogenes Training und da ich ein Einzelzimmer hatte, konnte ich in Ruhe damit üben. Vielleicht, so dachte ich, hilft mir diese Art der Selbstkontrolle ein wenig weiter. Ansonsten bekam ich zu den üblichen Untersuchungen Perl-Fichtel-Bäder, Massage und Bestrahlung.

An einem herrlichen Tag ging ich bei Sonnenschein durch die bewaldete Natur von St. Andreasberg nach Braunlage und stand plötzlich vor der unheimlichen DDR-Grenze, wo die Straße abrupt endete und die im Osten zur der kleinen Dorfgemeinde Elend führt. Es war weder ein Vopo, noch sonst ein Mensch auf der anderen Seite zu sehen und mit einem etwas beklemmenden Gefühl machte ich mich auf den Rückweg. In einer Apotheke bekam ich mit einem Trick das gewünschte Rauschmittel Mandrax und abends bemerkte der ein oder andere Kurgast mein merkwürdiges Verhalten. Da man aber davon nicht nach Alkohol riecht, konnten sich diese nicht erklären, warum ich einen Höhenflug inne hatte, denn mein verbales Verhalten glich einem salbungsvollen euphorischen Gehabe.

Eine Woche vor Ende der Kur besuchte mich nochmal meine Verlobte, mietete sich über Nacht ein Zimmer und am nächsten Tag waren wir guter Dinge, denn nun freute man sich, bald wieder zu Hause zu sein. Da Siemens statt meiner Botentätigkeit einen Subunternehmer eingestellt hatte und ich deshalb den ganzen Tag in der Poststelle stehen musste, kündigte ich das Arbeitsverhältnis, um danach wiederum als Fahrer bei der Vereins- und Westbank tätig zu sein. Ich wurde aushilfsweise als Tiefgaragenpförtner eingesetzt und hatte viel Zeit zum Lesen. Ich suchte in der Anzeigenrubrik einer Zeitung nach einem gebrauchten Transporter, um mich selbstständig zu machen, und traf dabei auf die Annonce: Job für Autofahrer gesucht. Und der Inserent war ein Taxiunternehmer. Da ich noch reichlich verschuldet war, meine Verlobte und ich zudem aus dem Hochhaus am Hegen unbedingt ausziehen wollten, brauchte ich viel Geld und hoffte, als Kleintransportunternehmer das entsprechende Einkommen zu erwirtschaften. Jetzt aber büffelte ich jeden Abend die vorgegebenen Konsulate, Straßenverbindungen, Krankenhäuser, Schulen, Restaurants und vieles mehr, um schließlich bravourös die Prüfung zu bestehen. Während dieser Zeit, Annemarie hörte mich deswegen Tag für Tag ab, war ich noch kurzfristig als Fahrer bei einer NonFood-Firma beschäftigt und wurde mit 1300.- DM brutto abgespeist. Meinen Führerschein zu Fahrgastbeförderung konnte ich im Dezember 1978 in Empfang nehmen und damit begann ein neuer beruflicher Lebensabschnitt. Zuvor hatte ich mich aber als Verkaufsfahrer bei einer Gewürzfirma beworben, bei der ich zwar etwas mehr Gehalt bekam, mit der aber ansonsten keine Kooperation bestand, nach dem Motto: Lass den mal machen, Hauptsache, der Umsatz stimmt. Und deshalb konnte ich kaum die Erwartungen der Firma erfüllen; mir wurden sogar Geldunterschlagungen unterstellt, aber ich hatte noch die Belege, die das Gegenteil bewiesen. Verständlich, dass ich mich von dieser Firma distanzierte.

Von nun an war ich bei einem Taxiunternehmen als Alleinfahrer angestellt und somit war ich frei mit meinen Arbeitszeiten, die ich selbst bestimmen konnte. Was konnte mir besseres passieren, denn mit dieser Freiheit konnte ich zudem mehr verdienen und da Annemarie auch eine gute Arbeitsstelle hatte, kamen wir jetzt finanziell gut zurecht. Im Dezember bekamen wir eine Zweizimmerwohnung und hatten Glück, da der Umzug, den wir mit Hilfe einiger Freunde selbst organisierten, noch vor der Schneekatastrophe, die den Norden in Atem hielt, bewältigt werden konnte. Wir hatten recht gute gebrauchte Möbel gekauft und die machten die neue Wohnung recht ansehnlich.

Während ich mit meiner Verlobten einer gemeinsamen Zukunft entgegensah, kam langsam aber sicher durch verhängnisvolle Missverständnisse ein Bruch zwischen meinem Vater und mir zustande. Die nicht absehbare Tragik begann mit einer Grippe meines Vaters im Oktober und Anfang Dezember 1977, also genau in der Zeit, als ich Annemarie kennen lernte. Um nicht im Dienst fehlen zu müssen, hatte er diesen Virus mit Antibiotika niedergeknüppelt. Er bekam aber im Januar einen Rückfall und da gar nichts mehr half, begab er sich in die Klinik. Hätte er sich vorsorglich im Oktober auskuriert und wäre im Bett geblieben, wäre die Sache höchstwahrscheinlich glimpflicher ausgegangen. Er schrieb mir, dass er zu seiner chronischen Bronchitis schon einiges andere chronisch hätte und nun in seiner Sammlung bereichert worden sei. Und dazu der wahre Kommentar: „Man lebt halt mit allem so lange, wie es der Herrgott will!“

Ein Klimawechsel war die Empfehlung der Ärzte, während er mich gleichzeitig fragte, wie erfolgreich meine Kur gewesen wäre. Am 14. März hatte ich dann wohl den letzten normalen Brief von ihm erhalten, in dem er sich für das Fotobild meiner Verlobten bedankte. „Dein Brief klingt recht positiv, was ja auch verständlich ist, wenn die menschlichen Beziehungen und Finanzen in Ordnung sind“, war eine nette Aussage seines Schreibens. Das letztere war zwar noch nicht im Gleichgewicht, aber arbeitsmäßig ging es bergauf.

Ohne dass ich unmittelbar von Marianne in Kenntnis gesetzt wurde, kam es bei meinem Vater zu einem unsäglichen Leiden in seinem gesundheitlichen Zustand. Von St. Andreasberg schrieb ich dem unglücklichen Ehepaar: „Durch Birgit, die mir auf einer Karte mitteilte, dass sich Vati im Krankenhaus befindet, erfuhr ich von dieser unschönen Situation. Es tut mir sehr leid und ich wünsche Vati von Herzen baldige Genesung. Wenn etwas wichtiges sein sollte, könnt ihr ja bei uns unter der Nummer 040 6731869 anrufen, um uns auf dem Laufenden zu halten."

Danach hörte ich aber nichts mehr, weder schriftlich noch fernmündlich und musste so annehmen, dass sich alles zum Guten wenden würde, aber das Gegenteil wurde mir dann Mitte Mai in Mariannes Brief mitgeteilt:

„Vati hatte einen einen großen Tumor in der Gegend der rechten Niere, hinter dem rechten Bauchfell. Ob er gutartig war, wissen wir auch heute noch nicht genau, denn das Tumorgewebe war so zerfallen=nekrotisiert, dass die hiesige Histologie ihn nicht genau bestimmen konnte. Es wurde deshalb nach Washington geschickt und das Ergebnis erwarten die Ärzte in ca. zwei Wochen. Unter normalen Umständen wäre Vati längst wieder zu Hause, aber eine vor einer Woche durchgeführte Lymphographie zeigte zwar keinen Resttumor mehr, dafür aber eine leichtere Lungenentzündung an derselben Stelle wie vor vier Jahren. Diese Lungenentzündung muss erst mal auskuriert werden. Auch will sein Chirurg ihn dann noch einmal unters Messer nehmen, um eine bei der ersten Operation übersehene Metallschlinge zu entfernen. Die letzte von dreien, die Vati noch von einer alten Oberbauchoperation her in sich hat und die weg soll, damit sich kein neues elektrisches Störfeld bilden kann.

Wir müssen Geduld haben, damit es anschließend wirklich wieder bergauf geht, anders und doch ähnlich wie bei Dir, Jens?“

Bis dahin war das Verhältnis zu meinem Vater und seiner Frau einigermaßen loyal, aber da dann der Kontakt, warum, ist mir bis heute ein Rätsel, bis Ende August abbrach, konnte ich nicht wissen, was inzwischen mit meinem Vater geschehen war. Danach aber wurden mir die tragischen Zustände meines Vaters in einem erschütternden Brief von Marianne vor Augen gehalten: „sonst müsste ich Deine Annahme, Vati habe sich von seiner Operation erholt, für einen schlechten Scherz halten.

Vati hat Krebs; eine Geschwulst in der Niere.

Seit dem 1. April musste er drei Operationen durchstehen. Zuerst wurde eine bösartige Tochtergeschwulst entfernt, dann musste die rechte Niere herausgenommen werden. In einer dritten Operation wurde vor wenigen Wochen eine Lymphknoten-Metastase entfernt. Damit steht leider fest, dass Krebszellen in den Kreislauf geraten sind, die jederzeit neue Geschwulste bilden können.

Anfang August wurde die erste von zwölf notwendigen Zytostatica-Infusionen vorgenommen. Die Krebszellen sollen durch chemische Behandlungen zerstört werden, im Wechsel zwei Wochen Krankenhaus, zwei Wochen Erholungspause; bis zu einem Jahr! Diese Tierquälerei bedeutet für Vati lediglich die Chance zu überleben, nicht mehr!

In dieser Lage hätte Vati sich über einen Brief von Dir, seinem ältesten Sohn, sehr gefreut. – Aber das musst Du selbst wissen, es sind ja auch erst fünf Monate ununterbrochener Krankheit und Schmerzen, mit Fieber, Übelkeit, Gewichtsverlust und Haarausfall vergangen.

Alles Gute wünscht Dir Deine Marianne."

Aus meinem Antwortschreiben am 6. 9. 1978 an Marianne geht deutlich hervor, dass ich nur vage über den Gesundheitszustand meines Vaters informiert war und ich bei einer normalen Familienbeziehung zu keiner Zeit dem gegenüber gleichgültig geblieben wäre:

„Liebe Marianne!

Endlich erfahre ich nun durch Deinen Brief vom 03.09.78, was Vati im einzelnen hat, wie es ihm geht und was der arme Mann ertragen muss. Bisher habe ich, wie Du weißt, nur auf Umwegen in etwa mitbekommen, wie es um Vatis Gesundheit bestellt ist. Natürlich ist das eine traurige Wahrheit, von der ich gerne früher etwas gewusst hätte, wobei ich berücksichtigen muss, dass ein Brief von Dir gar nicht in meine Hände gekommen ist. Zudem schließt es die Tatsache nicht aus, dass Vati Birgit einen langen Brief schreiben konnte, mir aber nicht, weil es sein Gesundheitszustand nicht zuließ. Seit seiner Krankheit und meiner Kur habe ich bestimmt drei Briefe und zwei Karten an Euch gesandt und kein Echo bekommen. Ebenso war es vergeblich, durch ein fernmündliches Gespräch in Erfahrung zu bringen, wie es Vati geht. Ich hatte ja zweimal bei Euch angerufen und gehofft, dass bei uns das Telefon klingelt, um eine entsprechende Antwort zu bekommen. Was soll ich sonst noch weiter dazu sagen?" Dabei ließ ich, vielleicht nicht gerade pietätvoll, meinen Frust aus mir heraus, indem ich mein Schreiben fortsetzte: „Ich habe zwar Schulen und Internate besucht, habe Kleidung, Urlaub und Violinunterricht bekommen, aber was ist das alles gegen ein klein wenig Herzensbildung, Wärme und aufrichtige Elternliebe, die ich als Kind gebraucht hätte, die ich als Schüler vermisst habe und heute wohl kaum noch gebrauchen kann.

Es war ein Segen für mich, dass ich in den Jahren meiner Naivität und Unerfahrenheit Oma zur Seite hatte, sonst wäre ich niemals da, wo ich jetzt stehe. Sie stand mir menschlich sowohl in trüben als auch sonnigen Zeiten immer mit Rat und Tat zur Seite. Wie oft hätte ich da eine gutmütige, väterliche Stütze gebrauchen können. Statt dessen werde ich nach langer Reise mit dem Moped vor die Tür gesetzt, weil ich mich nicht angemeldet hatte.

Alles Gute wünscht Dir Jens“

Mein Vater und seine Frau waren nach meiner Rechtfertigung bis aufs Tiefste erschüttert und im Nachhinein tut es mir auch aufrichtig leid, dass ich, wie so oft in meinem Leben, unüberlegt und übereifrig reagiert hatte. Das wiederum ändert nichts an der Tatsache, dass jeder Mensch zu einer bestimmten Zeit mit entsprechenden Menschen und an einem vorgesehenen Ort zur Welt kommt, um damit karmisch etwas auszugleichen und vor allem die Chance zu nutzen, sich geistig weiterzuentwickeln. Das Karma bedeutet das durch früheres oder spätere Handeln bedingte gegenwärtige Schicksal. Es bezeichnet ein spirituelles Konzept, nachdem jede Handlung, physisch als auch geistig, unweigerlich eine Folge hat. Diese Folge muss nicht unbedingt im gegenwärtigen Leben wirksam werden, sondern sie kann sich eventuell erst in einem zukünftigen Leben manifestieren.

Auf den allerletzten Brief von meinen Vater, vom 12.10. 1978 adressiert, möchte ich nur bedingt eingehen. Wie man aus den vorherigen Kapiteln entnehmen kann, gab es sowohl zwischen ihm und mir als auch meiner Mutter nie ein normales, geschweige harmonisches Verhältnis, welches einem liebevollen, intakten Familienleben entsprechen sollte. Die teils wahren, teils hergeholten Darstellungen und Argumente seines letzten Briefes spiegeln sich in der Zerrissenheit der Tatsachen wider, was knapp ein Jahr vor seinem einerseits tragischen und andererseits erlösenden irdischen Tod leider kein schöner Abschied gewesen ist, mich aber nicht abhält, ihn in Demut und Würde zur seiner geistigen Heimat zu begleiten und für ihn zu beten, denn in dieser Sphäre gibt es für jedermann nur die uneingeschränkte Wahrheit, die für so manche Menschenseele einem wehmütig und reuevollem Erwachen gleich kommt.

Es waren nicht nur der fehlende Kontakt nach Bergisch Gladbach, sondern auch eigene Probleme, die uns davon abhielten, mit mehr Intensität nach anderen Ereignissen Ausschau zu halten, wie es aus dem Brief Mariannes hervorgeht: „wie aus Deiner Karte von Langeoog zu ersehen ist, scheint es Euch recht gut zu gehen, und die Zukunft in Form einer neuen Wohnung ist ebenfalls erfreulich. Damit hängt es sicher auch zusammen, dass Dir jedes Geschehen außerhalb Deines eigenen Bereichs nur schattenhaft bewusst wird. Sonst müsste ich Deine Annahme, Vati habe sich von seiner Operation erholt, für einen schlechten Scherz halten.“ etc.

So tragisch dieses Geschehen war, es war sein Karma, was er sich, ohne es bewusst zu wissen, selbst geschaffen hatte. Und wie schon erwähnt: Jeder wird zu einer bestimmten Zeit und deren Umstände in dem Land und mit den Menschen geboren, wo er aus zurückliegender Belastung den Ausgleich schaffen muss, mit entsprechend emotionalen Empfindungen seiner Seele. Dieses kann man sich gar nicht oft genug vor Augen halten, denn es ist unmöglich, dem auszuweichen zu wollen, wie wenn man es versuchen wollte, über seinen Schatten zu springen, d.h.: Das bedingungslose Erwachen wird stattfinden, wie das Amen in der Kirche. Unsere Schwierigkeiten lagen sowohl in beruflicher und finanzieller Hinsicht als auch im gesundheitlichen Bereich und diese Hürden mussten erst einmal überwunden werden.

Annemarie hatte Knoten und Zysten in der Brust, eventuell ein Vorbote für entartete Zellen und ich musste mich weiterhin mit meiner Trunksucht auseinandersetzen. Hohe Schulden, Drogenabhängigkeit und das düstere Gespenst Krebs hatte uns nicht gerade frohlocken lassen, aber so nach und nach konnten wir diesen Hindernissen mit effizienten Gegenmaßnahmen begegnen. Annemarie erfuhr (war es wirklich ein sogenannter Zufall, oder die Vorsehung?) von einem Heiler, nicht zu verwechseln mit Heilpraktiker, namens Johann Bayerl, wohnhaft in Salzburg, dass jener Tausenden, sogar in hoffnungslosen Fällen seitens der Schulmedizin geholfen und sie in den meisten Fällen geheilt hatte.

Es war im Jahr 1978, als ich sie zum Hauptbahnhof begleitete, die hoffnungsvolle Reise anzutreten, um sich von diesem Engel auf Erden behandeln zu lassen. Nach Zinnkraut und Leinsamauflagen, verschiedenen Tinkturen aus Pflanzenextrakt und einer gewissen Teemischung konnten nach ein paar Monaten keine Knoten und Zysten mehr diagnostiziert werden. Um diese Heilung konstant zu halten, gab er ihr wichtige Hinweise mit auf den Weg, nämlich das

Rauchen sofort einzustellen und kein Fleisch mehr zu verzehren, da die Reste eines Tierkadavers Fäulnis und Giftsubstanzen in den Darmzotten hinterlassen und dementsprechend mehr oder weniger Unheil im menschlichen Körper bewirken können. Darmzotten sind fingerförmige Erhebungen des Dünndarms und dienen vor allem der Resorption. Zudem erklärte er ihr, dass Krebs absolut nicht durch Stahl und Strahl geheilt werden kann, weil die eigentlichen Krebserreger dadurch nicht erfasst und beseitigt werden. Solange nämlich diese Krebserreger in Magen und Darm nicht vernichtet sind, gibt es keine Heilung! Die Krebserreger treiben nach der Operation und Bestrahlung im Körper weiterhin ihr Unwesen und der Krebs kommt an einer anderen Stelle neu zum Ausbruch. Wenn es sich bei den operierten und bestrahlten Menschen tatsächlich um einen Krebs gehandelt hat, dann ist er wieder entstanden und schließlich ist der Betroffene doch an Krebs gestorben. Er könne beweisen, dass er immer wieder operierte, bestrahlte und von der Schulmedizin Aufgegebene noch heilen konnte. Natürlich muss ein Patient viel Geduld mitbringen da die Erkrankung je nach Schwere ein bis zwei Jahre dauern kann, weil die Menschen erst dann zu ihm kommen, wenn die Schulmedizin bereits am Ende ist. Zur Krebsheilung stelle er die ungiftigen Kräuterheilmittel selbst her und dadurch werde das Blut und der Körper ständig desinfiziert und Gifte und Vieren werden abgebaut. Dieses regenerierte Blut wird auch den Tumoren zugefügt und der Tumor löst sich auf, als ob er niemals vorhanden gewesen wäre.

Wie es Menschen mit solch schwerwiegenden, körperlichen Belastungen, ähnlich wie bei meinem Vater, ergeht, ist weitgehend bekannt, möchte aber nicht generell die Schulmedizin in Frage stellen, die in erster Linie dazu dient, festzustellen, zu diagnostizieren, den Menschen auf den Kopf zu stellen, um dann dem Symptom entgegen zu wirken. Wenn mir die Ärzte in manch einer kritischen Situation nicht geholfen hätten, würde ich hier nicht sitzen können, um dieses aufschlussreiche Buch zu schreiben. Das waren u.a. ein geplatzter eitriger Blinddarm und schwere Verletzungen bei nicht unerheblichen Stürzen in den Alpen.

Es gibt für nichts und gar nichts eine Lebensgarantie und wenn man noch so viel unternimmt, diese zu bekommen: Wenn der Tag x im Lebensbuch registriert ist, dann kommt er auch und niemand wird sich dem widersetzen können. Das Schicksal kann aber durchaus in eine bessere Richtung gelenkt werden, wenn sich der Mensch einem positiven Wandel unterzieht, indem er z.B. die Gebote und die Bergpredigt umsetzt, keine Tiere tötet oder verzehrt, die Natur und geistigen Gesetze beachtet und sich in dieser Hinsicht weiterentwickelt.

Leider bemühte ich mich nicht ernsthaft in den kommenden Jahren den beschriebenen Himmelsgesetzen Folge zu leisten, denn es ging mir privat, beruflich und finanziell so gut, wie schon lange nicht mehr. Ich erbte 8000.- DM und war mit einem Schlag aller meiner Schulden entledigt, kaufte mir außer Spirituosen eine Hammondorgel und war somit mal wieder aktiv in der Welt der Musik. Dazu verdiente ich als Alleinfahrer mehr als jemals zuvor, konnte mit meiner Arbeit beginnen, wann ich wollte, und kam so in den Genuss, ein seit langem kontinuierliches, sorgenfreies Leben zu führen. Annemarie hatte inzwischen auch eine gute Arbeitsstelle gefunden, in der sie als Personalchef eingesetzt wurde und gewisse Vollmachten inne hatte. Wenn einem so viel Gutes widerfährt, kommt man auch leicht in die Versuchung, das Leben entsprechend zu genießen, wie es sich unter den Völkern der Erde, bis heute, immer wiederholt, und gerät dabei leicht in Gefahr, alles wieder zu verlieren. Es erinnert ein wenig an Sodom und Gomorra oder an das in der Frühzeit in Übermaß lebende Rom. Man kann in einem Zeitraffer der Weltgeschichte bis hin zu Einzelschicksalen diese Umstände stereotyp beobachten und wir Menschen machen trotz dieser Erfahrungen weiterhin dieselben Fehler.

Diesen Abschnitt hebe ich deshalb hervor, weil er mich besonders betrifft, denn durch meine Engstirnigkeit und eine gewisse Naivität manövrierte ich mich über kurz oder lang in meine mir selbst erschaffene neue Katastrophe und als wenn ich nicht schon genug davon erlebt hatte, war ein neuer Denkzettel in meinem Lebensbuch vorgegeben. Aber vorerst lauerte dieses Unglück wie ein Untier in seinem Versteck, um den Zeitpunkt abzuwarten, an dem es am besten zuschlagen konnte.

Abend für Abend konnte ich die ein oder andere Kneipe aufsuchen, ohne mir erst mal eine Moralpredigt anzuhören zu müssen, und stellte Annemarie vor die vollendete Tatsache, wenn ich mit einer Alkoholfahne gegen Mitternacht in unserer Wohnung erschien. Wenn ich heute darüber nachdenke, mit welcher Selbstverständlichkeit ich diesen Schlendrian Woche für Woche, Monat für Monat und Jahr für Jahr vollzog, kann ich nur den Hut vor meiner Frau ziehen und gar nicht häufig genug meinen aufrichtigen Dank bekunden, dass sie meine egoistischen Handlungen, wenn auch verständlicherweise mit Missmut, akzeptierte.

Auf der einen Seite trachtete ich weiterhin nach Gott und den Sinn des Lebens, auf der anderen Seite konnte ich mir jetzt abends ordentlich einen zur Brust nehmen, weil ich nicht gezwungen war, zu einer bestimmten Zeit mit meiner Arbeit zu beginnen.

Und nun komme ich zu einem wichtigen Kapitel, welches zu jeder Zeit die Menschheit beschäftigte und auch weiterhin interessieren sollte, nämlich was passiert nach dem irdischen Tod? Tragischerweise bekam ich vom Ableben meines Vaters, der am 16.09.1979 verstarb, aufgrund der langen Distanzierung überhaupt nichts mit, zumal auch das Trinken wieder die Oberhand gewonnen hatte. Da es eines Morgens sehr stürmisch war, bestellte ich mir ein Taxi, um ja noch das Seebäderschiff Wappen von Hamburg zu erreichen. In letzter Minute konnte ich an Bord gehen und, angetrunken vom Vorabend, weiterhin ein Bier nach dem anderen genießen und somit meinen Suchtbedürfnissen in gewohnter Weise nachkommen. Das Seebäderschiff schaukelte ordentlich und manch einer wurde seekrank. In Helgoland angekommen, sagte mir eine innere Stimme, dass ich keinen Alkohol mehr zu mir nehmen solle und das befolgte ich. Als das Schiff abends wieder in Hamburg anlegte, war es dunkel und kurz darauf war es menschenleer geworden. Sehnsüchtig wartete ich auf meine Verlobte, die aber selbst nach 45 Minuten weit und breit nicht zu sehen war. Es überkam mich eine nicht unberechtigte Angst, als ich Verwandte und Freunde von einer Telefonzelle aus anrief und keiner wusste, wo sie sich aufhielt. Meine Beklemmung steigerte sich, als ich mit einem Taxi in die Semperstraße fuhr und meine Großmutter und ich wehklagten, was wohl der Grund ihres spurlosen Verschwindens sei. Da ich keinen Haustürschlüssel mitgenommen hatte, wählte ich nun pausenlos die Telefonnummer: 66295 ... etc., bis endlich der Hörer abgenommen wurde, mir ein Stein vom Herzen fiel und eine weinende Stimme Aufschluss über die brisante Situation geben konnte. Sie war wohl am Berliner Tor nicht in die Spaldingstraße abgebogen, sondern blieb auf dem Heidenkampsweg und war dann höchstwahrscheinlich auf den Elbbrücken über die Zweibrückenstraße im Hafen gelandet, wo sie sich weder ein- noch auskannte. Plötzlich stand sie an einer Baustelleneinfahrt, die nicht beleuchtet war, schales Licht und kein Mensch weit und breit zu sehen, machten das Szenario entsprechend unheimlich, als unverhofft ihr verstorbener Vater neben dem Auto stand und sie regungslos anblickte. Er trug dieselbe Kleidung wie zu Lebzeiten und meine Frau merkte anhand der Schwingung, die von ihm ausging, dass es zweifelsfrei sein Individuum war. Wie gelähmt, ähnlich einer Schockstarre, sah sie, wie ihr Vater nach kürzester Zeit auf Mitte der Straße, wie vom Erdboden verschluckt, wieder verschwand. Als sie außerhalb des Wagens nach dem Rechten sah, erkannte sie erst jetzt die Gefahrensituation, die um Haaresbreite einen tödlichen Unfall hervorgerufen hätte, weil ein Weiterfahren in einem Nebenkanal der Elbe das bittere Ende bedeutet hätte.

Liebe Leserinnen und Leser, es gibt Dinge im Leben, die utopisch oder gar unrealistisch anmuten, aber ich werde mehrere Beispiele im Anhang dieses Buches erläutern, so z.B. dass ich von verschiedenen Fahrgästen zu unterschiedlichsten Zeiten die gleichen Erfahrungsberichte hörte, die weder unter Drogen, noch unter Alkohol standen, noch dass sich diese kannten oder abgesprochen hätten. (11)

Auf diese Weise wurde ich einerseits geistig inspiriert, andererseits kam ich durch meine Trunksucht nicht vorwärts, mich spirituell weiterzuentwickeln. Ohne Schulden und mit besseren Verdienstmöglichkeiten ließ es sich materiell gut leben und darin bestand die Gefahr, sich nicht um die wesentlichen Dinge des Lebens zu kümmern.

Einen schönen Urlaub genossen wir im September 1981 an der Algarve in Portugal im Orleandro Club mit Swimmingpool, schönen Anlagen, Palmen, Restaurant und einer Bar, in der wir in der Abenddämmerung ein nettes irisches Ehepaar kennenlernten. Natürlich gab es auch alkoholische Getränke und mir machte es Spaß in einem angeheiterten Zustand mich mit irgendwelcher Mimik und Gestikulation, so z.B. eines Charlie Chaplins, hervorzuheben. Das Trinken mit Wein oder Cognac hielt sich aber in Grenzen, ich blamierte mich dabei nicht und kam mal wieder zu dem Trugschluss, mit Alkohol umgehen zu können.

Es schien so, als könne ich nun endlich ein kontinuierliches Leben fortführen, welches aber immer noch durch meinen Freund mit Maske überschattet war, doch der ständige Wechsel in puncto Freundinnen und Arbeitsstellen war nicht mehr gegeben. Im Herbst desselben Jahres besuchten wir mein ehemaliges Landschulheim und auch das Gebäude meines Kinderheims, in der jetzt eine Institution für leicht behinderte Schüler und deren Pädagogen untergebracht waren.

In dem jetzt normalen Leben konnte doch nichts mehr Schlimmeres passieren, denn Unruhen und Aufregungen hatte ich ja genug erlebt und doch bahnte sich bald ein neues Verhängnis an, auf das ich gerne verzichtet hätte. Am

09. März 1982 schrieb ich folgendes in meine Memoiren:

„Seit über zwei Jahren läuft mein Leben endlich normal, ich hatte einen sehr guten Arbeitsplatz, habe ein schönes Zuhause und einen wunderbaren Lebenspartner und keine haushohen Schulden. Und nun bricht eine Welt für mich zusammen.

Es war am Abend des 24. November 1981 auf der Adolf Schönfelder Straße, als mir ein PKW die Vorfahrt nahm und ich stark bremsen musste. Der Fahrgast, den ich beförderte, eine ältere blinde Dame, war verärgert darüber, weil sie nach vorne rutschte. Bei der nächsten Rotphase bin ich ausgestiegen, um dem Verkehrsteilnehmer meine Meinung zu sagen. Es waren zwei Autofahrer arabischer Herkunft, die sofort zu schreien anfingen. Ich wollte jede weitere Auseinandersetzung vermeiden, indem ich zu meinem Taxi ging. Die Sache wäre für mich jetzt erledigt gewesen, wenn die beiden Brüder nicht hinter mir hergelaufen wären und an meinem Taxi eine angreifende Geste einnahmen und ich mich dadurch bedroht fühlte. Mit einem Gummiknüppel schlug ich einen der beiden ein bis zweimal auf die Schulter. Dann rief mein Fahrgast, ich solle mich schnell in mein Taxi verkriechen, was ich auch tat. Dabei verriegelte ich die Türen von innen, weil beide keine Anstalten machten, sich von meinem Auto zu entfernen. Stattdessen trommelten sie gegen die Fensterscheiben, versuchten die Tür aufzumachen, während sie dagegen spuckten. Daraufhin schrieb einer der beiden mein pol. Kennzeichen auf und ich fuhr dann sofort weiter, um mich in Sicherheit zu bringen. Vorsichtshalber ließ ich mir die Anschrift meines Fahrgastes geben, um einen Zeugen zu haben.

Am 09.02.1982 wurde ich an der Nasenscheidewand operiert und als ich am 17. Februar das Krankenhaus verließ, um einen blauen Brief beim Postamt abzuholen, konnte ich es kaum fassen, dass das Amtsgericht einen Beschluss gefasst hatte, meinen Führerschein bis zur Verhandlung einzuziehen. Begründung: charakterlich ungeeignet, Kraftfahrzeuge zu führen. Das war ein Schock, als hätte mich ein Pferd getreten, und ich konsultierte einen Rechtsanwalt, der Beschwerde gegen den Beschluss einlegte, der zum Landgericht weitergeleitet wurde, um dann dem zuständigen Richter meine schwierige Situation zu erklären, in der Hoffnung, wenigstens den Führerschein wieder zu bekommen. Aber das war vergebliche Liebesmüh, zumal die Kläger drei unbeteiligte Zeugen, die gegen mich aussagten, herangezogen hatten.

Inwiefern war jetzt der Ursprung dieser für mich kritischen Situation, die durch gewisse Vorkommnisse schon vorprogrammiert war, zu erkennen? Dass mich zuvor drei junge Männer im Taxi bedroht hatten und ich im selben Jahr von einem angetrunkenen, tätowierten Übeltäter angegriffen wurde, den ich aber durch einen Schuss mit einer Gaspistole vor weiteren Attacken abhalten konnte, war der Anlass, mir einen Gummiknüppel anzuschaffen, um mich im Notfall zu verteidigen. War hier schon die These von Ursache und Wirkung gegeben, obwohl mir nicht klar war, weshalb ich auf diese Art und Weise in eine schlimme Lage gedrängt wurde, die mich womöglich Kopf und Kragen gekostet hätte? Diese Krise war mit dem Drama im Jahre 1968 zu vergleichen und hätte mich beinahe wieder an den Rand eines Abgrunds geführt.

Aber jetzt gab es ja einen Lebenskameraden, der auf Biegen und Brechen in jeglicher Schwierigkeit zu mir hielt, mir Mut machte und mich auch nicht wegen meines Trinkens im Stich ließ. Ich glaube kaum, dass eine andere Frau so zu mir gehalten hätte, wegen meines selbst verschuldeten Unglücks, denn nun musste ich mir beim Sozialamt finanzielle Hilfe gewähren lassen, weil das Arbeitslosengeld gesperrt war und deshalb einer unsichereren Zeit entgegen sah, in der ich noch mehr trank als je zuvor.

Deshalb entschloss ich mich, alleine schon wegen des Unterhalts und meiner desolaten Situation ein Fachkrankenhaus für psychisch und suchtkranke Patienten aufzusuchen, um wieder zu mir zu kommen. Ich blieb in dieser Einrichtung sechs Wochen und bezog dann endlich Arbeitslosengeld. Bei dem erlösenden Tag der Gerichtsverhandlung, bei der festgestellt wurde, dass es sich bei mir um einen einmaligen Ausrutscher handelte und ich nicht, wie angenommen, einem bösen Buben entsprach, wurde mir der Führerschein vom Vorsitzenden zurückgegeben. Mit Freude und Erleichterung, nun wieder Geld zu verdienen, suchte ich die nächst gelegene Kneipe auf, um meinen glücklichen Tag mit einem ordentlichen Besäufnis zu krönen.

Nun, den Prozess hatte ich verloren und wurde mit 800.- DM Geldstrafe verurteilt, aber das waren noch die geringeren Kosten. Mein und der gegnerische Rechtsanwalt verlangten von mir etwa 3000.- DM und Gerichtskosten, einschließlich Verdienstausfall ergaben eine stattliche Summe von 12 bis 14.000.- DM.

Eine schlimme Hürde war mal wieder überstanden und nachdem meine Frau und ich die fachliche Eignung bei einer Prüfung in der Handelskammer bestanden hatten, kauften wir ein eigenes Taxi, wobei Annemarie jetzt meine

Chefin war.

In diesem Jahr gab es einen Jahrhundertsommer und Annemarie machte den Vorschlag, mit dem Zelten anzufangen. Die Tage und Wochen, fast ohne Regen, waren so angenehm, dass selbst viele Campingplätze für Zelte ausgebucht waren. Nachdem wir unsere Zeltpremiere am Schöneberger Strand begannen, landeten wir schließlich in Hörnum auf der Insel Sylt.

So schön der Sommer auch war, so leidvoll trauerte meine Seele über den Tod meiner Großmutter, die am 27. Mai 1983 mit 93 Jahren für immer von uns ging. Seit einem Jahr lag sie geschwächt und bettlägerig im Altenheim Ephipanien. Wenn ich sie besuchte, nahm sie mich kaum noch wahr, aber gottlob hatte sie keine schwere Krankheit, so dass sie sich nicht quälen musste. Sie wird immer mit lieber Erinnerung in meinem Herzen sein.

Der darauffolgende Sommer war lange nicht so schön und wir fuhren deswegen mit Zelt und Gepäck in unserem neuen Ford Escort nach Stuttgart, um meinen Freund Franz zu besuchen, der vor kurzem geheiratet hatte. Es war ein herzliches Wiedersehen mit einem entsprechenden Besäufnis. Danach fuhren wir zum Lago Maggiore, um dort zu zelten, aber die Zeltplatzgebühr betrug 30 Franken und eine Portion Pommes mit Hamburger kostete mal eben 15 Franken, deshalb machten wir uns auf den Weg nach Lugano, um im Hotel Calypso noch zwei Tage zu verbringen. Wir sind mit der Zahnradbahn den Berg San Salvatore hinaufgefahren, auf dem Karl May von neuen Ideen und Gedichten inspiriert wurde. Da es aber unerträglich heiß wurde und wir im oberen Stockwerk dieser Wärme ausgesetzt waren, fuhren wir über Nacht durch den St. Gotthard Tunnel in dreizehn Stunden nach Norddeich, um für eine Nacht auf dem Zeltplatz auf der Insel Norderney zu verweilen. Da wir uns dort nicht wohlfühlten, begaben wir uns nach einer kleinen Verschnaufpause in Hamburg nach Hvide-Sande in Dänemark. Meine Schwiegermutter meinte dazu lakonisch, wann wir denn am Nordpol ankommen würden. In Hvide-Sande gibt es schöne Dünen, aber es war zu windig und steinig, um einen Badeurlaub zu genießen. Wir hatten ein preisgünstiges Appartement gemietet und abends kaum etwas unternommen, außer ein dänisches Fernsehprogramm zu erleben. Das nutzte mein Freund mit Maske, denn ich besorgte mir eine Kiste Bier und Schnaps in dem um die Ecke gelegenen Einkaufsmarkt und trank jeden Abend wie nie zuvor. Was für eine Zumutung für meine Verlobte, die das alles ohne Protest und Gejammer mitmachte.

Nun klingelte bei mir die Alarmglocke, etwas gegen meine Trunksucht zu unternehmen. Bevor mir eine Entwöhnungskur von der LVA genehmigt wurde, gab es für mich immer wieder Gelegenheiten, tiefer ins Glas zu schauen. Mit einer Arbeitskollegin von Annemarie, selbst Alkoholikerin, feierten wir ausgiebig, nachdem wir den wunderschönen Film Amadeus gesehen hatten. Er gehört mit Dr. Schiwago zu meinen schönsten Filmen, die es je auf der Leinwand gegeben hat.

Ich hatte eingesehen, dass es endgültig ein Ende geben müsse mit der ewigen Trinkerei, die nicht nur viel Geld kostete, sondern auch meine Gesundheit ruinierte. Am 11.06.1985 begab ich mich deswegen in das Fachkrankenhaus Hansenbarg, welches, von einem Wald umgeben, in der Nordheide liegt. Die Behandlung war mit Einzelgesprächen, Gruppen, Beschäftigungs- und Arbeitstherapie, Sport und Freizeitgestaltung sehr abwechslungsreich. Diese nutzte ich, um im Musikzimmer mein Gedicht „Trotzdem geht's bergauf" auf der Hammondorgel zu vertonen. (12) Als ich am Ende der Therapie dort meine Abschiedsrede hielt, war ich überzeugt, nun endgültig von meinem Laster befreit zu sein. Aber das war mal wieder, ohne auch nur im geringsten an einen Rückfall zu denken, ein großer Irrtum. Ein Satz eines Patienten hatte mich aus dem Konzept gebracht, als dieser mir zu verstehen gab, dass ich in keinster Weise ein Alkoholiker wäre, solange ich nicht schon am Morgen mit zittrigen Händen und schweißgebadet zur Schnapsflasche gegriffen hätte. Jetzt aber erst mal zu der angekündigten Abschiedsrede:

„Als ich im Juli hier zum ersten Mal stand und der Versammlung erklärte, wie viel Stationen es bedurfte, um hier eine Therapie mitzumachen, war ich erleichtert, einen für mich wichtigen Lebensabschnitt einzuleiten. Dass dieses halbe Jahr allerdings unbequemer und anstrengender wurde, als ich es mir vorstellen konnte, brachte mich gelegentlich auf den Gedanken, meine Sachen zu packen, um wieder nach Hause zu fahren. Jetzt bin ich froh, dass ich durchgehalten habe, um mir die Chance zu geben, in Zukunft trocken zu bleiben.

Es gab bedrückende, aber auch ermutigende Momente, die vor allem dann bestärkt wurden, wenn einerseits auf so engen Lebensraum Neid, Missgunst, Unverständnis und andererseits wieder Hoffnung durch Fairness, Kameradschaft und Mitgefühl zusammenkamen. Durch diese Wogen der unterschiedlichsten Höhen und Tiefen wurde mein Seelenschiff bombardiert, aber nicht zum Sinken gebracht.

Es hat zwar die erste Schlacht gewonnen, aber der Kampf mit König Alkohol wird ein Leben lang weiterhin ausgetragen werden müssen. Hierzu bin ich in der Info besonders ermutigt worden, nämlich wenn man dem Rückfall nahe steht, weil man, egal aus welchem Anlass, wieder ein alkoholisches Getränk zu sich genommen hat, man deshalb niemals aufgeben braucht und weiter trinken muss. Diese Tatsache ist für mich um so wichtiger, weil genau das der Punkt war, der mich immer wieder hat scheitern lassen, wenn ich den vagen Versuch startete, mit dem Trinken endgültig aufzuhören. Dieser Versuch war aber von vornherein programmiert, fehl zu schlagen, da man Ende der 60er Jahre nur wenig über Alkoholismus wusste und ein gewisser „das-gehört-ja-dazu–Zwang“ mich immer wieder auf die Nase fallen ließ. Inzwischen hat sich mein Entschluss, abstinent zu leben, durch folgenden Spruch bestätigt: Viel häufiger, als es geschieht, würde der allein rettende Entschluss zur Abstinenz gefasst, viel seltener wäre der Rückfall in das alte Leid, wenn die Umwelt mehr Verständnis, mehr Liebe aufbrächte für solche Akte heroischer Selbstbefreiung. Mahnend und anklagend zugleich gilt für diese Umwelt Friedrich von Bodelschwinghs Wort: Wenn du einem geretteten Trinker begegnest, dann begegnest du einem Helden. Es lauert in ihm schlafend sein Todfeind. Er bleibt behaftet mit seiner Schwäche und setzt nun seinen Weg fort durch eine Welt der Trinksitte, in eine Umgebung, die ihn nicht versteht, in einer Gesellschaft, die sich berechtigt hält, in jämmerliche Unwissenheit auf ihn herabzuschauen als auf einen Menschen zweiter Klasse, weil er es wagt, gegen den Alkoholstrom zu schwimmen. Du solltest wissen, er ist ein Mensch erster Klasse!“

Da ich in den ersten Jahren meiner Trunksucht nicht wusste, dass ich bereits abhängig war, an eine Krankheit schon gar nicht zu denken, ging ich irgendwann einmal zu den Anonymen Alkoholikern. Für mich waren da die gehaltenen Reden reines Geschwafel, mit dem ich nichts anzufangen wusste. Aber je öfter ich diese Gruppen besuchte, desto mehr wurde mir klar, wie hintergründig und ernstzunehmend die Darstellungen waren. Doch dann kam der innere Zwiespalt, als ich hörte, wie manch einer nach einer durchzechten Nacht am nächsten Tag weiter trinken musste. Da erzählte man von Zittern, Schweißausbrüchen und gierigem Weiterverlangen nach der Flasche. Und erst wenn man den Stoff zu sich genommen hatte, war man wieder okay. Halt – Stopp, sagte ich zu mir, so etwas machst du ja nicht. Du trinkst lediglich drei- bis viermal in der Woche abends deine Biere und Schnäpse, bis du deinen gewünschten Rausch erreicht hast. Sonst ist ja weiter nichts, sonst ist alles normal. Andere, und das nicht wenige, tun es schließlich auch. Das bisschen Unwohlsein, Appetitlosigkeit und innere Unruhe danach gehört halt dazu. Aber am nächsten Tag weiter zechen, herumgammeln, U-Bahnhöfe belagern, womöglich ungepflegt und stinkend seinesgleichen anschließen; nee, dazu gehörst du nicht! Soll ich ein Leben lang auf meinen Freund, der mir doch in so vielen fröhlichen, wie schweren Zeiten beiseite stand verzichten, nur weil ich gerne und vielleicht ein bisschen mehr trinke? Nee nee, das Vergnügen lasse ich mir nicht nehmen, dachte ich und hatte mir so wieder einmal den Freifahrtschein gegeben, der mich in die Welt der Illusionen, Phrasendrescherei, der Hilflosigkeit und letztlich in die Sackgasse führte.

Irgendwie merkte ich, dass ich mit diesem Zeug doch nicht umgehen und vor allen Dingen nicht mehr kontrolliert trinken konnte. Obwohl das plausibel erscheint, reichte diese Erkenntnis noch lange nicht für die Einsicht dieses Problems. Sie kam viel später, nämlich nach achtzehn Jahren Alkoholfreizeitgestaltung. Stopp, sagte ich zu mir, das ist zu viel, du musst jetzt etwas unternehmen. Der Anfang davon war meine Therapie im Hansenbarg, bei der ich in kurzer Zeit viel durchlebte und die mir, so bin ich zuversichtlich, eine andere und bessere Richtung für mein zukünftiges Leben gezeigt hat.

So, so, ich war also nach Aussage eines besser Wissenden kein Alkoholiker, sondern ein Mensch mit normalen Trinkgewohnheiten. Eine listigere Verführung zum Rückfall konnte es nicht geben und Luzifer nutzte die Gelegenheit, wie bei Adam und Eva, die den verbotenen Apfel pflückten und dadurch aus dem Paradies ausgestoßen wurden, mir einzureden, ein oder zwei Biere würden doch nicht schaden. Was die Folge der himmlischen Gesetze sind, habe ich in diesem Buch offenbart und so hatte es der Dämon wieder geschafft, mich nicht nur zu verführen, sondern von neuem in die Abhängigkeit hineinzuziehen.

Das Jahr 1987 brachte für uns außer meinem Rückfall, aber auch vehemente Wechselbäder der Gefühle. Wir mussten unseren blau-weißen Wellensittich, der sehr sprachbegabt war und ein dickes Geschwür bekommen hatte, einschläfern lassen, weil er sonst kläglich eingegangen wäre. Na ja, kommentierte ich in unserer Trauer: „Das ist nun mal der Werdegang allen Lebens und selbst Mozart schrieb an seinen sehr kranken Vater: *Da der Tod der wahre Endzweck unseres Lebens ist, so habe ich mich seit ein paar Jahren mit diesem wahren, besten Freunde des Menschen so bekannt gemacht, dass sein Bild nicht alleine nichts Schreckendes mehr für mich hat, sondern recht viel Beruhigendes und Tröstendes!* Zudem glaube ich, dass man, wenn man sich mit Spiritualität und intensiv mit dem Leben nach dem Tod beschäftigt, eine bewusstere Einstellung zum Kosmos und dem Weltgeschehen bekommt.

Wir kauften in diesem Sommer einen Wohnwagen, mit dem wir in Hörnum auf Sylt unseren trostlos verregneten Urlaub verbrachten. Daraufhin war Annemarie, die ihre zuckerkranke und dadurch erblindete Mutter rührend pflegte, einverstanden, dass ich für eine Woche in Almeria Sonnenstunden nachholen konnte. Aber das war auch nicht das Gelbe vom Ei, denn glühende Hitze, grauer Kieselstrand, lästige Seeigel und ätzende Quallen, waren eine höchst unangenehme Nebenerscheinung. Da in meinem Appartement zwei mit Cognac gefüllte Flaschen zu freien Verfügung standen und ich diese in fünf Abenden austrank und die unter mir gelegene Wirtschaft aufsuchte, gab es nicht einen Tag ohne Alkoholgenuss.

Als ich von Spanien zurückkam, musste Annemarie nicht nur wegen meines Rückfalls eine anstrengende und traurige Zeit durchmachen, sondern vor allem, weil sich ihre Mutter, zu der ich eine gute Beziehung hatte, von Tag zu Tag in einem immer schlechteren Zustand befand. Nachdem wir sie zu uns genommen hatten, kümmerte sich meine Verlobte rührend um sie, machte ihr das Essen und sonstige Dinge.

Als wir am 09. Oktober 1987 heirateten, konnte meine Schwiegermutter verständlicherweise nicht dabei sein und es war herzzerreißend, als wir merkten, wie traurig sie deshalb war.

MEDITATION

Eine Woche später wurde es lichter um uns, als wir uns in die transzendentale Meditation einführen ließen. Diese wurde mit der Zeit, ohne es selbst wahrnehmen zu können, ein entscheidender Wegbereiter für meine komplette Trockenheit. Wer aber jetzt glaubt, man könne damit auf Knopfdruck von der Sucht befreit werden, ist im Irrtum; aber sicher ist, dass dieser täglich andere Bewusstseinszustand im höchsten Maße dazu beiträgt, sich sowohl seelisch als auch geistig positiv zu verändern. Auch mein Vater hatte mich ja dazu veranlasst das Buch über Meditation Glück in eigener Regie von Ihan Robbins / David Fisher zu lesen. Unabhängig davon erfuhr ich durch eine Fachbroschüre folgende Argumente:

Transzendiere deine Sucht

Sucht ist im Allgemeinen tief in Geist und Körper verwurzelt, so dass oberflächliche Methoden nur begrenzt wirken. Wenn Süchtige transzendieren, entdecken sie eine innere Quelle der Freude und aktivieren gleichzeitig einen tiefgreifenden Heilungsmechanismus. Dadurch verliert die Sucht ihren Einfluss. Ganz von selbst nehmen Trinken und Rauchen ab, ohne dass man es überhaupt beabsichtigt oder geplant hat.

Aber war das nun der Weisheit letzter Schluss? Ich muss diese Frage vorläufig mit nein beantworten, obwohl mir immer mehr Hilfen des Himmels gegeben wurden. So lernte ich in meinem Taxi eine geistig weiter entwickelte Heilpraktikerin kennen, die durch ihren Vertrieb mit galvanischen Feinstromgeräten nachweislich vielen Menschen bei verschiedenen Krankheiten Linderung oder sogar Heilung bringen konnten. Auch wir besitzen seit dieser Zeit diesen Apparat, ohne genau zu wissen, ähnlich wie bei der Meditation, was dadurch Heilendes in einem Körper bewirkt wird, zumal das Prinzip auf eine Langzeittherapie ausgerichtet ist. (13) Ich erwähnte ja bereits, dass es nichts und für gar nichts eine Garantie gibt in puncto Gesundheit, Liebe, Glück, Vermögen und auch für das Leben oder den Tod. Aber wenn man eine reelle Chance bekommt, etwas in seinem Leben zu verbessern, sollte man sie im eigenen Interesse wahrnehmen. Folgerichtig ist: Wer sich in Gefahr begibt oder nicht auf seine innere Stimme, sprich Intuition oder Schutzengel hört, wird dadurch den minder oder größeren Nachteil dadurch ertragen müssen. Eins ist sicher: Schaden können diese Maßnahmen nicht und wir wären schön dumm, damit aufzuhören. Leider kamen diese Hilfestellungen für unsere Mutter zu spät, die am 07.07.1988 nach Mitternacht verschied.

Trotz der wehmütigen Wochen und Monate und meines Alkoholismus wurden die kommenden Tage lichter und sorgenfreier. In meine Memoiren schrieb ich Ende des Jahres 1988 folgende Zeilen: „Meinen Alkoholkonsum bekomme ich auch nicht so richtig unter Kontrolle. Das Bedürfnis, mich zu benebeln tritt eigentlich nur abends, wenn es dunkel wird, im verstärkten Maße auf. Wenn ich meine Arbeit getan habe und der Wagen in der Garage steht, überkommt es mich leider noch zu oft. Das ist ein großes Problem für mich und ich bin mir noch nicht im Klaren, wie ich diesem begegnen werde.“

Wie auch immer mein persönliches Laster war: In der Weltpolitik gab es fortan sowohl positive als auch negative

Ereignisse von immenser Bedeutung. Und dann geschah das kaum zu glaubende große Ereignis oder Wunder am 09. November 1989: Die Berliner Mauer wurde ohne Blutvergießen für Ost und West und ohne Schießbefehl geöffnet. Da sich durch die großartige Politik (Perestroika) des Höchsten der Sowjetunion, Herrn Michail Gorbatschow, vieles zum Wohl und Heil des Menschen in den Warschauer-Pakt-Staaten umkehrte, die Freiheit und die Menschenrechte siegten, tat sich nach und nach eine Grenze nach der anderen auf. Es begann in der DDR mit Abriss von Stacheldraht und Selbstschussanlagen, nicht zuletzt der Sturz von SED-Chef Erich Honecker, dieses wiederum durch die Besetzung der BRD-Botschaften in Ost-Berlin, in der Tschechoslowakei und Ungarn, denen die ostzonale selbstherrliche Politik nicht mehr gewachsen war.

Nur einer wollte weiterhin wie die Made im Speck leben und sein grausames menschenunwürdiges System weiterführen: der rumänische Diktator Nicolae Ceausescu. Aber auch er kam nicht weit. Nach Folter und Massenmorden, blutigen Volksaufständen und Erschießungen wurde der Teufel in Menschengestalt schließlich vom Militär, das sich auf die Seite des Volkes stellte, durch Erschießen hingerichtet. Auch seine Frau, die an derartigen Befehlen beteiligt war, ereilte dasselbe Schicksal.

Leider sind bis heute solche machthungrigen, von Dämonen geleitenden Führer am Werk, die ohne Rücksicht auf Verluste und Menschenleben ihr satanisches Werk so lange fortsetzen, bis sie ihr krankhaftes selbstgefälliges Ziel erreicht haben. Aber auch hier ist es nur eine Frage der Zeit, bis sie für dieses Unheil hier oder im Jenseits zu Verantwortung gezogen werden.

Nun ja, die Mauer gehört zwar seit über dreißig Jahren der Vergangenheit an, dennoch werden auch in Zukunft Probleme zwischen Ost und West bewältigt werden müssen.

Weil ich während dieser Zeit 9300.- DM meiner Lebensversicherung ausgezahlt bekam, konnten wir uns einen wunderschönen Camping-Urlaub genehmigen. Wir fuhren am 17. August mit unserem Reisewohnwagen zum Truma-Campingpark nach Tecklenburg im Teutoburger Wald und weil es uns dort bei schönem Wetter sehr gut gefiel, blieben wir in dieser landschaftlichen Idylle fünf Tage. Der vom ADAC empfohlene Platz hat erstklassige sanitäre Anlagen, drei Swimmingpools und einen Mini-Golfplatz und nicht zuletzt ein Fachwerkhaus mit Bar und Restaurant, in dem ich abends wieder mehr trank, als es Annemarie Recht gewesen wäre. Ich beschwichtigte sie damit, solange keinen Alkohol mehr zu mir zu nehmen, bis wir am Atlantik angekommen seien. Dann ging es weiter zum Liblarer See, wo wir zwei Tage verbrachten, um dann in Berny Riviere bei Soissons eine kurze Zeit unseren Urlaub fortzusetzen. Bevor wir dort ankamen, bemerkte ich am Wohnwagen ein klingendes Geräusch und dachte, es wäre ein schleifendes Metallstück. Doch wir konnten nichts dergleichen feststellen. Ein KFZ-Mechaniker, der durch den ADAC herbeigerufen wurde, stellte fest, dass sich kein Fett in den Trommeln befand und diese Panne wurde dann vor Ort behoben.

Dann ging es weiter über Paris, wo ich mich aufs herrlichste verfuhr, aber dennoch mein Ziel am späten Nachmittag auf dem Campingplatz in Chatellerault erreichte. Auch hier blieben wir zwei Tage, bis wir dann über Bordeaux den ersehnten Atlantik erreichten. Auf dem Campingplatz in Lacanau gab es einen netten Empfang mit einem deutschen Ehepaar, mit dem wir zusammen bei Bier und Wein einen fröhlichen Abend verbrachten. Es gab mal wieder die Gelegenheit, einen hinter die Binde zu kippen, und ich hoffte am nächsten Morgen mich nicht allzu sehr blamiert zu haben, denn ich wusste mit einem benebelten Kopf nie so richtig, inwieweit meine Späße ins Groteske ausuferten. Nach zwei Tagen ging es weiter nach Biscarrosse, dann nach Mimizan, um endgültig eine längere Zeit auf einem sehr schönen Campingplatz in Vieux Boucau mit Swimmingpool und Tennisplätzen zu verweilen. Dieser Ort mit seinem See, dem Markt und beiliegender Arena mit Artistik-Vorstellungen und jungen Stieren, die aber nur zu einer kampflosen Unterhaltung und mit viel Spaß ihre Vorstellung zum Besten geben, hat ein Flair, der seinesgleichen sucht. Als wir einen Platz im Airotel Caravaning Le Vieux Port zugewiesen bekommen hatten, freundeten wir uns noch am selben Abend mit einem Ehepaar an und wieder einmal konnte ich meinen Suchtbedürfnissen freien Lauf lassen. Wenn ich auch am Tage den schönen Strand mit Dünen und das Meer genoss, so war der Abend mit verschiedenen alkoholischen Getränken mindestens so eine Selbstverständlichkeit wie das Frühstück und Mittagessen. Jeder Arzt hätte mir zu verstehen gegeben, dass meine Organe über kurz oder lang bei diesem Lebenswandel ihren Geist aufgeben würden und das Ende vom Lied eine Leberzirrhose mit schlimmer Folge ein endgültiges Aus wäre. Aber darüber machte ich mir wenig Gedanken, denn noch ging es mir ja gut und ich hatte meine Freude.

Nach drei Wochen fuhren wir nach Arcachon und machten Station auf dem Campingplatz Panorama, wo ich abends, nachdem ich für alkoholischen Nachschub gesorgt hatte, einen bechern ging. Am nächsten Tag bestieg ich dann die höchste Wanderdüne von Europa, die ungefähr über hundert Meter hoch und 2,5 km lang ist. Es war ein beeindruckendes, nie zu vergessendes Erlebnis. An einer besonderen Ecke des Campingplatzes hat man einen weiten Blick über den Ozean und wir konnten im Zusammenspiel der Krönungsmesse, die über Stereo-Lautsprecher übertragen wurde, die rote Sonne beobachten, wie sie im Meer versank. Unsere Reise ging danach in die Nähe von Blois an der Loire und wir besuchten das bombastische Schloss Chambord, welches zu den beeindruckendsten, historischen Gebäuden in Frankreich zählt. Alkohol war jetzt nebensächlich geworden und auch in Paris auf dem Bois de Boulogne, wo wir den Wohnwagen für drei Tage gegen geringe Gebühr stehen lassen konnten, dachte ich nicht im Entferntesten daran, meinen Trinkgewohnheiten nachzukommen. Zu sehr war ich mit den Sehenswürdigkeiten, einschließlich Stadtrundfahrt, Metro und Pigalle, Triumphbogen, Eiffelturm, etc. beschäftigt. Erst als wir auf dem Campingplatz Liblarer See waren, überkam es mich wieder und ich becherte in der dazu gehörenden Gastwirtschaft auf die gelungene Reise.

Als ich in Hamburg meinem gewohnten Schlendrian folgte und eines abends nach einem Lokal-Trip betrunken nach Hause kam, schrieb ich in meine Memoiren: „Ich habe mal wieder zu viel getrunken und wie kann ich mich von dieser Geißel befreien? Was nützen die schönen Erlebnisse des Atlantiks, Arcachon und Paris, wenn man süchtig ist und nicht selber zu sich kommt in der Schwäche der Sucht. Grund zum Feiern, um einen zu bechern, gibt es genug und wenn es keine Veranlassung dafür gibt, findet man leicht andere Argumente, wie Stress, Erfreuliches oder weniger Schönes; ein Alibi sein Gehirn zu betäuben, gibt es immer und zu jeder Zeit.

1. 7. 1990 Ein großer Tag für die deutsche Einheit!

„Ab heute gibt es die DM auch in der noch genannten DDR. Deutschland spielt heute um die Fußball-WM im Vierteldinale gegen die umbenannte CSFR. Es ist 10:35 Uhr und bin total nüchtern. Aber in mir kämpft es wieder wegen der Sucht und bin deswegen unruhig. Im Hinterkopf macht es mal wieder klick, um heute meine Trinkgewohnheiten fortzusetzen.

Ist es ein Traum oder Wirklichkeit? Deutschland aus Ost und West ist durch Perestroika, freiheitliches Denken und Handeln der benachbarten Länder Polen, Ungarn und der Tschechoslowakei zu einem Staat für Einigkeit, Recht und Freiheit zusammengewachsen. Welch unbeschreibliches, kaum zu begreifendes Ereignis der Weltgeschichte. Gestern, um Mitternacht, gab es überall Feuerwerk zu sehen und auch an den Bildschirmen konnte man alles verfolgen, wie sich tausende von Menschen vor dem Brandenburger Tor und dem Reichstagsgebäude versammelten, um diesen historischen Moment mit Besonnenheit und Würde zu feiern. Leider fällt ein düsterer Schatten auf dieses erfreuliche Ereignis, weil irakische Soldaten vor sechs Wochen in Kuweit einmarschierten. Die Welt wird sich aber nicht mit Krieg und Gewalt, sondern nur durch ein angehobenes Bewusstsein zum Wohle der Menschen positiv verändern. Und das in jeglicher Hinsicht.“

Vom 17. auf den 18. Oktober 1990 betrat ich zum ersten mal ehemaligen DDR-Boden. Gegen 18:00 Uhr, es war schon dunkel, bekam ich eine Tour in Berne, Buddenbrookweg. Dort kam ein nettes Mädchen mit einer Reisetasche aus der Tür. Sie nannte mir das Fahrziel zu einem kleinen Ort in der Nähe von Plau am See. Als ich ihr sagte, dass ich solch weite Touren nur gegen Vorkasse ausführen würde, erklärte sie mir, dass ihre Mutter, die mit ihrem Stiefvater und dessen Kinder nicht mehr harmonisch zusammenlebte, bereit sei, mich auszulösen. Daraufhin fuhr ich zu meiner Wohnung, ein Handy hatte man damals noch nicht, um mich bei ihrer Mutter, die als Serviererin in einem Lokal arbeitete, zu vergewissern. Danach war ich bereit, die Fahrt ins Ungewisse anzutreten. Ich fuhr die ehemalige Transitstrecke Hamburg – Berlin bis Neustadt – Glewe. Von da aus war es nicht mehr weit, um nach Lübz zu kommen. Ich war erstaunt, wie reserviert man sich in einer Dorfschänke benahm. Es lag wohl noch der Schatten eines diktatorischen Systems über einem Volk, das sich nach vierzigjähriger Zwangsherrschaft wohl zunächst schwer an freiheitliche, demokratische Sitten gewöhnen konnte. Verständlich.

Das Fahrgeld bekam ich dann ohne Umschweife, es waren 367.- DM, von der Mutter ausgehändigt. Und nun rumorte es wieder in meinem Hinterstübchen. Ein bisschen feiern und amüsieren in der Fremde, deshalb erkundigte ich mich nach einer Übernachtungsgelegenheit und fuhr einige Kilometer weiter nach Plau am See. Es hatte mich ja schon immer in den Fingern gejuckt, wenn ich als Verkaufsfahrer Gewürze oder Non Food Artikel in verschiedenen Bundesländern ausliefern musste und nach dem Dienst eine Unterkunft aufsuchte, um dann die freie Zeit in Kneipen und Wirtschaften zu verbringen. Das mentale Gefühl hatte mich mal wieder im Griff und nach zweimaligen Erkundigungen irgendwelcher Leute fand ich abseits der recht guten Landstraße auf einem mit Schlaglöchern versehenen Weg ein schönes Hotel, welches früher einmal den Ingenieuren aus Berlin vorbehalten war. Als ich es betrat, kamen mir wegen der vielen parkenden Autos leichte Bedenken, ob ich überhaupt noch ein Zimmer bekommen würde. Und richtig, der Hotelangestellte, adrett gekleidet und höflich, sah der Sache skeptisch entgegen. Das war plausibel, denn auf dem zum Hotel gehörenden Parkplatz standen aus den verschiedensten Bundesländern PKWs gehobener Klasse. Doch schließlich gab er mir noch einen freien Bungalow im hinteren Bereich. Dafür fuhr ich nochmal eine beschwerliche Strecke mit Vertiefungen zu dem dafür vorgesehenen Parkplatz. Der Bungalow war mit einem Wohnzimmer inkl. Farbfernseher und Radio, einem Schlafzimmer mit Doppelbett, einem kleinen Waschraum mit Toilette und Kinderzimmer ausgestattet. Ich setzte mich nach Besichtigung der Unterkunft in das Gästezimmer des Hotels und guckte vier Herren beim Skat zu. Dazu trank ich einige Biere mit Schnaps, solange, bis wieder das euphorische Wohlbefinden mich dazu veranlasste, mit irgendwelchen Leuten daher zu schwätzen. Gegen halb neun wachte ich mit dem gewissen Schädel auf und nach der Morgenwäsche ohne Rasur begab ich mich zum Frühstück in das Hotel. Der Saal und das Buffet waren sehr gepflegt und ergiebig und die Bediensteten adrett gekleidet. Man konnte so viele Brötchen, Butter, Wurst, Käse und Marmelade verzehren, wie man wollte; zudem gab es auch ein wohlschmeckendes Müsli. Alles vom Feinsten und ich kam mir dabei vor wie ein King, zumal das ganze inkl. Bungalow, nur 30.- DM kostete. Der Morgen war neblig trüb, was die Idylle am See, der direkt am Hotel gelegen war, nicht beeinträchtigte. Nach dem Frühstück ging ich ein wenig am Ufer, an dem zu meinem Erstaunen viele Möwen zugegen waren, spazieren und fühlte mich trotz der Ruhe und der neuen Eindrücke nicht wohl, da die zerstörenden Elemente des Alkohols in meinem Inneren randalierten. Aus dem Grunde blieb ich dort bis zum Mittag und nahm noch ein magenschonendes Menü zu mir: Omelett, dazu Champignons und Pommes frites mit Selterswasser für nicht mal 10.- DM zusammen.

Auf dem Rückweg fuhr ich über Meyenburg zur Autobahn. An der ehemaligen Grenzstation der Transitstrecke standen zwar noch Scheinwerfer, Kontrollhäuschen und Behördensilos, aber das hatte jetzt eine Ausstrahlung wie das Schiffswrack des Luxusliners Titanic, welcher am 14. April 1912 gegen Mitternacht im Nord-Atlantik einen Eisberg rammte und bei seinem Untergang etwa 1500 Menschen mit in die eiskalte Tiefe gerissen hatte. Ich konnte die Schwingung der damaligen Zwangsherrschaft gut nachvollziehen. Oder mit anderen Worten: ein von vorneherein tot geborener Kurs, der mit Beginn seiner Fahrt vom glorreichen Selbstbetrug in den wirtschaftlichen Bankrott führte. Annemarie und ich fuhren ein paar Tage später nach Bremen-Blumenthal, um an einem Vertiefungskurs im dortigen Meditationszentrum teilzunehmen. Dort war es sehr schön und erholsam, einschließlich der Atmosphäre und die positive Ausstrahlung der dort anwesenden meditierenden Menschen. Die Anlage ist in einem Mischwäldchen, abseits von jeglicher Hektik, mit einem Springbrunnen im Vorgarten. In der Mitte der umliegenden Wohngelegenheiten gibt es ein kirchenähnliches Gebäude, in dem Vorträge gehalten und Videofilme von Maharishi Mahesh Yogi gezeigt werden. Es gibt einen freundlichen Speisesaal und schmackhaftes, vegetarisches Essen. Ich war angenehm überrascht, wie gut eine Mahlzeit ohne Fleisch schmecken kann. Am Sonntag fuhren wir bei schönem Wetter über Land- und Bundesstraßen nach Hause.

Das Jahr 1991 verlief dann nicht so positiv wie das vorherige, denn Anfang August 1990 marschierten irakische Soldaten in Kuweit ein, um es zu besetzen. Zuerst wurde ein Handelsembargo beschlossen und zuletzt ein Ultimatum auf den 15. Januar gelegt. Bis dahin sollte sich der Diktator Saddam Hussein bedingungslos aus den besetzten Emiraten zurückziehen. Es passierte aber nichts in dieser Hinsicht, stattdessen fielen in der Nacht vom 16. auf den 17. Januar 1991 die ersten amerikanischen Bomben auf Bagdad. Erschreckende Szenen und Gräueltaten wurden in Presse und TV bekannt.

Eigentlich wollte ich nach relativ längerer trockene Zeit mit Annemarie für eine Woche nach Wildschönau zum Skifahren, zumal ich dort nach meiner Therapie im Hansenbarg schon einmal gewesen war und meinen ersten alkoholfreien Urlaub verbuchen konnte. Und mit dieser Assoziation wollte ich mit meiner Trockenheit fortfahren. Doch dann kam der Krieg, der mich beängstigte, und ich war daher nicht mehr gewillt, die schöne Bergwelt zu genießen. So ließ ich mich mal wieder ins Bockshorn jagen und betrank mich wieder nach Herzenslust. Wieder einmal hatte ich das Gefühl, wie in einem Spinnennetz gefangen zu sein, aus dem es kein Entrinnen gibt. Ich holte mir Hilfe durch eine angenehme Selbsthilfegruppe, die sich allein schon daher gegenüber den AAs unterschied, dieweil bei einem Treffen nicht geraucht wurde und es auch nicht so streng zuging. Man unterhielt sich zwangloser in einem schönen Raum, bei dem es keinen Wortführer mit Klingel gab und das Ganze nicht so schulisch untermalte. Trotz alledem kam es noch viel zu häufig vor, mich vom Alkohol berieseln zu lassen. Daher kam ich zu der Überlegung, an einer Aufbaugruppe im Hansenbarg teilzunehmen. Aber alles hin und her recherchieren brachte mich auf keinen Nenner, da ich als selbstständiger Unternehmer finanziell schnell in die roten Zahlen kommen würde, da die Geschäfts- und Haushaltskosten weiterlaufen würden. Ich fand einfach keinen Ausweg aus meiner Krise und das Ende vom Lied war mal wieder ein Freibrief, um in Lokale zu gehen, in denen ich mich mit Leuten unterhielt, die nicht meinen geistigen Interessen entsprachen. Ich kaufte auf dem Heimweg in einem Supermarkt noch ein paar Paulaner und einen Jägermeister, den ich unterwegs austrank, und wachte am nächsten Morgen schon um 7:00 Uhr auf. Meine Nerven waren entsprechend aufgedreht und ich trank das letzte Bier aus, welches ich am Vorabend mitgenommen hatte und da mir das zu wenig war, holte ich im Sparladen noch weitere Dosen. Danach war ich wieder abgefüllt und machte einen freien Tag. Annemarie jammerte ich was vor und alles war mal wieder im Eimer. Was hatte ich jetzt noch für eine Möglichkeit, der Sucht entgegenzuwirken? Immerhin ging ich auf die 50 zu, da hörte ich von einem sogenannten Wunderheiler, der angeblich, selbst in schwierigsten Fällen, Leuten aus ihrer gesundheitlichen Bedrängnis zu neuem Leben erwecken könne. Nun ja, das würde mir mit Hin- und Rückfahrt, dem Honorar und den entsprechen Medikamenten finanziell einiges abverlangen, aber war das der Weisheit letzter Schluss? Sollte ich unseren Wohnwagen verkaufen, um damit alles, einschließlich Verdienstausfall, bezahlen zu können?

Zu meinen Suchtproblemen kamen auch noch einige altersbedingte Zipperleins dazu und ich meinte, dass man bei einem solchen Wunderheiler alles unter einem Hut erledigen könne. Um uns aber eine weite Reise zu ersparen, besuchten wir einen Heilpraktiker, der nicht weit von Hamburg seine komfortable Praxis eingerichtet hatte. Angeblich wäre er in der Lage, in vielerlei Hinsicht gesundheitliche Schäden in Ordnung zu bringen und auch dem Rauchen und Trinken entgegenzuwirken. Also waren wir bereit, mal eben 100.- DM pro Person zuzüglich homöopathischer Mittel, Globuli, Benzin und Verdienstausfall für die Gesundheit zu opfern. Da sich aber kein nennenswerter Erfolg einstellte, trotz Akupunktur, Dauerakupunktur im Ohr und Laserakupunktur, waren wir nicht weiter bereit, diese sehr teure Behandlung fortzusetzen. Ich rauchte und trank weiter und die Gesundheit war auch nicht besser geworden. Danach ging ich zu einem Orthopäden, um mich wegen meiner Epicondylitis (Tennisarm), meines verspannten Rückens und meiner Kniebeschwerden behandeln zu lassen, der aber mehr mit seiner Arroganz brillierte, als nur im Ansatz zur Hilfe bereit war. Es gibt halt immer zweierlei Arten von Menschen ihres Fachgebiets und somit begab ich mich am selben Tag wegen erheblicher Schmerzen zur MAZ in die Uni-Klinik, um mich vom dortigen Spezialisten untersuchen zu lassen. Dieser besann sich eher auf den Eid des Hippokrates, machte mir einen Halswickel und gab mir wirkungsvolle Tabletten. Daraufhin ging es mir wesentlich besser und da weitere Untersuchungen positiv verliefen, gab es mal wieder einen Grund, solche Ergebnisse zu begießen. Meine Frau, die sehr viel Geduld aufbrachte, war der Meinung, dass ich, wenn ich regelmäßig meditieren würde, damit eher eine Chance bekäme, diesem Problem entgegenzuwirken. Mein Kommentar dazu: „Vielleicht ist das ja wirklich ein probates Hilfsmittel." Ich merkte nach kurzer Zeit, dass es einigermaßen funktionierte. Es wäre zu schön, wenn ich auch nach längerer Zeit ein selbiges in meinen Memoiren verbuchen könnte. Dem war aber leider nicht so und ich hoffte, durch den von den Medien angepriesenen Wunderheiler nun endlich die erlösende Befreiung zu bekommen. Ich wusste aber auch, dass meine endgültige Abkehr vom Alkohol nur mit eisernem Willen zum Erfolg führen kann, und setzte meinen Lebensbericht fort mit den Sätzen: „Langsam, so denke ich, kann ich gegen die Sucht, was Rauchen und Trinken betrifft, nur das eine unternehmen und vielleicht ist es sogar meine Lebensaufgabe: in intensiver Auseinandersetzung mit mir selbst und meinen Gefühlen das niederzuschreiben, was mich bewegt; ohne Phrasen und ohne Selbstbetrug. Es ist nicht leicht, aber ich packe es an."

Damit das Buch nicht zu langatmig und der Leser nicht überfüttert wird, werde ich die wichtigsten Abschnitte und einige Zitate der letzten zehn Jahre bis zur Erlösung meiner selbst zusammenfassen, die Aufschluss geben, über den inneren Kampf, den fortlaufenden Herausforderungen standzuhalten.

„Es ist Sonntagnachmittag gegen 17:00 Uhr und trotz aller Argumente die dagegen sprechen, feilsche ich wieder um jene enthemmende Euphorie eines meist nicht sinnvollen Tagesendes.“

07.05.1991: „Gestern ging einiges gegen den Strich und abends war ich ziemlich gestresst, woraus der Gedanke entsprang: Das ist ein triftiger Grund, um einen bechern zu gehen. Eigentlich schade, wenn du nach vier Wochen Trockenheit wieder umfällst: deine Prinzipien sind im Eimer, die Leber wird aufs Neue geschädigt, 30.- DM gehen mindestens drauf (aber das ist zweitrangig) und das alles wegen Nachgeben einlullender Suchtgefühle, entsprechend eines euphorischen Wohlbehagens, eventuell in Konversation mit Leuten, die nicht deine Wellenlänge haben.“

Am 21.05.1991 las ich in einer Fernsehzeitschrift über das Verbrechen Ungeborener: „Alkohol kann Leben vernichten, bevor es begonnen hat. Jeder Tropfen in der Schwangerschaft erreicht zehn Minuten später über die Nabelschnur den Embryo. Er hat genauso viele Promille wie die Mutter, aber seine Leber ist noch nicht gerüstet für den Alkoholabbau. 30 Gramm Alkohol täglich (0,7 l Bier) haben eine verheerende Wirkung. Statistisch hat jedes 300. Kind Alkoholschäden: Hirn-, Wachstums- und Herzstörungen. 71 Prozent dieser Opfer müssen später in Behindertenschulen und weiter: 2,25 Millionen Alkoholkranke in der alten Bundesrepublik, davon 150.000 Minderjährige. Aktuelle Meldung aus Köln: 43.000 Schüler trinken Alkohol. Umsatz: 36 Milliarden Mark. Folgekosten sind Krankheit und Unfälle, 120 Milliarden Mark. 40.000 Alkoholtote im Jahr. Ärzte attestieren: Trinker leben 23 Jahre weniger. Schrumpfleber stieg in 30 Jahren um 400%. Nur 6% leben abstinent.“

Diese Feststellungen der Presse sind nicht von mir erdacht, ich kann mir aber vorstellen, dass sie nicht so abwegig sind und vor allem, was man so hört, wird es heute mehr Betroffene denn je geben. Nun, jeder ist auf seiner Weise für etwas anfällig, was mir aber noch keinen Freibrief geben sollte, etwas zu tun, worin ich nicht anfällig bin, das mir dann aber letztendlich so schaden kann, dass ich alles dafür geben würde, es nicht kennengelernt zu haben. Es gibt genügend Gründe zu trinken und zu rauchen und ich gönne es jedem Menschen von Herzen, zumal ich weiß, wie genüsslich es ist. Aber es gibt keinen Anlass mehr sich darüber zu freuen, wenn es aus diesem Grunde abwärts geht mit der Gesundheit und oftmals ist es dann zu spät, sich noch über irgend etwas zu freuen!

„Peng! – und da war es aus mit allen meinen schönen Vorsätzen. Gestern hat es mich nach zweimonatiger Trockenheit wieder gepackt und heute bin ich darüber sehr geknickt, zumal ein kalter und trüber Junitag das Nötige dazu tut. Konnte ich doch dem Druck nicht standhalten, um meine Freizeit mit gesundheitsschädlicher Gefühlsduselei auszufüllen? Wie früher ging der Weg von der Garage zum Imbiss. Dort wurde ich nicht, wie ich annahm, nett begrüßt, sondern eher gleichgültig wahrgenommen. Das Publikum war entsprechend, aber wenn man trinken will, ist das zweitrangig. Nach vier Bieren und fünf Ouzo wollte ich dann zum anderen Griechen, der aber nicht geöffnet hatte, und so ging ich, weil ich noch nicht genug getankt hatte, zum Vereinshaus und trank noch zwei Biere mit Weinbrand. Zuguterletzt gab Rüdiger noch ein Bier aus. Damit hatte ich aber immer noch nicht genug, denn zu Hause wurde noch eine Dose dazu geschüttet. Fazit am nächsten Morgen: Bett nass, dicker Kopf, Bronchien angegriffen, 35.- DM für nichts und Prestige im Eimer.“

Ich sollte täglich über mein alkoholisches Verhalten schreiben, dann wäre die Chance, trocken zu bleiben, weitaus höher, als wenn ich es schlampen ließ.

„Kampf ist das ganze Leben, die Sucht zu besiegen bedeutet Kampf, aber der Kampf wird leichter, wenn man erkennt, dass ein suchtfreies Leben mit Sicherheit schöner und wertvoller sein kann.

Manchmal kommt der Gedanke, Trinken sei eine unterhaltsame Freizeitbeschäftigung, was nicht so abwegig ist, denn der Übergang von mal einen trinken oder immer öfter mehr oder weniger Alkohol zu sich zu nehmen bis hin zur Abhängigkeit, ist mit menschlichen Sinnen nicht erkennbar und daher äußerst heimtückisch; denn hat sich erst einmal der gewisse Knacks im Körper eingenistet, gibt es kein zurück mehr in die Norm.“

Im Mai 1991: „Ist es das Gebet oder die regelmäßige Meditation? – ich glaube eher, dass es die Angst vor einer Leberzirrhose ist, die mich schon über drei Wochen davon abgehalten hat, Alkoholika zu mir zu nehmen. Eigentlich ist es ausgesprochen schön, wieder trocken zu sein, und je länger die Zeit verstreicht, um so leichter fällt es mir. Es kommt mir so vor, auf ein galoppierendes Pferd zu springen, was artistisches Können voraussetzt, aber wenn man erst einmal im Sattel sitzt, ist es wesentlich leichter darin sitzen zu bleiben, weil man dann einen entsprechenden Halt bekommt.“

21.06.1991: „Als ich nach Hause kam, war Annemarie im TM-Center und die Versuchung hatte jetzt einen Aufhänger. Nein!, habe ich mir gesagt, es bringt nichts, das habe ich in den letzten Tagen wieder gesehen. Jens, lass es, lautet die

Devise. Das Leben kann so schön sein, aber Alkohol kannst du vergessen. Ich kann und werde nie wieder damit umgehen können. Abgesehen davon rauchst du wieder eine nach der anderen und plagst dich dann tagelang mit Hustenreiz und die Leberwerte sind bestimmt nicht besser geworden. Also ran ans Werk mit gutem Mut. Demnächst gehst du zu einem Wunderheiler und der bringt nicht nur deinen Tennisarm in Ordnung, sondern hilft dir auch bei deinen Suchtproblemen. Zu schön, wenn man auf einen Knopf drücken könnte und alle gesundheitlichen Probleme wären wie weggefegt."

Mit acht Bieren im Vereinshaus konnte ich mich noch nicht zufrieden geben und ging deshalb zum Griechen. Dort verzehrte ich etwas und trank weiter, bis der gewisse Knacks wieder da war. Der Tag darauf war ein sehr heißer Sonntag und da ich unmöglich mit den Promille im Blut Auto fahren konnte, fuhr Annemarie uns zum Freibad Ohlsdorf. Selbst gegen 13 Uhr merkte sie immer noch meine Fahne.

Am 06. August ermutigte ich mich: „Wie schön, jetzt ist dieses Buch mein Freund, mich von den immer wieder verführerischen, fast unbemerkbaren Verlockungen abzuhalten, die mir das Genick brechen würden! Wenn ich dadurch wirklich einen Erfolg verbuchen kann, wäre es für so manchen Menschen in meiner Situation die einfachste und vielleicht wirkungsvollste Methode, aus der sich immer wieder bösartigen Umklammerung zu lösen, der Meinung zu sein, ohne Alkohol wäre das Leben langweilig und trist. Denke ich nur an die Jahre, in denen ich normal mit meinen Problemen und Gefühlen fertigwerden musste – und ich hatte sie reichlich, so sehe ich, dass Alkohol die Dinge im Moment zwar in einem anderen Licht erscheinen lässt, aber nicht im Geringsten irgendetwas positiv verändert. Im Gegenteil: Die Schwierigkeiten werden größer und in manchen Situationen erhöht sich die Suizidgefahr beträchtlich. Somit hat der Freund mit Maske seine grässliche Fratze gezeigt! Und dann kann es bereits zu spät sein für dieses Leben."

Am 03.10.1991 machte ich mich auf die Reise nach Salzburg, um mich von einem Wunderheiler gegen meine Sucht behandeln zu lassen. Als ich am Abend dort ankam und meine Sachen in einer netten Pension abgestellt hatte, war mein erster Gedanke, eine Wirtschaft aufzusuchen mit dem Alibi, ein letztes Mal alkoholische Getränke zu genießen, denn morgen wird dir ja geholfen. Hier konnte ich bis zur späten Nachtzeit meinen Suchtbedürfnissen nachkommen und trank bis zur Polizeistunde etliche Biere, während ich mich mit einem Nachbarn am Tresen über alles Mögliche bis hin zu Mozart unterhielt. Als er mir einen Schnaps anbot, hatte ich schon einiges intus, war aber nicht abgeneigt, diesen und ein weiteres Bier zu mir zu nehmen. Danach verabschiedete er sich und ich begab mich zu meiner Unterkunft mit dem unguten Gefühl, das Bett nass zu machen. Um dem entgegenzuwirken, hielt ich mich noch eine Weile wach, rauchte zwei Zigaretten und verzehrte dazu eine Schokolade. Dann zog ich das Bett ab und legte meinen Anorak auf die Matratze. Das ersparte mir ein unangenehmes Erwachen und ich hatte beim Frühstück einen guten Appetit: Ich aß drei Brötchen mit Wurst, Käse, Marmelade und einem Ei. Dazu trank ich auf den Brand fünf Tassen guten Kaffee. Aber dann rächte sich mein Körper, denn die zerstörerischen Elemente des Alkohols ließen es mich nicht gut gehen, zumal auch noch körperliche Beschwerden und Durchfall dazukamen. Zum Mittagessen bekam ich daher eine magenschonende Kost, die leicht verdaulich und bekömmlich war. Es gab Spätzle, Rührei und Tomatensoße. Den Nachtisch mit Früchten hatte man mit Wein vermischt und das merkte ich beim ersten Teelöffel und wie schon in der Kinderzeit, wurde mir davon schlecht, weil ich momentan keinen Alkohol vertragen konnte. Als ich den Warteraum der Praxis betrat, setzte ich mich zu einem Ehepaar aus Berlin, die nur Positives von dem Heiler berichteten, da der Frau wegen einer Nervensache schon mal geholfen wurde. Diese Dame erzählte zudem, wie grauenvoll es sei, an Leberzirrhose zu sterben, denn sie hatte es bei einem Bekannten erlebt: Es muss die Hölle und für mich eine endgültige Absage an meinen Freund mit Maske sein, denn bei aufgeblähter Leber mit üblen Schmerzen, wo hernach ein Organ nach dem anderen kaputt geht, wobei die Venen platzen und der Mensch am nackten Leib verhungert, ist der Tod eine Folter, wie es unmenschlicher kaum denkbar ist.

Der Heiler sah kurz meinen Oberkörper an und meinte, ich bräuchte mir noch keine Sorgen zu machen, da ich noch regenerationsfähig wäre. Er gab mir eine Spritze zur allgemeinen Stabilisierung des Körpers und verschrieb mir eine Tinktur zum Aufbau der Leber, die gleichzeitig die Sucht wegnehmen sollte. Zusätzlich bekam ich ein Trivitol-Tonikum zur Stärkung der Nerven und Muskelleistung, als Kräftigungsmittel bei gleichzeitigem erhöhten Vitaminbedarf. Mineralstoffe- und Spurenelemente-Dragees, dazu Knoblauch-Vital-Tabletten mit Vitamin E. Am Abend simulierte ich in meinem Zimmer über das Für und Wider dieses nicht ganz billigen Unternehmens, während ich einen großen Schluck von dem Sirup trank, den ich in einer Apotheke gekauft hatte. Da ich nicht wusste, welche Eigenschaften dem Medikament innewohnten, erlebte ich in kürzester Zeit einen Höhenflug, der in derselben Art wie bei dem aus dem Verkehr gezogenen Schlafmittel Mandrax stattfindet, sodass man sich jedem in der Nähe befindlichen Menschen mitteilen möchte. Mit anderen Worten, man ist total enthemmt, ohne Sorgen und Schlafschwierigkeiten in Erwartung einer besseren Zukunft. Hier führt die Euphorie zum Irrtum, dass der Alkohol zukünftig keine Bedeutung mehr hat und man einem suchtfreien Leben entgegensehen kann. Das Gegenteil davon ist die Wahrheit. Man muss weiter Mittel zu sich nehmen, die das Gehirn beeinflussen, im wohligen Gefühl einer gewissen Gleichgültigkeit.

Wieder einmal kam ich in eine sehr gefährliche Situation, die ich wie bei Margarethe, als ich Bier und Mandrax zu mir nahm, gewaltig unterschätzte, denn der Sensenmann stand schon erwartungsvoll an jenem Grab, welches in gruseligen Darstellungen zu allen Zeiten in Wort und Bild offenbart wird. Es ist wohl der letzte Totentanz vor meiner endgültigen Trockenheit von dem hier die Rede sein wird, mit der Überzeugung, keine Betäubungsmittel mehr zu mir zu nehmen. Wie bereits erwähnt, gibt es keinen Knopf, auf den man drücken kann, um sich der Suchtkrankheit und anderer Schwierigkeiten zu entziehen, aber man bekommt, wenn man gewillt ist, sich geistig weiterzuentwickeln, Hilfen durch Jesus Christus und seinen dem Menschen zugewandten Schutzengeln. Das wird immer wieder sowohl in alten Schriften als auch in gewissen Medien verbreitet und ich kann es keinem Menschen verübeln, solche Dinge nicht zu glauben, aber spätestens nach seinem Ableben, was von heute auf morgen der Fall sein kann, wird er von der allwissenden Wahrheit aufgeweckt werden und zur seiner Überraschung feststellen müssen, dass es wie in dem Film Ghost in einer anderen Form des Lebens weitergeht.

Einmal mehr musste ich die Talfahrt des Schreckens erleben, als ich in den griechischen Imbiss ging, um mit Bier und Ouzo mein Befinden zu manipulieren.

Vierzehn Tage zuvor hatte ich mich mit dem nicht ungefährlichen Sirup, in dem sich der Wirkstoff Chloralhydrat befindet, zufrieden gegeben. Indikation: Schlafstörungen; zur Beruhigung bei Erregungszuständen organischer oder psychischer Genese, wie z.B. bei zerebral sklerotisch bedingten Unruhe Zuständen.

Ich traf auf einige Bekannte, die ich begrüßte, und trank, wie des öfteren, ein Bier mit Ouzo. Kaum hatte dieser Schnaps meinen Magen erreicht, schoss mir das Blut gewaltig in den Kopf, sodass ich knallrot im Gesicht wurde und eine unangenehme Hitze verspürte. Verwunderlicherweise schien das keiner der Anwesenden zu bemerken. Oh Schreck, dachte ich, das kann nur der Zusammenmix von Chloralhydrat mit Alkohol sein, obwohl ich diesen Sirup zuletzt einen Abend davor zu mir genommen hatte. Ich ignorierte die gefährliche Situation und trank noch ein Bier mit 40% Ouzo. Frank gesellte sich dazu und gab noch einen Ouzo aus. Danach ging ich mit acht Dosen Bier nach Hause. Als mir Annemarie die Tür öffnete, ahnte sie schon düsteres, denn sie war verständlicherweise entsetzt, dass ich umgekippt war, und als wir das EM Qualifikationsspiel: Deutschland – Wales sahen, merkte ich zusehends, dass ich keinen Alkohol mehr vertrug. Ich trank weiter, musste dann aber endgültig kapitulieren. Nach dem Fußballspiel und einem halbleeren Glas Bier bekam ich Schüttelfrost und begab mich umgehend in mein Bett. Ich klapperte so sehr, dass ich meinen Trainingsanzug anbehielt und noch eine Decke mehr brauchte. Zudem wurde mir speiübel und ich war kurz davor mich, zu übergeben. Dann zitterte ich in einem so schlechten Zustand vor mich hin, dass ich glaubte, ich müsse sterben. Es war eine Mixtur aus Übelkeit, Schüttelfrost, Halbschlaf und Halluzination. Wie auch immer: Es war ein markanter und zu einer Entscheidung führender Scheideweg und ein schicksalsbedingter Tag. Ich schlief dann sehr tief bis zum nächsten Tag und erwachte erst um die Mittagszeit. Es ging mir etwas besser, aber den Sirup, so sagte ich zu Anne, könne sie wegschmeißen. Sie tat es aber nicht und am nächsten Morgen entdeckte ich die Pulle. Ich gab sie Anne, mit dem durchzuckenden Gedanken, eigentlich schade, sie kommt zum Apothekenabfall. Schade deshalb, weil man das Zeug immerhin zum Schlafen benützen könne, und gleichzeitig wäre da noch der gewisse Rausch. „Nein, Schluss damit", habe ich zu mir gesagt, das dürfte doch eine deutliche Warnung gewesen sein. In den letzten 24 Tagen hatte ich nur zweimal Alkohol zu mir genommen und bekam auch kein sonderliches Verlangen danach, was mich veranlasste, zu glauben, wieder normal trinken zu können. War das jetzt tatsächlich das Ende vom Lied, oder bildete ich mir nur ein, endgültig trocken zu bleiben? Die Antwort: „Gestern Abend zwickte mich mal wieder das gewisse Etwas, aber es konnte mich nach dem Schock nicht mehr so sehr berühren wie sonst, zumal meine Suchtgedanken auf Abwehr programmiert sind, oder anders formuliert: Man sollte den Gedanken, du könntest ruhig mal wieder, gar nicht erst aufkommen lassen, sondern ihn im Keim ersticken, indem man sich immer wieder die sehr lange und äußerst schwierige Prozedur vor Augen hält, die dazu benötigt wird, um endlich trocken zu bleiben. Diesen mühseligen Weg durch einmal nachgeben wieder kaputt zu machen, steht im keinem Verhältnis zum glorreichen Rausch. Also lebe ich bewusster und gesünder und mit einem klaren Verstand lassen sich Probleme besser lösen als mit einem benebelten Gehirn."

Aber der Geist ist willig und das Fleisch ist schwach. Wechselbäder der Gefühle sind wahrscheinlich bei psychischer Abhängigkeit die gefährlichsten Fallen für den Rückfall, deshalb werde ich einen ungekürzten Bericht meiner Memoiren hier wiedergeben.

„Am Donnerstag habe ich mich mal wieder so richtig gehen gelassen. Nach getaner Arbeit kippte ich mir abends beim Griechen ein paar Biere mit Ouzo hinein. Frank gesellte sich dazu und lud mich zur späten Stunde noch in den Newtimer ein. Dort gab es weiter Bier mit Bärentöter zu trinken. Was das für ein Gesöff ist, weiß ich nicht, ich weiß nur, dass ich mal wieder bis zum Stehkragen abgefüllt war und somit manche Erinnerungslücke hatte. Ich war so blau, dass ich einige Male hinfiel, weil ich keine Kontrolle mehr über meinen Körper hatte. Ich war zerkratzt und zerrupft und habe heute noch eine deftige Beule an der linken Schläfe. Am nächsten Morgen hatte ich noch reichlich Alkohol im Blut, sodass ich mir frei nahm und mittags gleich weitermachte. Ich ging mit vier Dosen Bier zu Frank in die Videothek, zeigte ihm Urlaubsfilme vom Skiurlaub und süppelte weiter. Und das alles nach über sieben Wochen Abstinenz. Der Absturz war erheblich. Nachmittags ging ich nochmal zum Griechen und kasperte herum. Ich laberte jeden an, ob Freund oder Feind, und zum Schluss lud ich noch ein Pärchen zu mir ein, um ihnen den Film Amadeus vorzuführen. Ich weiß nicht mal mehr, wie die beiden heißen, aber auf den Vorschlag der Frau holte ich in dem nahe gelegenen Markt noch eine Flasche Likör und ein paar Dosen Bier. Ich war so benebelt, dass ich nicht bemerkte, den Beutel mit meiner Lesebrille, den Kassettenadapter einschließlich der wunderschönen Urlaubskassetten liegen gelassen zu haben. Gottlob bewahrte man meine Sachen und legte sie beiseite. Das wäre sonst ein sehr teures Vergnügen gewesen, was ohnehin durch den Rückfall ein zu hoher Preis war: Leber geschädigt, Bett nass; man könnte auch sagen, wie durchgekaut und ausgespuckt. Und gestern Abend gab es die Krönung meines Rückfalls. Innerhalb einer Stunde schluckte ich beim Griechen etliche Biere und Ouzos, als ob ich etwas versäumen könne, und nahm dann noch vier Dosen Bier mit nach Hause und sah mit Anne einen Dick-und-Doof-Film an. Es ist nicht lang an der Zeit, dass ich beides werde, wenn ich so weiter mache. "

28.07.1992: „Es gibt tausend Ausreden zu trinken, aber nicht einen einzigen plausiblen Grund, dieses Vorhaben in die Tat umzusetzen. Und irgendwie hilft mir diese These in momentanen Stresssituationen trocken zu bleiben. Ebenso fällt es mir nicht leicht, mit dem Rauchen aufzuhören.“ (In diesem Augenblick wusste ich noch nicht, dass es nur eine Frage der Zeit war, von dieser ebenfalls gefährlichen Sucht, wie durch ein Wunder befreit zu werden.)

„Es ist 15:30 Uhr, ein schöner Sommertag und ich lese in meinen Memoiren dieses Büchleins. Nachdem ich mich längere Zeit nicht mit meinen Problemen auseinandergesetzt habe, wird mir klar, wie wichtig so etwas sein kann. Es unterstützt den Willen, ein anderes Leben zu beginnen, insofern, dass diese Seelenwäsche eine Art Reinigungsprozess in Gang setzt, ohne diesen kaum zu bemerken. Ähnlich wie bei der Meditation oder galvanischer Feinstromtherapie unterstützt dieses Vorgehen mit viel Geduld und Zuversicht ein positives Umdenken. Die miesen kleinen Tricks der Suchtverführung gewinnen unheimlich an Gestalt, wenn man ihnen nicht wirkungsvoll begegnet, und damit beginne ich nun wieder. "

Um so entmutigender muss es auf einen Leser wirken, der dieselben Probleme hat, wie ich sie erlebte, wenn er das darauf folgende Kapitel liest. Aber ich kann tröstend versichern nach dem Motto: die Hoffnung stirbt zuletzt, dass man immer wieder im Leben eine Chance bekommt, vieles geradezubiegen und wenn es noch so aussichtslos erscheint. Und diese von Gott gegebene Gnade wird jedem Menschen gegeben, wenn er bemüht ist, sich geistig weiterzuentwickeln, indem er die Naturgesetze beachtet, keiner Seele etwas zu leide tut, die Bergpredigt und den zehn Geboten ernst nimmt und nicht zuletzt mit konstruktiven Gedanken und Taten unsere Erde bereichert. Ähnlich wie im Finale der Zauberflöte vom Sonnengott Sarastro gesungen „Die Strahlen der Sonne vertreiben die Nacht, vernichten der Heuchler erschlichene Macht" wird eines Tages auf unserem Planeten die Spreu vom Weizen getrennt und jedem gottesfürchtigen Menschen der Weg zum Licht geebnet. Bei mir hat meine segensreiche Entwicklung über 33 Jahre gedauert, weil ich nie an meinem Schöpfer gezweifelt habe und ihm jeden Tag meine Ehrerbietung erweise.

Ich meditierte fortan regelmäßiger und ohne es zu bemerken, wurden die Abstände meiner Besäufnisse immer größer. Allerdings ließ ich mich hin und wieder dazu verleiten, meinen alten Gewohnheiten nachzukommen, besonders wenn ich mich bei einem Campingaufenthalt mit Blödeleien profilieren konnte. Auch danach wurden von mir die alten Umgebungen aufgesucht, um in alter Manier meinen Suchtbedürfnissen zu frönen. Dass es mir letztlich nur gesundheitliche Schäden, Prestige- und Geldverlust einbrachte, erkannte ich leider erst hinterher. Aber der Drang nach Alkohol war im Moment des Gedankens fast übermächtig stark.

Nichts lässt man an sich herankommen, man hört und sieht nichts mehr, außer dem Wunsch nachzugeben, zu trinken. Als ich deswegen zur Besinnung kam, schrieb ich folgenden Text: „Ob ich nun endlich den Durchbruch schaffe, nüchtern zu bleiben und zukünftig ohne Alkohol leben kann? Viele Anzeichen gibt es dafür, denn die Wurzel für mein Fehlverhalten glaube ich entdeckt zu haben. Die mannigfachen Ausreden für ein solches Tun habe ich analysiert und bin zu dem Schluss gekommen, dass die vielen Alibis nur ein Freibrief für mein Suchtverhalten sind, wie folgendes Beispiel schildert: Vor kurzem erzählte mir ein Fahrgast von einem Menschen, der ein Gesundheitsapostel gewesen war und dennoch Schilddrüsenkrebs bekommen habe. Siehst du, war mein Gedanke, nun hat der arme Kerl enthaltsam gelebt, hat sich kein Bier, keinen Wein oder Schnaps gegönnt, hat nicht mal am Nikotin gerochen und musste dennoch schwer krank werden, so schwer, dass er dahinscheiden musste. Mann, der eine stirbt so, der andere so und deshalb sollst du dich vom Alkohol trennen, der dich eventuell töten wird, aber dir oft genug eine Illusion des Vergnügens und Wohlsein vorgaukelt? Diese Überlegung grenzt schon an Sarkasmus, wenn der Beelzebub einen mit dieser Meinung wieder straucheln lässt und Harmlosigkeit in eigener Sache vortäuscht, während man noch lange nicht am Limit angekommen ist, was Gesundheit und organische Schäden betrifft."

Stattdessen wandte ich mich im Gebet an Jesus und meinem Schutzengel, man möge mich in dem Bestreben, endgültig mit dem Trinken und Rauchen aufzuhören, unterstützen, und prompt sah ich zwei Tage später im Fernsehen folgenden abschreckenden Film: Komm ins Land der Leichen. Mit Entsetzen sah ich dort die furchtbaren Folgen des Rauchens, wobei mir die Knie weich wurden: Lungen, wie Bronchialkrebsoperationen und Amputationen entsprechender Gliedmaßen waren die Belohnung für die Sucht mit dem Nikotin. Allein jährlich, so die Dokumentation, sterben 100.000 Betroffene einen unmenschlichen grausamen Tod. Das ist die tägliche Zahl eines Jumbojets. In dem Moment bin ich aus meiner Lethargie aufgerüttelt worden und legte die restlichen Zigaretten in die Vitrine unseres Wohnzimmerschranks. Die, so hoffte ich, sollten als Andenken der tödlichen Inhalation verstauben.

Um mich weiterhin zu motivieren, schrieb ich am 29.10.94: „Ich will es, ich kann es, ich tue es."

Ein paar Tage später: „Ich wollte es, es ist mir gelungen, ich tat es" und stellte zu meiner Freude fest, dass ich seit dem 30.12.1994 nicht ein einziges alkoholisches Getränk zu mir genommen und mir seitdem auch keine Zigarette mehr angesteckt hatte. Trotzdem lauerte eine neue Gefahr der Abhängigkeit hinter ihrem Versteck, wie ein Raubtier, dass seine Beute wittert. Andere, aber mindestens so gefährliche Fallen wie das urplötzlichen Begehren, Alkohol zu trinken, haben noch andere Trümpfe auf Lager, nämlich, als wir in St. Johann unseren Winterurlaub verbrachten. Dort waren wir erkältet, was sich besonders auf meine Bronchien auswirkte, weswegen ich mich mit entsprechendem Husten herumquälte, sodass ich nur daran dachte, mir ein Medikament verschreiben zu lassen, was den Hustenreiz dämpft oder betäubt. Im gleichen Atemzug wusste ich natürlich um die damit verbundene Gefahr der Abhängigkeit, aber diesen Gedanken schob ich fast hochmütig beiseite, da es mir wichtiger erschien, der Bellerei ein Ende zu bereiten. Ich bekam dann von einem Arzt das entsprechende Rezept, nahm abends zwei codeinhaltige Pastillen und die gewünschte betäubende Wirkung ließ nicht lange auf sich warten. Ab nun war ich wieder in der Szene, denn als ich wieder in Hamburg war, konnte ich einen Arzt dazu veranlassen, mir ein ähnliches Medikament zu verschreiben. Ich hatte mich zwar längere Zeit auf das trockene Ufer begeben, aber die Strömung der Sucht wurde dann so stark, dass sie mich um ein Haar mitgerissen hätte. Am nächsten Morgen machte ich drei Kreuze, weil ich standhaft geblieben war.

In der darauffolgenden Woche kam ich etwas früher nach Hause und wunderte mich, weil Annes Auto nicht auf ihrem Platz stand, da sie mich immer vorher informiert, wo sie hingeht, wenn es abends später wird. In mir kam eine gewisse Wehmut auf, als es von der Dämmerung zur Dunkelheit überging, als das Telefon klingelte. Ich glaubte, es wäre meine Frau, stattdessen war ihre Freundin Johanna an der Strippe. Enttäuscht kämpfte ich mit mir selbst das Für und Wider abwägend, dem Druck zu trinken, Stand zu halten. Die gravierenden Nachteile waren offensichtlich: Ich würde am nächsten Tag maßlos traurig darüber sein, wieder von vorne beginnen zu müssen, Anne wäre zutiefst enttäuscht, ich hätte bestimmt wieder geraucht und was wäre dann besser geworden? Nichts, absolut nichts, im Gegenteil: Ich hätte die allzu oft beschriebenen Nachteile zu spüren bekommen, die von einem maßlosen Trinkgelage herrühren. Aber der unwiderstehliche Druck, dennoch in die Kneipe zu gehen, ließ nicht locker und egal, was auf dem Spiel steht, will man an den Stoff kommen ohne dabei zu bedenken, dass der Zug wieder einmal abgefahren ist.

Am 11.04.1995 schrieb ich in meine Kladde: „Bis zum heutigen Tag bin ich trocken, aber noch nicht ganz clean. Was ist damit gemeint? Auf meinen Weg zu einem neuen Bewusstsein mit Unterstützung regelmäßiger transzendentaler Meditation bin ich eigentlich so gefestigt, dass es nur hin und wieder einer Überwindung bedarf, nicht in das alte Muster hineinzurutschen. Doch Meister Beelzebub lauert überall und lässt keine Gelegenheit aus, seine Chance zu nutzen, die dazu angebracht ist, jemanden rückfällig werden zu lassen. Ich stehe mit meinem Taxi am Hohenzollernring und kann bei herrlichem Wetter durch den Park auf die Elbe sehen. Trotzdem habe ich ein beklemmendes Gefühl, nachdem ich eine Überschrift im Hamburger Abendblatt gelesen habe: Ein russischer General droht der NATO mit Weltkrieg, will diese ihre Gebiete erweitern, wie Polen und der Tschechoslowakei. Früher wäre ich sofort umgefallen, aber ich halte mir tunlichst vor Augen, dass ich diese verschließen möchte, indem ich mich betäube und außerdem, dass ich nicht im Geringsten damit etwas verbessern kann. Ich würde wieder rauchen und die Chance an Alkohol oder Nikotin zu sterben, ist objektiv gesehen wahrscheinlicher, als in einem Weltkrieg um‘s Leben zu kommen, der im Keim erstickt werden wird.“

Wie an anderer Stelle steht: Kampf ist das ganze Leben, die Sucht zu besiegen, bedeutet Kampf und diesen Kampf konnte ich jetzt für mich entscheiden!

Trotzdem kam ich zu der Erkenntnis: „Ich sehe also, wie sehr mein Wille, nicht mehr zu trinken und zu rauchen, auf wackeligen Füßen steht, wenn gewisse gefühlsbetonte Situationen zu meistern sind. Natürlich ist es schön, auf eine wochenlange Trockenheit zurückzublicken, aber frohlocken kann ich deswegen noch lange nicht. Nun war gestern der bedeutsame 08. Mai, an dem Deutschland vor 50 Jahren mit Ende des Zweiten Weltkrieges kapituliert hatte. Es ist wohl auch der passende Tag, vor der Sucht zu kapitulieren, denn ich will, kann und tue es. “

Verschämt, fast ängstlich setzte ich mein Schreiben fort und musste einsehen, dass meine schlauen Erkenntnisse nur hin und wieder hilfreich waren. Ein wenig traurig und geistig erschöpft sehe ich zurück und wäre jetzt um einiges erleichtert und stolz, hätte ich mich im April vorigen Jahres nicht wieder reinlegen lassen. Ich wäre aus eigener Kraft und Überzeugung ein ganzes Jahr trocken gewesen. O weh, nun muss mein Schiff von neuem loslegen durch den Ozean der Trockenheit manövriert zu werden. Es ist zu schaffen, dass habe ich mir selbst bewiesen, aber man muss dabei höllisch wachsam sein, so z.B. als ich mir den Fernsehfilm „Das Boot“ ansah, wo die Soldaten vom Kapitän nach guter Leistung, alle eine Flasche Bier versprochen bekamen. Mein Gaumen merkte dabei intensiv den Geschmack eines Hopfen-und-Malz-Wassers, als die grünen

Bierflaschen verteilt wurden. Noch am selben Abend wurde in den Nachrichten bekannt gegeben, dass am nächsten Tag auf den Straßen mit Glatteis zu rechnen wäre und ich hatte damit ein Alibi, die verlorene Zeit wieder einmal in einer Kneipe zu verbringen. Aber gleichzeitig klopfte mein Gewissen bei mir an: Man darf den Gedanken an so etwas gar nicht erst reifen lassen und das gelang mir mit einer gewissen Schwierigkeit. Dabei hielt ich mir vor Augen, wie vorteilhaft es sei, ruhiger und besinnlicher zu werden, denn das würde mir in Zukunft manchen Kummer ersparen und dadurch vieles leichter machen.

Einige Wochen später kam der Tag, an dem ich alle meine guten Vorsätze ignorierte, als plötzlich und unerwartet nach 36 Jahren mein Halbbruder von sich hören ließ. Anstoß zu diesem Entschluss war wohl seine hübsche Freundin, die ihn offensichtlich dazu ermunterte. Am 1. Oktober 1996 wurde deswegen bei uns ein Familientreffen arrangiert, zu dem auch meine Schwester mit ihrem Mann eingeladen wurde. Somit waren nach 35 Jahren alle drei Geschwister wieder zusammen, denn damals war Peter Arnd gerade mal 1 Jahr, meine Schwester 15 und ich 17 Jahre alt, als wir unsere Ferien in Remscheid verbrachten. Annemarie machte ein schmackhaftes Abendbuffet zurecht, zu dem es reichlich Bier, Ouzo, Wein und Sekt zu trinken gab. Wenn das nicht begossen werden musste! Es war trotz Umtrunk ein gelungener Abend mit alten Fotos und Erinnerungsaustausch, wobei ich zum ersten mal auf einem dieser Bilder meinen krebskranken Vater zu Gesicht bekam und dabei erschrocken feststellte, wie ein Mensch durch so eine schwere Krankheit mit allen Bombardements der chemischen Pharmazie sein ursprüngliches Gesicht verlieren kann.

Für mich hatte die Zusammenkunft einen kleinen persönlichen Vorteil, denn vom 04.11. bis zum 08.11.1996 erfüllte ich mir einen lang ersehnten Wunsch, nach New York zu fliegen und da der Bruder meines Schwagers mit seiner Familie in Long Island seinen Wohnsitz hatte, konnte ich diesen nach telefonischer Absprache bitten, mit mir ein Treffen zu arrangieren, um am Abend bei Dunkelheit mit seinem Chrysler über den Broadway zu fahren. So mehr hatte ich ein fantastisches Erlebnis, als ich mit ihm gegen 21 Uhr auf dem Plateau vom Empire State Building auf die nächtlich erleuchtete Wolkenkratzer Pracht herabsah. Die Reise hatte ich gebucht, weil mich das ganze Paket nur 1700.- DM kostete. Darin enthalten waren war der Hin- und Rückflug, Hamburg-London-New York, vier Übernachtungen in einem gepflegten, aber einfachen Hotel, deutschsprachiger Reiseleitung mit zwei Kurztouren durch Manhattan, Überfahrt zur Freiheitsstatue und Ellis Island und nicht zuletzt das unvergessene Musical Erlebnis Miss Saigon auf dem Broadway. All das hielt mich so in Atem, dass ich trotz Gummibeinen,einigermaßen über die Runden kam, denn ich hatte in drei Tagen nur 13 Stunden geschlafen, weil mir die Zeitverschiebung erhebliche Schwierigkeiten bereitete. Selbst am letzten Tag, ich war hundemüde, begab ich mich zum Sea-Air-Space und konnte dort ein U-Boot aus dem Korea-Krieg, einen Kreuzer und Flugzeugträger aus dem Zweiten Weltkrieg besichtigen. Auf diesem wurden in einigen Ecken Original-Filme mit Kamikaze-Fliegern beim Absturz gezeigt. Hin und wieder klappten dabei meine Augenlider zu. Abends ging es dann mit dem Bus wieder durch Manhattan über New York City zum

John F. Kennedy Airport.

In den fünf Tagen meines Aufenthalt in New York erkenne ich eine Parallele zu der Autobiografie von Jack London: „Trotz der Überanstrengung meines Hirns war der Gedanke an Trinken nie gekommen. Und wäre ich nicht so lange an den Alkohol gewöhnt gewesen, wäre dieses Verlangen jetzt nicht von neuem in mir erwacht."

Aber ich kaufte mir auf Grund meiner Schlafschwierigkeiten in einem Drugstore irgendwelche harmlosen Tabletten, möglicherweise Melatonin, um einigermaßen zur Ruhe zu kommen. Bei meiner Ankunft in Hamburg war ich ganz schön geschafft, zumal ich in London noch sechs Stunden Aufenthalt hatte. Noch am selben Abend ließ ich mir einige Biere schmecken, um dann mal wieder durchzuschlafen. Das funktionierte ganz gut, denn ich war gegen 22:00 Uhr in mein Bett gegangen und erwachte um 08:00 Uhr in der Früh und fühlte mich danach erheblich wohler.

Drei Tage später verbrachten meine Frau und ich einen Strandurlaub auf der kanarischen Insel Fuerteventura. Die Erwartungen dieses Unternehmens entsprachen aber nicht unseren Vorstellungen, denn schon bei der Ankunft ging einiges daneben, weil uns von der zuständigen Reiseleitung mitgeteilt wurde, dass wir nicht in dem Hotel unterkommen würden, welches wir gebucht hatten. Immerhin war es ein Vier-Sterne-Haus, was gerade so eben bezugsfertig war, aber rundherum eine einzige Baustelle: Bagger, Raupen, Gehämmer und blubbern des Kompressors bis spät in die Nacht. Der Strandweg war fast unpassierbar und man musste über eine kleine Mauer steigen, um an Maschinen und Dampfwalzen vorbeizukommen.

Abends legte ich mich schon früh ins Bett, weil ich mich

mit einer starken Bronchitis herumplagte. Ich schlief relativ früh ein und als ich morgens hinüber über den Strand zum Meer sah, kam die zweite Enttäuschung: Ich glaubte, auf den Kanaren immer blauen Himmel zu sehen, stattdessen Wolke um Wolke, die spätestens alle fünf Minuten die Sonne verdeckten. Das Wasser war wärmer als die Luft und durch den Baustaub wurden meine Bronchien noch mehr gereizt. Nach fünf Tagen kamen wir in das gebuchte Hotel an der Costa Calma. Die Urlauber, die nun unseren Platz säumten, hatten nämlich im Hotel Princess gebucht und das konnte zu dem Zeitpunkt aus besagten Grund noch nicht bezogen werden. Hier hatte ich die Möglichkeit in einer Apotheke Kortison für meinen Husten zu besorgen. Es betäubte leicht und es war mir in dem Moment auch vollkommen egal, welche Meinung die Anonymen Alkoholiker darüber vertraten. Die Hauptsache war für mich der Quälerei entgegenzuwirken und mir kam auch nicht im entferntesten der Gedanke, mich mit Alkohol einlullen zu lassen. Zusammen mit Eukalyptus-Bonbons ging es mir allmählich besser, aber mit dem Stress noch nicht genug, bekamen wir auf dem Rückflug noch Nachschlag. Schon beim Abflug unter blauen Himmel verkündete der Kapitän wettermäßig nichts Gutes, aber das würden wir noch rechtzeitig erfahren. Ungefähr eine Stunde vor dem Landeanflug auf Hamburg wurde uns mitgeteilt, es war immerhin der 25. November, dass hier der Winter ausgebrochen sei und deshalb eine sichere Landung auf Grund der vereisten Landebahnen nicht möglich sei. Insofern kreiste das Flugzeug zwischen Lübeck und Hamburg immer hin und her. Ich ärgerte mich, weil zu meinem Unwohlsein in der Höhe, inzwischen landeten wir in Hannover, da mittlerweile der Sprit nicht ausreichte, insgesamt zehn Flugstunden dazugekommen waren. Beim Auftanken der Maschine war unklar, ob wir in einem Hotel übernachten oder mit dem Bus nach Hamburg weiterfahren würden. Zur unserer Erleichterung bekam das Flugzeug dann aber eine Genehmigung, nachdem die Landebahn startklar gemacht wurde, zu landen. Ich bat die Stewardess, dass der Kapitän über Funk dem Bodenpersonal mitteilen sollte, dass um 01:30 Uhr Taxen gebraucht würden. Wenigstens das ging in Ordnung, denn wir bekamen sofort unser Gepäck und konnten mit dem Taxi nach Hause fahren.

Mit diesem Erlebnis vollzog sich eine gravierende Änderung meines Lebens, nicht nur weil ich mich an den Film „Komm ins Land der Leichen“ erinnerte und mein furchtbarer Husten eine weitere Mahnung war, sondern weil sich in meinem Bewusstsein ein kaum spürbares Verlangen nach ethisch schöneren Dingen des Lebens entwickelte. Ohne einen konkreten Beweis dafür zu haben, glaube ich, dass mich die regelmäßige transzendentale Meditation dabei in gewissem Maße unterstützt.

Am 05. Dezember 1996 betrat ich zum letzten Mal den griechischen Imbiss. In meiner angehobenen Stimmung durch Bier und Ouzo zeigte ich dem Inhaber die Fotos von New York und rauchte dabei meine letzten Zigaretten. Es war gleichzeitig der Anstoß über Monate, so gut wie keinen Alkohol mehr zu trinken, weil dann ein Rückfall des Rauchens allzu nahe stand, aber noch klebte das andere Laster an meinen Fersen und ich benötigte noch fünf Jahre, um wie aus heiterem Himmel auch kein Interesse mehr am Alkohol zu haben.

Dann kam der Sommer und wir hatten zum Campen zurückgefunden, allerdings auf einem Jahresplatz an der Ostsee und wie das beim Campen so ist, hat man unmittelbaren Kontakt zu den Nachbarn. Man schnackt und hilft sich gegenseitig in gewissen Situationen. Der Rückfall war vorprogrammiert, denn die Versuchung, alkoholische Getränke zu sich zu nehmen bleibt dabei nicht aus, und ich haderte mit mir, dass ich ohne Schnaps ein paar Biere vertragen könne. Nachdem ich einen Einstand gegeben hatte, trank ich lustig wieder ein Bier nach dem anderen und in der kommenden Zeit wurden es mehr und mehr. Ich glaubte ohne Rauchen ginge das nicht, aber das war ein Selbstbetrug, denn es summierte sich der Alkohol von Woche zu Woche und abends mussten es mindestens sechs Halbe sein und wenn es nicht Bier war, dann war es Wein. Ich holte mir eines abends vier Flaschen Wein, Annemarie war nicht anwesend, und schaffte davon dreieinhalb auszuleeren, sodass zum Schluss alle Lichter bei mir ausgingen. Was ich dann angestellt hatte, weiß ich nicht mehr, ich weiß aber, dass ich morgens im Nassen lag und schrieb dazu folgenden Kommentar: „So ein wenig rüttelt mich das wieder auf, deshalb nahm ich meinen letzten Trunk diesen Jahres und bin mir noch nicht ganz im Klaren, wie es weitergehen soll, denn König Alkohol lässt niemals locker.“

Am 18.01.1998 stand ich weit über eine Stunde am Taxiposten Ohlsdorf. Es ging auf 22:00 Uhr zu und das Suchtgeschehen, was bei mir Nahrung in der Dunkelheit bekommt, nagte und nagte in meinem Kopf. Ich konnte nicht widerstehen und brachte fünf Dosen mit nach Hause, die ich mir an einer Tankstelle besorgt hatte. Es gab daraufhin eine unangenehme Auseinandersetzung zwischen Annemarie und mir und sie drohte sogar mit Scheidung, sollte ich mein Trinken nicht wesentlich reduzieren. Da kam mir der Gedanke, wegen den paar Bieren so einen Aufstand zu machen, sei doch lächerlich, zumal der Abend relativ normal ablief, denn wir sahen noch einen Robin-Hood-Film und spielten danach noch Kanaster. Was also in aller Welt bewegte diese Frau, jetzt mir wegen dem bisschen Alkohol Vorhaltungen zu machen. Früher hätte ich erst mal beim Griechen vier bis fünf Bier mit Ouzos intus und kam dann mit vier Dosen zu Hause an. Letztendlich war mir aber bewusst, dem ein Ende zu bereiten, wie mit dem Rauchen, weil ich eine geschädigte Leber hatte und alkoholische Getränke nur zu mir nahm, um eine gewisse Stimulanz hervorzurufen. Ab nun feilschte ich mit Anne um jeden Tropfen Alkohol mit irgendwelchen Vorwänden, gute oder anderweitige Erlebnisse gehabt zu haben, die Veranlassungen dazu gaben, ein Alibi zu haben, diese zu begießen. Und wenn ich dann meine Püppi (Kosename) überreden konnte, eine gewisse Anzahl Dosen Biere an der Tankstelle zu kaufen und nur eine begrenzte Menge genehmigt wurden, besorgte ich mir noch einen mittelgroßen Jägermeister, den ich heimlich mit einem Schluck von der Garage zur Wohnung hinunterkippte, ohne dass es sonderlich auffiel. Siehste, hab ich gedacht, du brauchst doch ein gewisses Quantum, um einen Pegel zu erreichen, der dich zufrieden stellt.

Ich war also immer noch mit dem Problem meiner Sucht behaftet und machte mir keine sonderlichen Gedanken, wie ich damit in Zukunft umgehen würde, denn es gab ja auch durchaus trockene Zeiten, bis ich wieder banale Ausreden erfand, um einen Freibrief zu bekommen, da ich alte Bekannte traf, die mich zu einem Plauderstündchen einluden, um in einer Kneipe mit diesen zusammenzusitzen. Das konnte man mir doch nicht ausschlagen und mit diesen Argumenten war dann der feucht fröhliche Abend genehmigt. Hin und wieder beförderte ich ja selbst alkoholisierte Fahrgäste und da wurde mir klar, wie unangenehm es sein kann, wenn jene in einem so engen Raum sich entweder flapsig oder sogar primitiv benahmen und dazu eine entsprechende Fahne hatten. Ich begegnete Menschen unterschiedlichster Gesinnung, wobei ich mal einen angetrunkenen, nicht unsympathischen Mann beförderte, den ich fragte, ob und was er für Musik hören wolle. Da er mein Jahrgang war, hörten wir uns Oldies von meiner nostalgischen Star-Club-Kassette an. Er nuschelte leicht und meinte, dass noch in diesem Jahr mit einem Dritten Weltkrieg zu rechnen sei. Momentan hat man dabei kein gutes Gefühl, aber wenn man sich spirituell weiter entwickelt, sieht man vieles aus einem anderen Blickwinkel und die Ursachen der Ereignisse auf unserer Mutter Erde und dem Kosmos werden einem zugänglicher gemacht. Wer durch Meditation und Spiritualität Karma und Schicksal aus einer entsprechenden Perspektive betrachtet und empfinden kann, ist in dem Zustand eines erweiterten Bewusstseins, welches einem das Tor zum himmlischen Dasein öffnet. Das sollte das Ziel aller Menschenseelen sein, die dann keinen Nährboden mehr für die dunklen Mächte bieten nach dem Text von Friedrich Schiller: „Alle Menschen werden Brüder, wo dein sanfter Flügel weilt.“

BEWUSSTWERDEN DER SCHÖPFUNG UND DEM SINN DES LEBENS

Aber noch war ich von meiner Fessel nicht befreit, die sich zwar ein wenig lockerte, mich aber immer noch gefangen hielt. Es musste doch eine Lösung geben, den gordischen Knoten endgültig zu öffnen, um dem Verlangen nach Alkohol einen Riegel vorzuschieben, indem ich mir die Vor- und Nachteile vor Augen hielt: Die Leber und vieles mehr werden weiterhin geschädigt und außerdem wäre es gegenüber von Annemarie rücksichtslos, weiterhin mit einem benebelten Kopf nach Hause zu kommen, wobei die Ehe über kurz oder lang zerstört werden würde. Ich habe doch ein Bewusstsein erleben dürfen, welches himmlisch war und das ich wieder erleben wollte. Bei einem solch wunderbaren Zustand ist jegliche Art von gekünsteltem sich anders fühlen zu wollen eine Illusion. Eine ähnliche Situation wird u.a. in dem Buch „Ich war klinisch tot" von Stefan v. Jankovich sehr deutlich beschrieben. Wenn man sich dessen bewusst ist, hat man gar nicht mehr den Wunsch, irgendwelche Suchtmittel zu sich zu nehmen. Meditation und Beachtung der Natur-Gesetze ist meines Wissens der einzig richtige Weg, um Erleuchtung zu finden. Mir wurde von Mal zu Mal deutlich vor Augen gehalten, dass alles für uns Menschen eine nicht erkennbare Fügung hat und dass folgerichtig die Erkenntnis offenbart wird, wenn einem die Stunde schlägt, dass das unumgänglich ist, sonst würde der eine nicht schon im Mutterleib und der andere erst mit über hundert Jahren diesen Planeten verlassen. Wir selber können ja nur einen winzigen Teil vom Sinn des Lebens verstehen, um so wunderbarer ist es, wenn man in dieser Hinsicht immer mehr von den wahren Himmelsgesetzen nach und nach eingeweiht wird (das wird u.a. in der Oper „Die Zauberflöte“ und bei den Freimaurern offenbart). Es wird keinem Menschen die Tür für dieses Wissen verschlossen bleiben, wenn er sich ernsthaft darum bemüht, nachzuforschen, was der eigentliche Grund seines kurzen Aufenthalts hier auf Erden ist. Ob er nun hunderte von irdischen Leben oder nur eins durchlaufen muss, hängt von dem Reifeprozess des Einzelnen ab. Das Lebenspuzzle wird doch schon in der Weltgeschichte offenbart, egal, wohin sie auch immer hinsteuerte. Beispielsweise ist es für unsere Generation unvorstellbar, dass 1933 Konrad Adenauer hätte die Macht in die Hände nehmen können und dass Hitler heute Bundeskanzler wäre. Wenn ich mir das Dreigestirn der Klassik, Haydn, Mozart, Beethoven, betrachte, so könnte man es aus unserer Perspektive als verdrehte Welt betrachten, würde es nach musikgeschichtlicher Reihenfolge plötzlich anders heißen: Der große J. S. Bach würde in der Romantik erscheinen und Peter Tschaikowski in der Zeit des Barock und nicht zuletzt Mozart im letzten Teil des 19. Jahrhunderts. Ein Albert Schweizer würde nicht in den Beruf eines Rennfahrers passen und Josef Stalin nicht in der Rolle eines Michail Sergejewitsch Gorbatschow. Das kann man fortsetzen bis hin zum unbekannten Schicksal eines der vielen Milliarden von Menschen. Nach dem Motto, wenn der Hund nicht gepinkelt hätte, hätte der Hase dran glauben müssen. Er sollte aber nicht dran glauben, der Wuffi stattdessen eine Rüge erteilt bekommen, wodurch der Jäger einen Anlass bekam, sich zu ärgern. Es hängen immer mehrere Komponenten bzw. Fakten von einem sogenannten Zufall ab und diese Vorkommnisse haben wiederum eine vorgesehene Bewandtnis. Was dann der Weisheit letzter Schluss ist, wird uns früher oder später offenbart bis hin in die verschiedensten Ebenen des Seins. Leider sind sich die meisten Menschen nicht im Klaren darüber, dass das Erdenleben nur ein winzig kleiner Abschnitt in unserem Hier und Jetzt ist, der der individuellen Entwicklung dienen soll und nicht dem bedingungslosen Trachten nach Macht, Geld und billigem Sex. Damit ist aber nicht gemeint, dass man es sich nicht schön und lebensbejahend einrichten sollte. Auch Geld gehört nun mal dazu, aber alles in einem gewissen Rahmen und individuell abgestimmt. Das goldene Mittelmaß ist seit eh und je für eine gute kooperative Lebensführung eine Richtlinie gewesen, die eine gewisse Stabilität hinsichtlich in den Bereichen soziales Miteinander, Freundschaft, Frieden und Harmonie enthält. Kommt diese Ausgeglichenheit aber einmal ins Wanken, weil es irgendeinem Querulanten nicht in den Kram passt, dies oder jenes zu akzeptieren, entsteht Stress und die weiteren Folgen sind Neid, Missgunst, Krieg und schließlich das schlimmste: nämlich Hass. Nun gibt es Gottlob eine Technik, um all diese Ungereimtheiten zu kompensieren, und das ist erfahrungsgemäß die Transzendentale Meditation.

Trotz längerer Abstinenz wurde ich hin und wieder mit dem Gedanken verführt, vielleicht hier und da mal eine Ausnahme zu machen, besonders in Gesellschaft, ein paar Gläser Wein oder Bier zu trinken und dieser Wunsch manifestierte sich in mir, als ich folgendes in meine Memoiren schrieb: „ Morgen fahre ich zum Skifahren nach St. Johann und treffe mich dort mit einem Arbeitskollegen, seiner Tochter und Anhang. Abends nach der Piste im Hotel bietet sich in der Bar die Verlockung an, mal wieder das ein oder andere alkoholische Getränk zu mir zu nehmen. Jedoch kann ich mir nur abraten, in den alten Schlendrian zu verfallen, wo ich fast drei Wochen trocken war."

Dabei erinnerte ich mich an den folgenden ermahnenden Spruch:

Der Gebrauch von Drogen ist eine
Masturbation des kreativen Vermögens
Und bleibt unfruchtbar!
Aber eine Kreativität die durch das
Sieb des Verstandes geht und sich mit der
Handlung verbindet -
Eine solche Kreativität
Kann buchstäblich Berge versetzen.

Ich setzte meine Berichterstattung am 12.08.1999 fort:

„Genau wie zu Anfang des Jahres habe ich am 01. Juli wieder einen Versuch gestartet, alkoholfrei zu leben und es ist mir bislang recht gut gelungen. Es rumort weiterhin auf dieser Welt und düstere Weissagungen der Apokalypse wie Krieg und Katastrophenmeldungen werden täglich in den Medien verbreitet, wobei das eine oder andere nicht immer eintritt. Gottlob kann man da nur sagen, denn schließlich gibt es ja auch noch positive Ereignisse auf unserem Erdball, wie z.B. kreative Denkweisen, die zu Bewusstseinsänderungen einiger Menschen führen und damit eine Umwandlung vom Materiellen in feinere Ebenen erreichen. Es ist nun mal die Zeit zum Weg vom Grobstofflichen ins Geistige angebrochen. Für denjenigen, der hier schon mit so etwas verbunden ist, wird bei seinem irdischen Tod das

Austreten seines ICH aus dem Körper keine großartige Überraschung mehr sein (siehe den Film Ghost – Nachricht von Sam, mit Patrick Swayze). Gestern war in einigen Teilen Europas die totale Sonnenfinsternis zu sehen und die Vorhersage, dass ein Schreckenskönig, in welcher Form auch immer, kommen würde, erfüllte sich nicht. Ich denke, es ist schon beängstigend genug, dass es in dieser Welt noch genug Diktaturen und Kriege gibt.

Der Sommer war recht schön und deshalb waren wir oft auf unserem Campingplatz. Dort bin ich hin und wieder angehalten worden, ein Bier mit zutrinken, aber ich bin standhaft geblieben und weiterhin clean. Es hat mir nichts geschadet, eher gefördert und bin in hervorragender Verfassung."

Durch die Bekanntmachung einer uns befreundeten Dame, deren Schwager vor einem halben Jahr ganz plötzlich und unerwartet von dieser Erde Abschied nahm, bezogen wir ein aufschlussreiches Buch: Peter Haider aus dem Jenseits über die Brücke. Zwölf Stunden nach seinem Tod meldet sich jener nachts um 01:30 über diese medial veranlagten Dame aus dem Jenseits. Viele glaubhafte Erkenntnisse beinhalteten diese Durchsagen. Wir kennen diese Dame schon seit vielen Jahren und denken, dass sie durchaus gewissenhaft über Dinge schreibt und erzählt, die zwischen Himmel und Erde existieren, z.B.: Der Weg ist das Ziel. Durch sie bezogen wir ein galvanisches Feinstromgerät, mit dessen Therapie man viele Krankheiten in Ordnung bringen kann. Sie selbst heilte nach ihrer Darstellung damit ihren Krebs, daher ist es nicht verwunderlich, dass die Ärzte nach dem Heilungsprozess vor einem Rätsel standen und die Akten darüber sowohl bei ihrem Hausarzt als auch im

Krankenhaus spurlos verschwunden waren. Ich möchte damit aber nicht bei schwerkranken Menschen unnötige Hoffnungen machen, dass dieses Verfahren ein Allheilmittel ist, denn auch Karma bedingte Belastungen können unter Umständen jede Art von Fortschritt blockieren. Natürlich gibt es auch Placeboeffekte und Glaubensrichtungen, die hier und da förderlich sein können, aber die galvanische Feinstofftherapie hat, zumal es einer Langzeitbehandlung bedarf, ihren eigenen Heilungserfolg, den ich bei verschiedenen Leuten und bei mir selbst feststellen konnte. Um so mehr verwundert es mich immer wieder, dass Patienten nicht davon Gebrauch machen möchten, wenn man ihnen davon erzählt. Was auch immer es sein mag, Lethargie, Gleichgültigkeit, oder nicht daran glauben wollen, dass es noch mehr gibt als Wissenschaft und Schulweisheit, wenn ein Erkrankter kein offenes Ohr für gewisse Alternativen hat, obwohl man ihn eventuell vor dem Ertrinken bewahren kann. Gleichzeitig sind jene gehemmt, wenn man sie an die transzendentale Meditation oder geistige Wahrheiten heranführen möchte. Viel wichtiger erscheint für einen großen Teil der Menschen das Medienspektakel, das Fernsehen, das Auto, der Computer (durchaus sehr nützlich), der übertriebene Sex und nicht zuletzt der Alkohol, statt nach dem Sinn des Lebens und was gibt es zwischen Himmel und Erde zu forschen. Das erstere ist bestimmt nicht schlecht und ich genieße es ja selber noch teilweise, aber es wird dem zu viel beigemessen und hemmt damit schon im Ansatz die geistige Weiterentwicklung. Wenn man sich um Wissen bemüht, bekommt man es auch und man trifft nicht zufällig auf Gleichgesinnte, die sich gegenseitig stützen und aufklären oder an Bücher herangeführt werden, wie z. B. Geborgenheit, Engel, Schützer und Helfer des Menschen und nicht zuletzt die Biografie: „Die Gesandte des Christus Gottes, seine Prophetin der Jetztzeit“.

Trotz vieler schöner und vor allem gefühlsbetonter Erlebnisse packte mich mein Freund mit Maske am Kragen und ließ nicht locker, mir von Mal zu Mal vorzugaukeln, dass gewisse Situationen besser zu erleben seien, wenn ich ihm die Hand gebe. Ich besorgte mir das Buch von Prentice Mulford: Der Unfug des Lebens und des Sterbens, um auf andere Gedanken zukommen, weil dieser amerikanischer Schriftsteller seiner Zeit voraus war. Er lebte von 1834 bis 1891 und war Zeitgenosse von R. Schumann, J. Brahms und nicht zuletzt von P. Tschaikowsky. Noch in der selben Woche war ich mit Annemarie in der Petri Kirche, um dem Weihnachtsoratorium beizuwohnen. Es war überwältigend mit den vielen Kerzen im Kirchenschiff, der erleuchtete Altar, der Chor in schönen Gewändern, Bachtrompeten, Oboen, Fagotte, Streichinstrumente, Orgel und Kesselpauken begannen mit „Jauchzet, frohlocket“. Kraftvoll und schön wurde die Musik zudem durch die gute Akustik hervorgehoben. Dabei wurde die Erinnerung in mir erweckt, wie mein Vater und seine zweite Frau vor 40 Jahren, ebenfalls in einer Kirche, dieses wundervolle Konzert besuchten und mich dazu einluden. Am nächsten Morgen spielte ich in meinem Zimmer in Remscheid einige Passagen des Oratoriums auf der Violine was meinem Vater nicht entging, wobei er erstaunt und stolz auf mich war. Und als ich mich in der Petrikirche daran erinnerte, musste ich mit den Tränen ringen und das war Nahrung für meinen labilen Zustand, der mich vergessen ließ, dass ich mir ernsthaft vorgenommen hatte, einen Schlussstrich unter meine Alkoholkarriere zu ziehen, denn nun übermannten mich meine Gefühle mit Wut und Trauer, die den Rückfall nicht mehr stoppen konnten. Ab jetzt trank ich fast jeden zweiten Abend mindestens zwei Flaschen Wein oder sechs halbe Liter Bier. Trotzdem erwachte bei mir in lichten Momenten der Wunsch zu schreiben und zu dichten und ich kommentierte in meinen Memoiren: „Die Ereignisse kommen zwar auf mich zu, aber bewältigen und in die richtigen Bahnen lenken muss ich sie selbst, sonst überrollen sie mich. Im Innersten eines jeden Menschen fangen Emotionen an zu keimen und man muss sich darüber im Klaren sein, wie man Herr der Dinge wird. Wie alles ist dies ein Lernprozess, so auch mit der Sucht. Ich muss endlich begreifen, dass ich mich nicht positiv verändern kann, wenn ich mein Gehirn betäube. Aber mir schaudert, wenn ich darüber nachdenke, wie viele gute Ratschläge ich mir in dieser Hinsicht gegeben habe und trotzdem immer wieder rückfällig wurde. Ich sehe eine Parallele zu anderen Unzulänglichkeiten bei mir, die ich hoffentlich bald in den Griff bekomme. Hier sehe ich mir den Spiegel vorgehalten, wenn ich mir erlaube Prentice Mulford zu zitieren: Eine Lüge, die eine halbe Wahrheit ist, ist aber der Lügen schlimmsten, oder ein Halbes Ja sagen, wenn wir ein Ganzes Nein meinen. Unwahrheiten vermögen nicht zu dauern. Was aus ihnen besteht muss zerfallen, damit der Geist das seinem Ziel geeignete Instrument erlange, oder es war wieder einmal eine verpatzte Inkarnation.

Ich betete weiterhin zu meinem Schöpfer, mich aus den immer wieder umklammerten Gefühlsduseleien und der damit verbundenen Hilflosigkeit zu befreien und diese

Hoffnung wurde dann auch unterstützt, was sich zum einen in meinem Gedicht und dem anschließenden Bericht widerspiegelt.

EINIGKEIT

Weit ist der Weg für Gerechtigkeit,
Weit ist der Weg zur Einigkeit,
Wann wird Missgunst und Neid einmal vergeh'n,
Wann werden die Menschen sich endlich versteh'n?

Der Nachtexpress jagt durch Wiesen und Felder,
Still liegt das weite Land.
Schemenhaft seh' ich von weitem die Wälder,
Sanft nehm' ich deine Hand.

Ich stehe nachdenklich am Fenster
Und träume von Frieden und Glück.
Das Ziel meiner Wünsche muss her sein
Und möchte nie wieder zurück!

Am Himmel da leuchten die Sterne,
Der Mond zeigt sein verklärtes Gesicht.
Sehnsucht drängt mich in weite Ferne.
Dunkle Schatten, die gibt es da nicht.

„Für sehr wichtig und erfreulich halte ich meine persönlich geistig und seelische Weiterentwicklung und ich bin mir sicher, dass ich viel Beistand aus der Himmelswelt bekomme. Dabei handelt es sich um meine erweiterten Bewusstseinszustände, die Literatur, die ich nicht zufällig in die Hände bekomme: über Körper, Geist und Seele, dem Sinn des allumfassenden Lebens, der kurzen Zwischenstation hier auf Erden und der hin und wieder überirdischen schönen Freude, die plötzlich wie aus dem Nichts meine Seele erhellt. Die Strahlen der Sonne vertreiben die Nacht, vernichten der Heuchler erschlichene Macht, heißt es so schön in der Zauberflöte, passend zur himmlischen Musik und ich weiß gar nicht mehr, wie oft ich das sinngemäß in meinen vom Alkohol betäubten Zuständen nieder gekritzelt habe. Da war trotz aller Unzulänglichkeiten immer noch ein Funken der Hoffnung und Zuversicht. Beides fängt an, in mir zu wachsen, was mit zunehmender Tendenz das Desinteresse an Suchtmitteln unterstützt. Seit dem 20.12.1999 habe ich bewusst keine alkoholischen Getränke mehr zu mir genommen und ich bitte um Schutz meiner geistigen Führer jede auch noch so ausgeklügelte Falle, die den Rückfall bedeutet, rechtzeitig zu erkennen. Aus der Notwendigkeit heraus nehme ich in seltenen Fällen Medikamente, in denen Alkohol enthalten sind, aber das kratzt mich nicht im geringsten. Die Einstellung und der entsprechende Bezug zum Alkohol ist bei mir entscheidend. Damit kann ich aber nicht ausschließen, dass es zu einem Rückfall eines „Abtrünnigen“ kommen kann, denn so wie jeder Mensch individuell verschieden veranlagt ist, so unterschiedlich zeigt sich die Alkoholkrankheit in ihrer Struktur. Es gibt nun mal x verschiedene Verhaltensweisen und Gründe, warum man Alkohol zu sich nimmt und wie man damit umgeht. Es gibt außer dem seelischen, geistigen und körperlichen Verfall eines hochgradig gefährdeten Alkoholiker (siehe nächsten Abschnitt) den stinknormalen Bürger, dem man die Sucht so gut wie gar nicht anmerkt. Erkennen kann man das erst bei jenem, wenn Herz, Kreislauf und andere Organe nicht mehr mitspielen, er dann plötzlich im Krankenhaus landet oder unter der Erde seine letzte Ruhestätte findet. Zwei passende Beispiele werde ich nun veranschaulichen: an einem Abend, als es mal wieder über mich kam, mich voll laufen zu lassen, erteilte ich diesem Begehren eine Absage. Wäre ich mal wieder in diese Falle getappt, so hielt ich mir vor Augen, würde die Leber geschädigt werden, der Magen am nächsten Tag randalieren, das Bett wäre eventuell nass und mein Selbstvertrauen hätte einen deftigen Einbruch erlitten. Nun, mehr wär‘s nicht gewesen. Am folgenden Tag würde ich geduscht und sauber meine Arbeit antreten, so, als wenn nichts sonderliches passiert wäre. Kein Mensch würde auch nur im Ansatz merken, dass irgendetwas mit mir nicht stimmt; ist nach außen hin doch alles in Ordnung!

Die andere tragische Begebenheit ist eine mehr oder weniger dramatische Variante: Eine Frau rief beim Taxistand Hamburger Straße an, ob ich hochkommen und ihr behilflich sein könne. Als ich zur angegebenen Adresse kam, musste ich relativ lange warten, bis mir geöffnet wurde, und da sah ich die Bescherung: Eine sehr ungepflegte Frau saß voll bepinkelt und hilflos auf einem dreckigen Teppich zwischen halb gefüllten Gläsern und Dosen Bier. Alles lag kreuz und quer durcheinander, das Bett nicht gemacht und die Aschenbecher voller Kippen. Sie sagte, sie müsse zum Arzt, da man sie aber in diesem Zustand unmöglich befördern konnte, bot ich ihr an, das Rezept für das nötige Medikament in der Praxis zu holen. Inzwischen war ihre Katze ausgebüxt und sie bat mich, sie vom Flur wieder zurückzubringen. Das war gar nicht so einfach, denn sie wich mir immer wieder aus. Als ich sie endlich zu fassen bekam, wurde ich mit ihren scharfen Krallen verletzt. Das war des Guten zufiel und verließ die Wohnung, nachdem ich erfuhr, dass sie auch kein Geld hatte.

Das gab mir einerseits zu denken, aber auf der anderen Seite war ich erleichtert und dankbar, dass ich durch solche Umstände nicht in der Gosse gelandet war, was eventuell hätte passieren können, wenn nicht hilfreiche Umstände dafür gesorgt hätten, immer einen Wohnsitz zu haben, obwohl ich auch manchmal kein Geld mehr für die Miete auftreiben konnte. Aber Dank meiner Großmutter wurde mir ein Rausschmiss verwehrt. Das ist nun schon lange her und kann es zu meinem Glück immer noch nicht begreifen, dass mir in den vielen Jahren der Abhängigkeit und der damit verbundenen Resignation soviel Gnade meines Schöpfers entgegengebracht wurde, dass jene Zeit aus einer anderen Perspektive betrachtet ein immenser Lernprozess war, der aber am Ende einen Reinigungsprozess bewirkte, der mich letztendlich viel weiter gebracht hat, als ich es mir je vorstellen konnte, und an ein kleines Wunder grenzt.

Der Leser wird sich nun fragen: Wann hat er denn nun endgültig sein Ziel erreicht, dauerhaft und ohne Anstrengung trocken zu bleiben? Es ist beruhigend zu wissen, dass es nur noch eine Frage der Zeit war, die mir aber länger erschien als bei einem Hürdenläufer, der mit seinen Kräften am Ende ist und fast schon aufgibt, die letzten Meter zu schaffen. Schließlich wurde ich nach einem schweren Unfall in den Bergen dazu angehalten, sowohl geistig als auch seelisch mein Leben in andere Bahnen zu lenken. Aber noch gab es Hindernisse, die ausgeräumt werden mussten und die es mir nicht leicht machten, meinem aufrichtigen Wunsch zu realisieren, trocken zu bleiben. Auf der anderen Seite aber wurde ich an geistige Wahrheiten herangeführt, die mich mehr und mehr in den Bann zogen, mein Fokus auf Dinge zu richten, die mir wahrlich wichtiger erschienen, als sentimentale Gefühlsduseleien mit Alkohol zu begießen. So schrieb ich Anfang des Jahres 2000 folgendes in meine Memoiren: „Ich habe mir noch einmal das sehr aufschlussreiche Buch: „Ich war klinisch tot Der Tod: mein schönstes Erlebnis“ von Stefan von Jankovich hervorgeholt. Ich habe es viel bewusster als beim ersten mal gelesen, empfehle es anderen Menschen und bin dankbar, dass ich mich dadurch weiterentwickeln kann. Ich denke, dass es für jedermann von enormer Bedeutung ist, sich hier und heute mit dem irdischen Tod auseinanderzusetzen. Dieses Sein auf unserer Erde ist so unbeschreiblich kurz und man selbst ist so winzig und klein, das Himmelreich hingegen so unendlich weit und schön und die Seele schwebend leicht. Wenn das ein großer Teil der Menschheit begreifen könnte, wären Kriege, Machtgelüste, Neid und Missgunst aus der Welt geschaffen und das Paradies auf Erden würde näher rücken. “

Seit drei Monaten hatte ich keine Miesen mehr auf dem Konto und das war natürlich ein Grund zum Anstoßen. Wir hatten unsere Nachbarn eingeladen und sahen dabei einen Jerry-Lewis-Film auf einer Videokassette und um die lustige Stimmung dann noch zu steigern, trank ich heimlich einen mittelgroßen Jägermeister und genoss danach fünf Halbe. Ich kommentierte das mit folgenden Bericht: „Es ist wohl hoffentlich die letzte schwierige Hürde, die ich überwinden muss, denn ich spüre, dass ich einer höheren Entwicklungsstufe noch nie so nahe gestanden habe. Allein schon durch die wundervollen Bücher „Aus dem Jenseits zurück“ und „Tagebuch von drüben“ bin ich auf eine bewusstere Ebene meines Lebens gekommen. Es gibt halt keine Zufälle und schon gar nicht, wenn einem solch wertvolle Lektüre in die Hände kommt. Das hat seinen tiefen Sinn, genau so, wie wenn ich verständnisvollen Fahrgästen davon berichte. Schon als Kleinkind ging ich davon aus, dass das irdische Leben eine Prüfung sei und das es in irgendeiner anderen Form weitergeht, wenn das irdische Dasein beendet ist. Nicht von ungefähr spiegeln sich geistige Prüfungen in Romanen, Filmen, Theaterstücken oder Opern, wie z.B. in der Zauberflöte, wider: Der Papageno darf nicht plaudern und der Tamino muss schweigen. Der eine besteht die Prüfung, der andere nicht. Jeder bekommt nach seiner entsprechend geistigen Entwicklung, was ihm zusteht. Und nicht anders ist es im Hier und Jetzt, nur den meisten Menschen ist nicht bewusst, dass dieser Reifeprozess aus mehreren Leben bemessen wird. Ebenso ist es vielen Zeitgenossen unverständlich, dass man zu einem bestimmten Zeitpunkt sein irdisches Kleid für immer ablegen muss, dass das Leben aber in einer anderen Sphäre weiterhin besteht. Darüber habe ich in diesem Buch berichtet, als meine Frau in einer einsamen Gegend ihren verstorbenen Vater als Geistwesen erkannte und dabei vor einer Katastrophe bewahrt wurde. Ähnliche Vorkommnisse sind mir aus mehreren Erlebnisberichten von verschiedenen Fahrgästen, die sich in keinster Weise begegnet waren, offenbart worden. So erzählte mir beispielsweise eine Frau, dass ihr verstorbener Mann plötzlich und unerwartet in Trachtenuniform im Wohnzimmer stand.

Die verstorbene Nachbarin von Margarethe, die ich noch

kannte, als ich bei ihr wohnte, zeigte sich für kurze Augenblicke am Fenster des Schlafzimmers und ihr verstorbener Sohn machte sich durch die plötzlich eingeschaltete Musik eines Radiowecker von alleine bemerkbar.

Ein junger Mann erzählte mir, dass sein Freund beim Segeln auf der Elbe ums Leben gekommen sei. Nach einer gewissen Zeit kuschelte er mit seiner Freundin im Schlafzimmer. Der Vorhang war ein wenig geöffnet, als an dieser Stelle der Astralkörper seines Freundes zum Vorschein kam. Seine Freundin war darüber so erschrocken, dass ihr ein Schrei entglitt. Daraufhin verschwand das Geistwesen wie in einem Nebel.

Ich beende meinen Bericht in dieser Hinsicht, obwohl ich noch vielerlei dazu schreiben könnte, mit der Begegnung eines angetrunkenen Mannes, den ich, ohne es bemerkt zu haben, aus dem Leichenschauhaus abholte. Da ich dort noch nie gewesen war, dachte ich im ersten Moment, als ich einen Mann regungslos mit einem weißen Tuch bedeckt auf der Bahre liegen sah, ich wäre in einer Krankenanstalt, aber dann erkannte ich, in welchem Gebäude ich gelandet war. In dem Moment kam der Fahrgast auf mich zu und erzählte mir während der Fahrt, er habe eines Tages seine verstorbene Mutter in der Küche angetroffen, die ihm zu verstehen gab, dass er ein gewisses Gericht nicht so, sondern anders kochen solle.

Was letztendlich Dichtung oder Wahrheit ist, kann ich nicht beurteilen, ich war ja nicht dabei, aber alles ist sicherlich nicht erfunden. Außerdem werden solche Vorkommnisse nicht nur hier, sondern auf der ganzen Welt durch Rundfunk, Presse und TV veröffentlicht.

Ich kenne noch viele andere Berichte über Verstorbene als

Indiz für die geistige Exsistenz nach dem irdischen Tod und begann mich zu fragen, ob ich bei meinem eigenen Ableben andere Menschen mit ins Kalkül ziehen würde. Damit meine ich, dass nach Aussagen mancher Utopisten und Schriftsteller gruseliger Romane angeblich Süchtige jeder Art im Jenseits sich wie eine Klette an labile Menschen hängen und nicht locker lassen, um ihre Lebensenergie abzuzapfen. (14) Demnach würde ich andere schädigen und selber nicht befreit sein von meinem asozialen Verhalten. Wie auch immer, das sind furchterregende Hypothesen, die man für möglich halten, aber nicht beweisen kann, und da ich früher oder später den Kampf gegen den Alkohol gewinnen würde, wären weitere Gedanken verschwenderische Energien gewesen. Ich war ja bereits auf einem guten Weg durch die Meditation, der Auseinandersetzung mit mir selbst und Erkenntnisse der geistigen Welt eine komplett andere Ausrichtung meines Lebensstil zu haben. Bevor es aber zur Umkehr meiner ethisch und moralischen Werte kam, musste ein nicht ungefährlicher Unfall in den Bergen die endgültige Wende bei mir beeinflusst haben. Durch die Meditation, meine geistige Weiterentwicklung und den AAs wurde dazu eine gewisse Grundlage zu einem alkoholfreien Leben geschaffen, die dann bis heute, egal, in welchen Stresssituationen ich mich befand, keine Bedürfnisse mehr in mir hervorriefen, Betäubungsmittel irgendwelcher Art einzunehmen. Der kollektive Leidensweg sowie die dadurch hervorgerufenen seelisch und körperlichen Beeinträchtigungen in der deutschen Bevölkerung nach dem Zweiten Weltkrieg sollte eigentlich eine mahnend und wegweisende Lebenseinstellung für alle Zukunft sein. Aber wenn es einem Volk wieder übermäßig gut geht und durch das Wirtschaftswunder, u.a. Technik, Fernsehen, Pornografie und andere Medienspektakel, die Kümmernisse der Vergangenheit hinter sich lässt, entsteht, ähnlich wie bei Sodom und Gomorra oder dem Untergang des römischen Reich ein Gegeneffekt, der die Menschen aufs Neue wieder in eine missliche Lage drängt, die durch die Naturgesetze hervorgerufen werden und den Ländern dieser Erde u.a. durch Epidemien, Erdbeben, Hungersnöte, Überschwemmungen perfide und paradoxen Kriege anzeigt, wie weit sich der Mensch von Ethik, Moral und den Gottesgesetzen entfernt hat.

Ich weiß nicht, was ich in einem früheren Leben angestellt habe, aber ich war gewiss kein Engel und auch in diesem Leben kein Heiliger, aber ich denke, nach aller Einsicht meiner Fehler und Untugenden habe ich durch meine veränderte Einstellung zum Leben eine gewisse Gnade erfahren dürfen und konnte, wie im Exposé beschrieben, durch mein erweitertes Bewusstsein ein erfüllteres Dasein erlangen.

Trotz alledem bekam ich noch einen gewaltigen Dämpfer, um über mich nachzudenken und damit eine komplette Wende meines Werdegangs zu erreichen. Und dieses fast lebensgefährliche Ereignis kam auf mich zu, weil ich nicht, wie an anderer Stelle erläutert, auf meine innere Stimme, sprich, Intuition, hörte und dadurch in eine prekäre Situation hineinmanövriert wurde. Wenn jemandem vier mal vor einer drohenden Gefahr auf die Schulter geklopft wird, um auf eine Warnung zu hören, etwas zu unterlassen und man sich nicht daran hält, ist man selber Schuld, die Konsequenzen in Kauf zu nehmen.

Am 10.03.2000 schrieb ich folgendes in meine Memoiren:

„Gestern Abend, es war schon dunkel und das Geschäft ging gut, klingelte mein Freund wieder bei mir an. Ich erteilte ihm eine Abfuhr, nachdem ich ihn mit den Argumenten der Verhältnismäßigkeiten davonjagte, und wies somit den Gedanken an Alkohol von mir meilenweit ab. Ich war der Herr im Hause und nicht, wie so oft, mein Verführer. Morgen fahre ich wieder zum Skifahren nach Kirchdorf, denn meine Verletzung beim Tennisspielen am Handgelenk ist besser geworden.“ Eigentlich war das die erste Warnung, die ich verdrängte, denn ich wollte mir die Freude für erholsame Tage nicht wegnehmen lassen.

Als wir am Tag der Abreise nach Österreich auf dem Bahngleis standen und auf den ICE nach München warteten, mussten wir mit einer Viertelstunde Verspätung Vorlieb nehmen. Ich wurde etwas unruhig, dass es mit dem Anschluss nach Wörgl eng werden könne, und daher mussten wir anderweitig disponieren. In dem Moment kam über den Lautsprecher die Ansage, dass der Fernzug ganz ausfallen würde, und das war die zweite Warnung. Wir entschlossen uns aber dennoch die Reise am nächsten Tag anzutreten. Das hatte ich mir insgeheim gewünscht, denn nach den zwei schweren Zugkatastrophen in Eschede und Brühl hatte ich kein gutes Gefühl, am selben Tag weiterzufahren, zumal uns zu Ohren gekommen war, dass der ICE technische Probleme aufwies. Die dritte Warnung ließ nicht lange auf sich warten, als ein älteres Ehepaar an der Bußhaltestelle bei einer kleinen Konversation meinte, dass es doch nicht sinnvoll sei, bei dem schlechten Wetter auf die Piste zu gehen, denn der Himmel war mit dunklen Wolken behangen und es schneite ein wenig. Ich dachte nur, was die wohl meinen, schließlich bin ich nicht hier, um Däumchen zu drehen, und machte mich auf den Weg in das Hotel, weil ich den Bus verpasst hatte. Als ich vor dem Eingang stand, sah ich, wie ein Feriengast seine Skier auf sein Auto befestigte. Es war ein Sportarzt, der mich Tage zuvor in der Sauna angesprochen hatte, weil wir uns in demselben Hotel vor zwei Jahren schon einmal begegnet waren. Ich fragte ihn, wohin er fahren würde und ob ich mitkommen könne, da ich den Bus nicht rechtzeitig erreicht hätte. Er war einverstanden und wir fuhren dann nach Waidring. Dort mussten wir feststellen, dass die Gondel still stand und das bedeutete Warnung Nr. 4. Als Grund dafür wurde genannt, dass der herannahende Sturm mit Lawinengefahr es nicht zuließ, sich dort aufzuhalten, geschweige denn sich auf anderweitige Experimente einzulassen. Wir fuhren deshalb nach St. Johann und ich erzählte ihm während der Fahrt, dass ich noch leichte Beschwerden im Handgelenk hätte, um sicherzugehen, dass es keine Probleme auf dem Harschbichl gebe, zumal er ja ein Facharzt war. Er sah darin kein Hindernis, mich weiterhin sportlich zu betätigen, und deshalb begaben wir uns zur Seilbahn, mit der wir die Mittelstation erreichten. Als wir dann hinunterfuhren, verweilte ich nach ca. 500 Metern ein paar Minuten, Der Sportarzt war indes nicht mehr in meiner unmittelbaren Nähe, als ich mich wieder in Bewegung setzte, um gemeinsam die Talstation zu erreichen. Aber dazu sollte es nicht mehr kommen, denn der Himmel war dunkel und meine Sicht war allein durch die Schneebrille ziemlich schlecht und somit ein sicheres Weiterfahren nicht mehr gewährleistet. Das hatte zur Folge, dass ich an einer Stelle den Tiefschnee nicht erkennen konnte und mit entsprechender Geschwindigkeit abgebremst wurde. Wie von einem Katapult schoss ich aus den Bindungen auf die rechte Schulter in den Tiefschnee, der alles andere als einem Polster glich, denn im Moment des Aufpralls durchfuhr mich ein unerhört starker Schmerz und ich konnte froh darüber sein, dass sich dabei die Sicherheitsbindungen geöffnet hatten, denn ich hätte zu meiner schwerwiegenden Verletzung, wie sich später herausstelle, durchaus querschnittsgelähmt werden können. Zunächst aber hoffte ich, dass es nur eine starke Prellung war, aber als ich mich mit der linken Hand abstützte, um aufzustehen, bemerkte ich, dass der rechte Arm ausgekugelt war. Der Arzt sah zu mir herüber und ich gab ihm mit dem linken Skistock, den ich hin und her bewegte, zu verstehen, dass ich dringend Hilfe benötigte. Als er bei mir angekommen war, bestätigte er meine Vermutung mit einem kurzen, aber zutreffenden Satz: „es sieht nicht gut aus!“

Zwei Holländer, die vorbeikamen, fuhren auf direktem Wege zur Bodenstation, um die Bergwacht zu informieren. Die kam relativ schnell und man legte mich in einen Schlitten, der mit einer Decke zugebunden wurde. Während mich vorne und hinten zwei Unfallretter mit Skiern ins Tal fuhren, hatte ich wahnsinnige Schmerzen. Unten angekommen, half man mir in einen VW-Transporter, der mich in das Bezirkskrankenhaus St. Johann brachte. Dort hatte ich nur einen Wunsch: eine Betäubungsspritze. Das war auch vorläufig das letzte, woran ich mich erinnern konnte, denn ich bekam eine Morphin-Injektion, hörte dann nur von Ferne, wie einer des Teams sagte: „Nun geht es doch“, wobei mir einer der Ärzte den Arm wieder einrenken konnte. Natürlich hatte ich die Helfer gebeten, meine Frau im Hotel davon in Kenntnis zu setzen, die verständlicherweise erschrocken war und mich umgehend im Krankenhaus besuchte, um zu sehen, wie es mir inzwischen erging. Eine sinnvolle Kommunikation kam aber aufgrund meines benommenen Zustand nicht richtig zustande, aber als ich am nächsten Tag einigermaßen zu Besinnung kam, fühlte ich mich etwas besser, denn nun war der Arm in einer Schulterbandage reponiert. Das Krankenhaus, in dem ich zum Zwecke der Beobachtung noch eine Nacht verweilte, war freundlich ausgestattet, ob es die hellen Pastellfarben an den Wänden, die guten Ärzte und Krankenschwestern, das Essen oder die komfortablen Zweibettzimmer inkl. Fernsehen und Toiletten waren, alles war geschmackvoll aufeinander abgestimmt.

Der ADAC organisierte dann unsere Heimfahrt, weil ich entsprechend mit plus versichert war, wobei uns die Leitung des Hotels kostenmäßig entgegenkam, und wir fuhren am Abend mit dem Taxi zum Hbf. München. Wir brauchten am Schalter nur unsere reservierten Fahrkarten für den Nachtzug abzuholen und konnten bequem im Schlafwagen mit Dusche und WC nach Hamburg fahren. Von dort aus fuhren wir mit dem Taxi nach Hause, welches wir verauslagen mussten, aber vom ADAC erstattet bekamen. Am Taxistand traf ich auf einen mir bekannten netten Kollegen, der mir, am Ziel angekommen, beim Koffer tragen half.

Mein erster Weg ging zu einem hervorragenden Unfallarzt, der seinen Hippokrates-Eid ernst nahm und sowohl menschlich als auch medizinisch bei seinen Patienten sehr beliebt war. Er überwies mich zu einer radiologischen Gemeinschaftspraxis, in der eine Kernspintomografie durchgeführt wurde. Die Diagnose war alles andere als aufmunternd, denn jetzt wurde in der Zusammenfassung der Grund meiner starken Schmerzen deutlich gemacht: Mehrfachfragment-Impressionsfraktur ventral am Tuberculum majus humeri, Riss der Supraspinatussehne mit Abplattung der Knorpellippe.

Und wer wartete und lauerte nur darauf, durch dieses Alibi rückfällig zu werden?! Natürlich mein Freund Alkohol. Aber ich war in dieser Hinsicht noch nie so stabil obwohl ich eine ungeheure Feuerprobe bestehen musste, denn die Schmerzmittel, vor allen Dingen das nicht ungefährliche und auch süchtig machende Tramadol, hätten eine Rückkehr in die Drogenwelt bedeuten können. Und diese Tatsache lag nahe, denn was tut man nicht alles, um schmerzlos zu sein, selbst auf die Gefahr hin, sich wieder im Bann der Sucht zu befinden. Das Tramadol hydrochlorid machte mich einerseits benommen und andererseits putschte es mich auf, sodass ich manche Nacht nicht richtig schlafen konnte. Ich geisterte durch die Wohnung, während ich mit Juckreiz geplagt wurde. Hin und wieder dachte ich dabei an meinen Freund mit Maske, der niemals locker lässt, einen Abhängigen zu verführen, und hatte diesem getrotzt, weil ich mir immer wieder die Vor- und Nachteile vor Augen hielt: eine schöne Stunde Gefühlsduselei, zwanzig Jahre Schweinerei! Nicht jedem Süchtigen wird dieses Argument helfen, wieder auf die Beine zu kommen, aber es lohnt sich, darüber nachzudenken. Es gibt sowieso nicht, wie auch in anderen Lebensbereichen, eine Patentlösung für Probleme aller Art. Bei mir vollzieht sich der Rückfall im Hinterkopf, der durch irgendwelche Emotionen bewusst oder unbewusst ausgelöst wird. Hier sehe ich bei mir das psychische Problem, wobei es durchaus auch Menschen gibt, die physisch so durch Alkohol in die Abhängigkeit gekommen sind, dass ihnen im Notfall jegliche Art von Sprit, ob Schnapspraline, entsprechende Medikamente oder sogar Rasierwasser, willkommen sind, um ihre Sucht zu befriedigen. Man kann niemals einen Menschen, ob suchtkrank oder nicht, über einen Kamm scheren. Die Verhaltensweisen auf Geschehnisse und Gefühle sind mannigfach verschieden und in meinem Fall, da bin ich mir gegenüber ehrlich, sonst hätte ich keine Chance trocken zu werden, wusste ich schon bei der Entgegennahme von gewissen Schmerzmitteln, dass damit auch wieder die Sucht mit einbezogen wird. Das ist eine zweischneidige Angelegenheit und es ist in dieser Hinsicht schwer, eine Lösung aus dieser Zwickmühle zu finden. Was macht z.B. ein verdurstender Alkoholiker, der keine andere Wahl hat, ein Bier zu trinken, weil weit und breit keine andere Flüssigkeit zu haben ist, oder ein hungernder Vegetarier, der außer einem Stück Fleisch nichts anderes zu essen bekommen kann. Das ist natürlich bloße Theorie, aber es gab und gibt ähnliche Situationen im Leben nach dem Motto „friss oder stirb“, in denen man sich für das geringere Übel entscheiden muss. Heute könnte ich allerdings von einem auf den anderen Tag mit jeglicher Art von Medikamenten ein Ende machen, wenn dadurch das Leiden mit den Schmerzen beendet wird.

Nach meinem Unfall war ich vier Monate trocken und glaubte, über den Berg zu sein, aber durch eine Fehleinschätzung meinerseits wieder fest im Sattel zu sitzen, rasselte ich nochmal in eine Falle meines Verführers. Anfang Juli kam ich von der Badeanstalt und hatte großen Durst, was einer Einladung meines Freundes mit Maske gleich kam, denn nachdem mir an der Tankstelle keine Getränke, weil zu süß oder ohne Geschmack, zusagten, kaufte ich zwei Dosen Alsterwasser, die, so meinte ich, mir nichts anhaben würden, aber weit gefehlt, denn es war die Einladung für den klassischen Rückfall und der ließ nicht lange auf sich warten.

Im August halfen mir zwei Camper, mein Vorzelt aufzubauen, und ich holte danach einen Kasten Bier, um mich zu bedanken. Man setzte sich zusammen, um bei sommerlichen Temperaturen „einen zu heben“. Dagegen anzukämpfen, nicht mit zutrinken, war in dem Moment aussichtslos, zumal ich nach den zwei Flaschen Alsterwasser umgekippt war. Dadurch befand ich mich in einem schlechten seelischen Zustand und war entmutigt, denn ich hatte mich in die von mir kürzlich beschriebene Situation hineinmanövriert: eine Stunde Gefühlsduselei, zwanzig Jahre Schweinerei. Zudem war meine Frau wegen unerledigter Dinge zu Hause geblieben und ich nutzte die Gelegenheit, unbeobachtet meinem alten Trieb nachzukommen. Wie würde es mir jetzt nach längerer Abstinenz gelingen, wieder von vorn anzufangen, auf das galoppierende Pferd zu springen, um dann im Sattel zu bleiben? Hatte ich mich mit der Cognac-Bohne selbst betrogen oder war das Alsterwasser der Auslöser für meinen Rückfall? Beschämt stellte ich fest, dass ich wieder trank und erinnerte mich dabei an den Satz in Jack Londons Biografie König Alkohol: „Trotz der Überanstrengung meines Hirns würde der Gedanke an Trinken nie gekommen sein, hätte ich früher nicht schon getrunken und wäre ich nicht so lange an den Alkohol gewöhnt gewesen, so wäre das Verlangen jetzt nicht in mir erwacht.“

Zu meiner persönlichen Niederlage gab es furchtbare Ereignisse, welche unabwendbar waren, und ich vermerkte diese in einem Erlebnisbericht: „In diesem Saturn-Jahr ereignen sich tatsächlich schlimme Dinge. Heute kam die Mitteilung, dass der russische Fernsehturm in Brand geraten ist. Das russische Atom U-Boot Gorsk ist durch eine gewaltige Explosion, man nimmt an. dass es ein Torpedo war, gesunken und hat 118 Marine-Soldaten begraben. Das russische Militär hat international viel zu spät Hilfe angefordert, weil man es verschleiern wollte. Selbst hatte man nicht die Möglichkeit, die eigenen Seeleute zu retten, wegen zu schlechter Ausrüstung und entsprechender Wetterverhältnisse. Am Sonnabend passierte die Katastrophe und erst am Montag bekam die Welt Mitteilung dieses furchtbaren Unglücks. Trotzdem gab man sich auf russischer Seite optimistisch, da man zu diesem Zeitpunkt noch Klopfgeräusche vernahm. Der neue Präsident Putin wird daran noch zu knabbern haben.“

Und der schlimmen Nachrichten nicht genug, war vor einigen Wochen das legendäre Überschallflugzeug Concorde durch ein Feuer im Tank aus der Kontrolle gekommen und gegen ein Hotel gestürzt. Alle Insassen fanden den Tod, darunter 87 Deutsche, die eine Schiffsreise ab New York gebucht hatten. Es gab noch weitere schlimme Unglücke, wovon ich aber nur noch eines erwähnen möchte, um nicht halbwegs die Presse zu ersetzen, was nicht dem Sinn dieses Buches entsprechen würde. Ein Bus mit Ferienkindern wurde am Oberdeck durch einen Sattelschlepper, der im Baustellenbereich statt 60 km/h 80 km/h fuhr, regelrecht aufgeschlitzt und dabei gab es Tote und Schwerverletzte. So schlimm diese Vorfälle auch sind, vertrete ich weiterhin die Meinung, dass es Zufälle nicht gibt und dabei jeder

Mensch zu einer gewissen Zeit am entsprechenden Ort jene Dinge erleben muss, welche in seinem geistigen Lebensbuch unwiderruflich festgelegt sind. Auch mein wahrlich nicht einfacher Lebensweg hatte von vornherein seine Bestimmung, man kann auch sagen, Vorsehung des Lebens, um durch die Hindernisse und schwierigen, manchmal gefährlichen Ereignisse meinen notwendigen Ausgleich zu schaffen, wodurch mir die große Chance gegeben wurde, mich weiterhin positiv zu entwickeln. Eine von unserem Schöpfer gegebene Gnade, die mehr wert ist als alles Gut und Geld im diesseitigen Leben. In dem letzten Kapitel dieses Buches wird diese Tatsache offenbart und ich hoffe damit so manchen Erdenbewohner zum Nachdenken anzuregen, um ihm die Schöpfung bewusster zu machen, damit er den Sinn des Lebens deutlicher erkennen kann.

Daher bin ich überzeugt, dass meine Inkarnation wie bei allen Menschenseelen nach vielen bitteren Erfahrungen für nichts anderes vorgesehen war und ist, um durch meine Untugenden und Fehler, die, so glaube ich, durch Einsicht und Reue getilgt werden, einen weiteren Schritt der Erkenntnis zur Weiterentwicklung gemacht zu haben. Diese Entwicklung vollzieht sich aber nicht von heute auf morgen und braucht seine Zeit. Es erinnert mich an die Jahre, als sich mein Freund mit Maske heimlich und unbemerkt bei mir einschlich und dieser Parasit mich zwar nicht, wie in der Oper die Zauberflöte gesungen wird, „Tod und Verzweiflung war sein Lohn“, in den Abgrund befördert hat, aber immerhin viel Kummer und Leid über mich brachte.

Das klingt fast so, als wäre nun alles ausgestanden gewesen und das befreiende Finale das Ende meiner Berichterstattung. Aber bis zur meiner endgültigen Abstinenz, das kann ich schon mal vorwegnehmen, brauchte ich nicht mehr all zu lange und war mir wiederum nicht im Klaren, weshalb plötzlich und unverhofft mein Freund mit Maske keine Anstalten mehr machte, mich zu verführen. Ein letztes Mal aber zog er seine Trumpfkarte, mit der mir zu verstehen gab, dass ich ihn nicht loswerden würde, weil er immer so treu und unnachgiebig in den vielen Jahren gewesen sei, und es machte den Anschein, als wenn er Recht behalten würde, wenn man durch den anschließenden Kommentar erfährt, dass meine Seele noch immer nicht stark genug war, den Verführungen meines Freundes standzuhalten.

Ich war zwar nicht mehr so deprimiert wie am 28.08., aber auch nicht in bester Verfassung, weil mein Rückfall einen erheblicher Absturz bedeutete, von dem ich mich weder seelisch noch körperlich erholt hatte. Bis Mitte Oktober hatte ich fast jeden Abend Alkohol zu mir genommen. Nach Feierabend kaufte ich mir an der Tankstelle ein paar Dosen Bier und einen 0,1-Liter-Jägermeister, den ich auf den Weg von der Garage nach Hause alle machte, damit die betäubende Wirkung eine gute Grundlage hatte. Um das Ganze abzumildern, versprach ich meiner Frau, zwei Wochen abstinent zu bleiben, nicht nur, weil Annemarie mit meiner alten Manier unzufrieden war, sondern weil ich mir selbst einen Anstoß geben musste, um wieder in die Nüchternheit zu geraten. Immerhin konnte ich mein Abkommen mit meiner Frau, vierzehn Tage auf Alkohol zu verzichten, einhalten.

Nun war diese Zeit verstrichen und es rumorte in meinem Hinterkopf, weil ich in der Nähe von zu Hause war und einen guten geschäftlichen Tag hinter mir hatte. Es war dunkel und ich stand am Taxiposten Ohlsdorf, als mein innerer Kampf begann. Und plötzlich sagte eine innere Stimme zu mir: „Wir passen auf und schützen dich.“ Dieses geistig tröstende Empfinden vernahm ich schon als kleiner Junge im Kinderheim, als ich im Waschraum auf einer Pritsche die Mittagsruhe verbringen musste und bitterlich weinte. Und dieser Schutzengel bewahrte mich vor einem Rückfall und vertrieb den geistigen Parasit, der sich an mich hängt wie eine Klette, wenn er auch nur die geringste Chance erkennt, mich rückfällig werden zulassen. In einem Abendgebet dankte ich meinem himmlischen Beschützer und war danach sehr erleichtert. Ich ignorierte dessen Dasein zwar nicht, konnte mir aber im Moment nicht vorstellen, wie ich aus der Umklammerung jenes Parasiten herauskommen sollte. Dann aß ich meine belegten Brote, trank schwarzen Tee dazu, welchen ich jeden Tag mitnahm, und die Fessel der Sucht löste sich zunehmend. Ich konnte es kaum fassen einen geistigen Kampf mit eigener Seele zu erfahren, der zum Sieg des Guten wurde.

Es kommt wohl auch nicht von ungefähr, dass ich ein paar Tage zuvor das empfehlenswerte Buch „Heile dich selbst“ gelesen hatte. (15) Dieses gab mir nämlich einen innerlichen Kraftschub. Ich wachte eines Nachts gegen 03:00 Uhr mit erheblichen Darmbeschwerden auf und sah mich schon bei einer Spiegelung im Krankenhaus. In dem Moment erinnerte ich mich an jenes Buch und fing an dieses zu lesen und von Seite zu Seite wurde mir wohler. Ob es der Glaube an seinen Inhalt des Verfassers oder ein Placeboeffekt war, konnte mir egal sein; Tatsache war, dass es mir besser ging und ich mich am Morgen entsprechend gut fühlte, sodass ich keinen Anlass mehr sah, mich in ärztliche Behandlung zu begeben. Mit der Erkenntnis dieses Buches ging es bei mir sowohl physisch, als auch psychisch bergauf. Der Stoff dieses hervorragenden Autoren, der absichtlich anonym bleiben wollte, könnte der Menschheit Friede, Harmonie und Glück verschaffen, wäre sie nicht so engstirnig zu begreifen, dass es außer dem Diesseits auch noch ein Jenseits gibt und für sie hier nur ein winziger Abschnitt eines Reifeprozesses existiert. Natürlich befindet sich von den tausend Trillionen und mehr Seelen jede in einer unterschiedlichen Entwicklungsstufe, sodass nicht von jedermann zu erwarten ist, ein spezifisches Wissen des Sein oder Nichtsein und den Sinn des Lebens zu haben.

Als ich ein Kind war, wäre ich beinahe von einem Auto überrollt worden und sah dabei in die erschrockenen Gesichter der anwesenden Leute. Wieder einmal, wie so oft in meinem Leben, war mein Schutzengel zur Stelle und bewahrte mich vor einem eventuellen folgenschweren Unglück.

Als ich mich vom ersten Schreck erholt hatte, dachte ich an folgendes: Wenn du nun tot gefahren worden wärest, dann würde ich in irgendeiner anderen Form weiterleben und alles mitbekommen, was am Ort des Geschehens stattfindet. Wie sollte ich als fünf -bis sechsjähriges Kind so etwas in Erwägung ziehen? Ich kann daraus nur folgern, dieses Wissen aus einem anderen Leben bekommen zu haben. Wem das immer noch suspekt ist, dem kann ich das Buch von Ian Stevenson, „Reinkarnation – Der Mensch im Wandel von Tod und Wiedergeburt“, empfehlen, in dem 20 überzeugende und vor allem wissenschaftlich bewiesene Fälle offenbart werden.

Ich fuhr an einem späten Abend einen betagten Herrn zum Krankenhaus Ochsenzoll, weil der zuständige Arzt ihn bat, seine schwerkranke Frau aufzusuchen. Was das letztlich bedeutet, bedarf keiner weiteren Erklärung, aber ich versuchte ihn vorsichtig zu trösten, indem ich ihm erklärte, dass, wenn hier ein geliebter Mensch von uns geht, man diesen in einer anderen Sphäre begegnet. Ich empfahl ihm das Buch „Heile dich selbst", dann würde er sich wahrscheinlich erleichtert fühlen. Sein Gesicht erhellte sich ein wenig und der erste Schmerz schien gelindert zu sein. Wie dem auch sei; es ist für mich eine Erfüllung, Menschen in irgendeiner Weise aufzubauen, die bedrückt und kummervoll sind.

Abschließend möchte ich noch einmal auf die hinterlistige Tücke der Sucht eingehen. Jack London bemerkte in seiner Biografie, dass er zwar nicht abhängig sei, dafür aber zu sehr an Alkohol gewöhnt war, was letztlich auf das selbe hinausläuft. Alkoholabhängigkeit als Krankheit war damals nicht nur unbekannt, sondern war eher unter der Rubrik Labilität oder Charakterschwäche einzuordnen. Man war eben ein Mensch niedriger Klasse, wenn man saufen musste. Man findet nach wie vor immer einen Grund zu trinken, wenn man den Punkt erreicht, wo ein gewisser psychischer Zwang dahintersteht. Und das war bei mir nicht anders als bei Jack London, wenn er schreibt, dass er in keiner Situation das Verlangen nach Whisky oder Bier gehabt hätte, wäre da nicht die jahrelange Gewöhnung gewesen. Dazu kommentierte ich lakonisch: „Als wenn ein böser Geist meine positive Entwicklung stoppen will, umklammert mich mal wieder mein Freund mit Maske. Ich will und muss mich unbedingt von ihm befreien, was er tunlichst verhindern will, denn am 11.12.2000 bildete ich mir ein, einen plausiblen Grund zu haben, wieder einmal tiefer in das Glas zu schauen. Ich holte mir an der Tankstelle sechs Halbe Budweiser und von der Garage zur Wohnung haute ich mir dazu einen mittelgroßen Jägermeister in die Figur. Aber seit einer Woche bin ich wieder trocken und hoffe, dass ich im nächsten Bericht frohlocken kann. Ich glaube, dass der Anfang, meinen inneren Schweinehund zu besiegen, gemacht ist, denn vor ein paar Tagen ließ ein älteres Mütterchen ihre Handtasche ohne Adresse, aber mit einem Portemonnaie, in dem sich 40.- DM befanden, bei mir liegen. Nachdem ich das Buch „Heile dich selbst" gelesen hatte, würde es mir nicht gut gehen, das Geld zu behalten. Ich werde versuchen ihr alles zurückzugeben." Ich konnte ihre Anschrift ausfindig machen und freute mich, einer wenig betuchten Dame etwas helfen zu können.

Das Konzert der Hamburger Amateur-Orchestergemeinschaft mit Werken von R. Schumann, die e-dur Ouvertüre, das Klarinettenkonzert f-moll von Carl Maria v. Weber, das Siegfried-Idyll von R. Wagner und zuletzt die erste Sinfonie von L.v. Beethoven waren wie eine Einweihungsfeier für meinen endgültigen Abschied von meinem Freund mit Maske. So klammheimlich, wie er gekommen war, so verschwand er wieder, als hätte es ihn nie gegeben. Seit dem 15.12.2000 hatte ich daher auch kein Verlangen mehr, irgendwelche alkoholischen Getränke zu mir zu nehmen.

Wir bekamen eine Zusage der Schiffszimmerer-Genossenschaft, dass eine im Bau befindliche Wohnung für uns reserviert wäre. Daraufhin sagte ich ironisch zu meinem Liebling, wir könnten ja schon mal die Sektkorken knallen lassen. Früher hätte ich das auch mit Sicherheit gemacht und die Freude hätte einen Dämpfer bekommen. So aber konnte ich feststellen, dass mein wachsendes Bewusstsein darüber erhaben war. Auch andere Anfeindungen konnten mich nicht mehr aus dem Gleichgewicht bringen und ich blieb charakterlich gefestigt, sodass ich bis heute keinen Kampf mehr ausstehen muss, um eventuell doch oder nicht einen bechern zu gehen, den ich jahrzehntelang geführt hatte.

Zum Schluss möchte ich anmerken, dass es für Probleme zwar Richtlinien und Erfahrungswerte gibt, aber niemals eine Patentlösung, weil das Leben viel zu komplex ist. Vor mancher Situation steht die Verhältnismäßigkeit, die abgewogen werden muss, um herauszufinden, was das geringere Übel oder die bessere Lösung sein kann.

Wenn ich nun frohen Mutes hinter fast zwanzig Jahren Trockenheit blicke, so habe ich dies verschiedenen Varianten zu verdanken und werde mich nicht festlegen, dass das eine oder andere Vorgehen ein Garant für meine Trockenheit war. Aber ich denke, dass allem voran der niemals aufgegebene Wille mit Unterstützung der Himmelswelt und den Gebeten zu Jesus Christus, mich positiv zu verändern, ein entscheidender Faktor war, der mich langsam, aber sicher zu dem formte, was heute aus mir geworden ist. Auch die anonymen Alkoholiker sind ein wichtiger Bestandteil, um mit deren Gemeinsamkeit und Präambel wieder zu sich zu finden: „Gott gebe mir die Gelassenheit, Dinge hinzunehmen, die ich nicht ändern kann, den Mut, Dinge zu ändern, die ich ändern kann und die Weisheit, das eine vom anderen zu unterscheiden."

Dass mir die transzendentale Meditation in vielerlei Hinsicht geholfen hat, brauche ich nicht weiter zu erwähnen, weil jene in einem Kapitel dieses Buches offenbart wird. Wenn sich diese Technik eines Tages in der ganzen Welt durchsetzt und damit eine bessere Schwingung auf der Erde hervorruft, könnten Stress, Grundlage allen Übels, Krankheit, Krieg und vieles mehr, ausgeglichen und wahrscheinlich beendet werden.

Einige Jahre später ging ich bei einem sternenklaren Nachthimmel auf unserem Campingplatz spazieren und war wieder einmal mehr von dem scheinbar unveränderlichen Fixsternhimmels fasziniert. Im Hintergrund hörte ich irgendwelche Leute feiern, die durch den Alkohol in gehobener Stimmung waren. Früher hätte mich das angeregt, mir ebenfalls ein paar Biere einzuverleiben. Aber jetzt war es mir egal, wo und warum mehr oder weniger getrunken wird, und ich machte mich auf den Weg zu unserem Wohnwagen. Ich holte mein Fernglas und setzte mich umrankt von unserer Hecke auf einen bequemen Stuhl, sah hinauf zu einem Teil unserer Milchstraße und staunte über das Himmelsgeschehen, das einem Wunder gleicht. Ich sah durch mein gutes Glas wesentlich mehr Sterne als mit bloßem Auge, dazu die Plejaden, das Sternbild Orion und all zu deutlich für jedermann zu erkennen den Wagen bzw. den großen Bär und nicht zuletzt die unserer Erde am naheliegendsten Galaxie, den Andromedanebel, der 2. 5 Millionen Lichtjahre von uns entfernt ist. Unfassbar ist die Tatsache, dass unsere Milchstraße einen Durchmesser von 100.000 Lichtjahren hat und Wissenschaftler berechnet haben, dass dort schätzungsweise 100 bis 200 Milliarden Sterne existieren. Die Lichtgeschwindigkeit entspricht etwa 300.000 Kilometern pro Sekunde und es ist für uns undenkbar, in dieser Zeit 7,5 mal unseren Planeten zu umkreisen Mit diesen beeindruckenden Zahlen und dem Panorama der Unendlichkeit entstand mein Gedicht:

Der Mensch

Der Mensch meint allzu menschlich,
Eingeschränkt in seinen Möglichkeiten,
Weil er die Geist Gesetzte gar nicht kennt,
Sich auch im Weltall auszuweiten.
Und glaubt im Jahre 003, das sind nur 1000 Jahre,
Ist er am Orion vorbei.

Nur muss er sich dann eingestehen,
Er könnt‘ noch sehr viel weiterfliegen!
Hat aber immer noch nicht Gott gesehen,
Denn der ist überall und nirgendwo zu finden.

Doch, wenn man in seine Seele schaut
Und sich zur Ruhe bringt
Und lauscht der Stille der Natur,
Dann spürt man, wie das Sternen Firmament erklingt.

Dann ist man nirgendwo und überall,
Und spürt des Allerhöchsten Kraft,
Man fühlt sich demütig und klein,
Und weiß, das hat nur Gott vollbracht.

Am frühen Morgen, meine Frau schlief noch, schlich ich mich auf leisen Sohlen davon, um den Sonnenaufgang zu erleben. Noch bevor die Sonne durch die Drehung der Erde „langsam“ (1670 km/h) als dunkelroter, majestätischer Stern, der ca. 150.000.000 Millionen Kilometer von unserem Planeten entfernt ist und dieser ca. 1,3 Millionen mal in diesen Feuerball aus Helium und Wasserstoff passen würde, sich am Horizont zu erkennen gab, zeigte sich der Himmel über der Ostsee in rötlich gelbem Licht, welches sich im Meer widerspiegelte. Es ist faszinierend, diesem graziösen Schauspiel beizuwohnen und erinnerte mich dabei an den Prolog im Himmel in Goethes Faust:

Die Sonne tönt nach alter Weise
In Brudersphären Wettgesang,
Und ihre vorgeschriebene Reise
Vollendet sie mit Donnergang.

Ihr Anblick gibt den Engeln Stärke,
Wenn keiner sie ergründen mag:
Die unbegreiflich hohen Werke
Sind herrlich wie am ersten Tag.

Dabei hörte ich im Geiste den wunderschönen 3. Satz aus der schottischen Sinfonie von Felix Mendelssohn Bartholdy. Dieser Zustand erweckte in mir eine Stimmung der Zeitlosigkeit, Demut und Harmonie und wünsche jeder Menschenseele, in so einen Zustand zu kommen, damit das Bewusstsein auf unserem Planeten angehoben wird und dadurch unsere Mutter Erde eine Chance bekommt, die von unserem Schöpfer geschaffene Natur zu erhalten.

NACHWORT

Es wäre für mich nicht denkbar gewesen, dieses Buch zu schreiben, wenn ich nicht die Unterstützung in erster Linie durch meine Frau, die in all den vielen Jahren, trotz meines Trinkens und den hin und wieder unüberlegten Verhaltensweisen, die gravierende Nachteile hinter sich zogen, unumstößlich bis heute zu mir gehalten hat und sowohl in trüben als auch in lichten Zeiten mir mit Rat und Tat zur Seite stand.

Zudem danke ich unserem Freund Heinz, der unserer Meditationsgruppe beiwohnt, für die Grundkenntnisse im Computerschreiben.

Auch den Mitarbeitern vom Fachgeschäft HÖRCOMFORT habe ich eine Menge zu verdanken, wenn hin und wieder Fragen in der Computer-Technik auftauchten. Sie waren jederzeit bereit, um mir weiterzuhelfen.

Zum Ende meines autobiografischen Romans möchte ich klarstellen, dass die dargestellten Erlebnisse zwar wahrheitsgetreu sind, aber die Namen von Personen und teilweise das Geschehen an betreffenden Orten geändert wurden, um eine Identifizierung mit jenen auszuschließen.

Es ist mir zudem eine große Ehre, dass ich von meinem Schöpfer ausgewählt wurde, über Dinge zu berichten, die dazu beitragen können, in angemessener Form dem ein oder anderen eine Hilfe zu geben und dabei einiges zu bedenken, was seinem geistigen Aufstieg zum Nutzen sein kann.

Hendrik Jens Jentges

QUELLENNACHWEISE

(1) „Die blaue Insel“ eröffnet einen Blick des Lebens im Jenseits, ob und in welcher Form ein geistiges Weiterleben nach dem irdischen Tod nur Fantasien sind oder durch glaubwürdige Indizien belegt werden können. Dieses Büchlein ist Menschen zu empfehlen, die so etwas nicht wahrhaben wollen, aber durch den Tod des Schriftstellers W. T. Stead beim Untergang des Luxusliners Titanic eines Besseren belehrt werden.

(2) Die Abenteuer eines **Spielerfinders**

www. DAS - QUIZSPIEL. de

Die Abenteuer eines Spieleautors

Seite 1

Während eines Skatspiels sinnierte ich über den König in meiner Hand und dachte dabei, daß es doch drei Könige mit demselben Vornamen geben und daraus ein Spiel entstehen könne.
Ich tönte das lauthals heraus, und trotzdem ich wegen dieser Idee belächelt wurde, wälzte ich Bücher und Lexika, denn die Anfangsschwierigkeit lag darin, erst einmal 75 Berühmtheiten zu finden, bei denen drei jeweils denselben Vornamen haben mußten
Hierfür brauchte ich viele Wochen, genauer gesagt Monate.
Als ich diese mühsam herausgefunden hatte, nahm ich mir die entsprechenden Biographien vor.
Nicht alle, die ich ausgesucht hatte, waren leicht zu bekommen und auch nicht der Weisheit letzter Schluß. Es wurden neue "Größen" gesucht und andere dagegen ausgetauscht.
Hans Moser z.B. bekam ich nur über ein Antiquariat in Wien.
Hildegard Burjan, geb. 1883, Österreichische Politikerin und Begründerin der Bahnhofsmission, ausgesucht wegen der Gleichheit ihres Vornamens mit Hildegard von Bingen und Hildegard Knef, mußte ich erst einmal Kennenlernen (das Kennenlernen lohnt sich) und auch hier war es nicht ganz einfach ein Buch über sie zu bekommen.

Lebende Berühmtheiten habe ich um Erlaubnis gebeten.
Hieraus ergaben sich sehr schöne Dialoge. Politiker lobten meine originelle Idee.

Nachdem das Spiel "stand", fing ich nochmals an dieses graphisch darzustellen. Weil mir einige Personen immer noch nicht interessant genug erschienen, ersetzte ich diese gegen andere Berühmtheiten. Neue Biographien wurden studiert (als Taxifahrer habe ich viele Standzeiten und kann viel lesen) , einige nochmals ausgewechselt und irgendwann war der Prototyp fertig.
Meine Frau besorgte Arbeitsmaterial, wie Kartonseiten, leere Spielkarten. Sie wurden von mir beschriftet und mit Symbolen versehen.
Spielgeld wurde in Mengen kopiert.
Dann wurde ein maßgeschneiderter Karton angefertigt.

Nun ging die Arbeit aber erst richtig los.
Durch einen Leitfaden für Spieleerfinder holte ich mir Anregungen, die mich aber nicht sonderlich vorwärts brachten.
Viele Kontaktadressen der dort beinhaltenden Verlage waren nicht einmal bereit mir auf meine Bewerbung hin zu antworten.

Kein Freund, Bekannter oder Nachbar wurde verschont, alle mußten mitmachen. Wir hatten manch heitere Stunde!

Bewertungen wurden realistisch abgegeben.

Das diese richtig waren, wird durch zufriedene Kunden hin und wieder nett bestätigt.

Durch einen Taxenkollegen bekam ich rein zufällig eine große Liste von Spielefirmen, wobei eine dabei war, die mir später vorschlug, das Spiel doch selbst zu produzieren. Aber soweit war es noch nicht, denn nachdem ich mit einigen renomierten Verlagen Telefonkontakte aufgenommen hatte, schlugen mir diese vor, mich mit "sogenannten" Vertriebsleitern u. Produktmanagern termingemäß auf der Messe in Essen zu treffen. Zuvor hatte ich mir aber fast von jedem Verlag die Geheimhaltungserklärung unterschreiben lassen und eine versiegelte Urkunde meines Urheberrechtes bekam ich durch einen Notar.

Mit vollem Optimismus und großen Erwartungen fuhr ich mit meiner Frau dorthin und glaubte, ich würde ohne Probleme einen Lizenzvertrag erhalten.
Aber weit gefehlt.
Keiner, bis auf zunächst ein Verlag, der mir Hoffnung machte, wollte mein Spiel.

Enttäuscht und mit zerstörten Illusionen, fuhren wir wieder nach Hause. Dann trieb der sogenannte "Hoffnungsträger" ein böses Spiel mit mir.
Langes Hinhalten, Treffen auf der Handelsmesse, Geschenk eines eigenen Spiels und letzlich eine mündliche Zusage, daß einer Produktion nichts mehr im Wege steht,um diese mit einer Feier in einem namhaften Hotel zu begießen, war für mich glaubhaft genug, daß das Spiel durch diesen Verlag nun endlich doch heraus kommen würde.
Jäh und knallhart wurde die Freude darüber zur bitteren Pille, da mich der Chef nach einigen Tagen anrief, die Fehlentscheidung seines Mitarbeiters darlegte und mir damit eine Absage erteilte.

Noch aber gab ich nicht auf und setzte mich daraufhin mit einem Verlag in Verbindung, der mir nach Begutachtung des Prototyps schriftlich mitteilte, daß man großes Interesse an meinem Thema habe und mir bis Ende des Jahres einen definitiven Bescheid geben wollte, ob das Spiel bei demselbingen im folgenden Jahr erscheint.
Gespanntes Warten zum genannten Termin, aber nichts kam, weder ein Brief, noch ein Telefonat, noch sonst ein Zeichen.
Nach 1o Tagen im neuen Jahr die lakonische Antwort: Bis dann und dann würde ich einen Lizenzvertrag erhalten.
Nach weiteren 1o Tagen das gewohnte Verhalten.
Schweigen im Walde.
Dann nochmal eine Anfrage und nun endlich wurde mir ein Lizenzvertrag, der dem Erfinder letzlich nach Vertragsende alle Rechte an seinem Spiel nehmen würde, zugeschickt.
Auch andere merkwürdige Vertragsklauseln waren enthalten.

Seite 3

Jetzt hatte ich die Faxen dicke mit Spielverlagen.

Vorher hatten sich noch zwei Verlage interessiert gezeigt. Einer wollte die Geheimhaltungserklärung nicht unterschreiben, der Andere wollte, daß ich das grundsätzliche Spielsystem ändere.

Wie schon erwähnt, wurde ich auf einen weniger bekannten Verlag aufmerksam gemacht, der mir auf Grund seiner Erfahrung anbot, gegen ein Honorar die Produktion meines Spiel zu überwachen und dieses auf meine Kosten im Eigenverlag anfertigen zu lassen.
Wie sich später herausstellen sollte, war dies eine durch und durch solide und anständige Firma.
Nach all den vorherigen Erfahrungen erfrischend und tröstend.

Es folgten vor dieser Entscheidung viele Briefwechsel und Telefonate über das wann, wie und wo.
Es wurden Verhandlungen mit einer Kartonagenfirma und verschiedenen Grafikern geführt und so entschloß ich mich nach langem Hin und Her meine Lebensversicherung zu kündigen, um mein vielseitiges und interessantes Spiel nicht in der Schublade verstauben zu lassen.

Ein Jahr zuvor haute ich aber schon auf die Werbetrommel, indem ich etwa 5oo Menschen dazu bewegen konnte, das Spiel zu kaufen. Zudem setzte ich mich mit zwei renomierten Kultur- u. Buchverlagen in Verbindung und hatte die meiste Hoffnung bei einem Versandhaus, weil dieses die Geheimhaltungserklärung unterschrieben hatte und mich zwei Jahre glauben machte, man würde das Spiel katalogisieren.

Als dann das Spiel produziert war, wurden von fast Allen die Versprechungen nicht eingehalten.
Ich konnte aber durch die große U-Bahnwerbung mit Plakaten an 18 Geschäfte einige Spiele verkaufen.
Auch im privaten Bereich ging etwas.
Der große Durchbruch läßt bis heute auf sich warten.
Großhandelsketten , Kaufhäuser, alle in Frage kommenden Firmen behandelten mich, als käme ich aus einer anderen Welt.
Da merkte ich erst einmal, wie schwer es ein "sogenannter Nobody" hat, trotz eines außergewöhnlichen guten Produkts sein "Werk" in größerem Umfang auf den Markt zu bringen und dazu noch ironisch, fast zynisch behandelt wird.

Ich kann nur jedem New-comer tunlichst davon abraten, zu versuchen eine gute Spielidee in irgendeiner Weise vermarkten zu wollen, es sei denn, dieser Jemand hat entsprechende Beziehungen zu bekannten Verlagen oder ist Prokurist eines Großkonzerns.

(3) „Der Maharishi-Effekt“ gibt Aufschluss über den Sinn der transzendentalen Meditation, woraus hervorgeht, dass Kriege im Bewusstsein des Menschen entstehen und durch eine weltweite Meditation die entsprechende Kohärenz entstehen lässt, welche wiederum für eine positive Schwingung in der Atmosphäre sorgt und folgerichtig für mehr Frieden und Harmonie verantwortlich ist.

(4) Äußerungen berühmter Persönlichkeiten, die begründen, warum es für Gesundheit und Moral abträglich ist, verwestes Fleisch zu essen. Dazu ein Bericht meiner selbst vom 28.08.2007: „Wenn ich auf meiner Nordic Walking Tour an einer Wiese vorbeikomme, auf der mich die Kühe treu und vertrauensvoll ansehen, so schmerzt es mich innerlich, wenn ich daran denke, auf welche brutale Weise sie eines Tages abgeschlachtet werden. Deshalb bin ich seit geraumer Zeit Vegetarier geworden. Mein Entschluss wird zusätzlich durch Heinz und Annemarie, die sehr schmackhafte fleischlose Gerichte auf den Tisch bringt, unterstützt. Heinz brachte uns auf die Idee, bei Erdkorn Lebensmittel zu besorgen, und die schmecken mir so gut, dass es mir in keinster Weise schwerfällt, dem toten Fleisch gequälter Kreaturen hinterherzutrauern. Im Gegenteil: Ich ekle mich eher davor und werde wiederum in dieser Hinsicht von namhaften geistigen Größen unterstützt, wie z.B. durch den irischen Dramatiker Georg Bernhard Shaw:
„Solange die Menschen die wandelnden Gräber der von ihnen ermordeten Tiere sind, wird es Krieg geben auf dieser Erde.“

„Es denkt, der Mensch, zufrieden, froh: ich bin kein

Schlächter, blutig, roh.
Doch da der Mensch kein Wurstverächter, so trägt die Mitschuld er am Schlächter."
Eugen Roth

„Die Würde des Schweins ist unantastbar."
Reinhard Mey, Liedermacher

„Vom Tiermord zum Menschenmord ist es nur ein Schritt und damit auch von der Tierquälerei zur Menschenquälerei."
Solange es Schlachthäuser gibt, wird es auch Schlachtfelder geben!
Leo Tolstoi (1828-1910)
Krieg und Frieden Anna Karenina Macht der Finsternis Auferstehung

„Meiner Überzeugung nach wird einst die Zeit kommen, wo niemand sich wird mit Leichen ernähren wollen. Wo niemand mehr sich zum Schlächterhandwerk bereit finden wird. Wie viele unter uns gibt es schon jetzt, die niemals Fleisch essen würden, wenn sie selbst das Messer an die Kehle der betreffenden Tiere stoßen müssten!"
Bertha von Suttner Friedensnobelpreis 1905

„Das Fleisch, das wir essen, ist ein mindestens zwei bis fünf Tage alter Leichnam."
Volker Elis Pilgrim, Schriftsteller

„Wahre menschliche Kultur gibt es erst, wenn nicht nur Menschenfresserei, sondern jede Art des Fleischgenusses

als Kannibalismus gilt."
Wilhelm Busch, Humoristischer Dichter und Zeichner

„Mensch, erhebe dich nicht über die Tiere! Sie sind sündlos. Du aber mit deiner Erhabenheit befleckst die Erde."
Fjodor Mikhailovitch Dostoievski, Russischer Dichter (1821-1881)
Die Brüder Karamasow, Schuld und Sühne, Der Idiot

„Wenn der moderne Mensch die Tiere, denen er sich als Nahrung bedient, selbst töten müsste, würde die Anzahl der Pflanzenesser ins Ungemessene steigern."
Christian Morgenstern, Deutscher Dichter (1871-1914)

„Naturfreund ist Derjenige, der sich mit allem, was in der Natur lebt, innerlich verbunden weiß, an dem Schicksal der Geschöpfe teilnimmt, ihnen, so viel er kann, aus Leid und Not hilft und es nach Möglichkeit vermeidet, Leben zu schädigen oder zu vernichten.„
„Ich bin Leben, das leben will, inmitten von Leben, das leben will.„
Albert Schweitzer, Theologe, Musikforscher, Missionsarzt (1875-1965)

„Je früher unsere Jugend von sich aus jede Rohheit gegen Tiere als verwerflich anzusehen lernt, je mehr sie darauf achtet, dass aus Spiel und Umgang mit den Tieren nicht Quälerei wird, desto klarer wird auch später ihr Unterscheidungsvermögen werden, was in der Welt der Großen Recht oder Unrecht ist."
Theodor Heus Erster Präsident der BR Dtld. (1884-1963)

Der untrügliche Gradmesser für die Herzensbildung eines Volkes und eines Menschen ist, wie sie die Tiere behandelt. Berthold Auerbach, Deutscher Schriftsteller und Dichter (1812 -1882)

„Die Größe und den moralischen Fortschritt einer Nation, kann man daran messen, wie sie die Tiere behandelt."
Mahatma Gandhi, Pazifist (1869-1848)

„Kann es denn aber etwas Abscheulicheres geben, als sich beständig von Leichenfleisch zu ernähren?"
Francois de Voltaire, fr. Philosoph (1694-1778)

„Moralische Bedenken gegen Kalbsbraten? Von Seiten der Erzieher nicht – von Seiten der Jurisprudenz nicht – von Seiten der Moraltheologie nicht – von Tausend anderen moralischen Seiten nicht! Von der des Kalbes vielleicht?"
Karlheinz Deschner, Deutscher Schriftsteller (1924 -2014)

„Alles, was der Mensch den Tieren antut, kommt auf den Menschen zurück."
Pythagoras, Griechischer Philosoph und Mathematiker (582-496 v. Chr.)

„Wer gegen Tiere grausam ist, kann kein guter Mensch sein."
Arthur Schopenhauer, Deutscher Philosoph und Hochschullehrer (1788-1860)

„Sie haben soeben zu Mittag gegessen. Wie sorgfältig auch immer das Schlachthaus in einer taktvollen Entfernung von einigen oder vielen Kilometern verborgen sein mag. Sie sind mitschuldig."
R. W. Emerson Amerikanischer Schriftsteller, (1803- 1882)
Natur, Vertraue dir selbst

„Für ein kleines Stückchen Fleisch nehmen wir den Tieren die Seele sowie Sonnenlicht und Lebenszeit, wozu sie doch entstanden und von Natur aus da sind."
Plutarch, Altgriechischer Schriftsteller (etwa 45- 125),

„Wir leben vom Tode anderer. Wir sind wandelnde Grabstätten."
Leonardo da Vinci, Universalgenie Italienischer Maler und Bildhauer (1452-1519)

„Das Land wird Euch seine Früchte geben, dass ihr Euch satt essen könnt. Wer einen Ochsen schlachtet, gleicht dem, der einen Mann erschlüge."
Jesaja Schriftprophet (740 v. Chr.)

„Der hohe Fleischverbrauch kostet auch Menschenleben. Wer viel Fleisch isst, wird anfälliger für Wohlstandskrankheiten wie Herzinfarkt, Krebs oder Schlaganfall, die zu den verbreitetsten Todesursachen in den Industrieländern zählen."
Worldwatch-Institut

„Bezogen auf die Klimabelastung ergibt sich bei der

fleischhaltigen Komponente, z.B. Frikadellen, die dreizehnfache Menge an CO2-Äquivalenten gegenüber der fleischlosen Komponente, z. B. Getreidebratlingen."
Enquete Kommission des Deutschen Bundestages zum Schutz der Erdatmosphäre

„Die Beiträge der Rinderhaltung zum Treibhauseffekt sind ähnlich groß wie die des gesamten Autoverkehrs, wenn wir die Waldrodung für das Rind und für Futtermittel einbeziehen."
Ernst Ulrich v. Weizsäcker, Leiter des Wuppertal-Instituts für Klima, Umwelt und Energie (1939)

„Dieselbe Strecke Landes, welche als Wiese, d.h. Viehfutter, zehn Menschen durch das Fleisch der darauf gemästeten Tiere aus zweiter Hand ernährt, vermag mit Hirse, Erbsen, Linsen und Gerste bebaut hundert Menschen zu erhalten und zu ernähren."
Alexander von Humboldt, Deutscher Naturforscher und Entdecker Reisen nach Amerika und Asien (1769-1859)

„Nichts wird die Chance auf ein Überleben auf der Erde so steigern wie der Schritt zur vegetarischen Ernährung."
Albert Einstein (1879-1955)

„Denn, wahrlich, ich sage Euch: Der, der tötet, tötet sich selbst! Und wer vom Fleisch erschlagener Tiere isst, ist vom Körper des Todes. Aber ich sage Euch: Tötet weder Mensch noch Tier noch die Nahrung, die Euer Mund aufnimmt."
Jesus

Mitgefühl für die Tiere, Umweltbewusstsein und Erkenntnisse für das wahre Leben, gesunde Ernährung und Achtung vor der Natur sind heute nicht nur für mich eine Selbstverständlichkeit, mein irdisches Leben darauf einzurichten, sondern ich hoffe mit diesen aufrüttelnden und zum Nachdenken wiedergegebenen Aufzeichnungen einen Beitrag für ein sinnvolles Verständnis des Lebens mancher Erdenbürger erweckt zu haben.

Mit herzlichen Grüßen Ihr Autor

(5) Zur Zeit der klassischen Unterhaltungsmusik im Star-Club, Tanzlokalen und auch Kneipen ertönten Klänge, die zwar auch eine gewisse Lautstärke erzeugten, aber keine übertriebene Phonzahl hatten, daher entsprechend wohltuend und harmonisch zum Mitsingen gut anzuhören waren. Trotzdem hatten die Väter damaliger Generationen mehr oder weniger abwertende Urteile über verschiedene Gruppen und die sogenannten Pilzköpfe, den Beatles. Obwohl gepflegt und adrett gekleidet, wurden sie teilweise gleichgestellt mit wilden, undisziplinierten und verzogenen Straßenjungs. Man braucht nur den Vergleich zur der kultivierten Sendung im TV: „Der Beatclub“ und dem heute nichts sagenden, ohrenbetäubenden Krach (Hackhammer) vieler Bands zu machen, um den tatsächlichen Unterschied zu erkennen.

(6) Miteinander, statt gegeneinander zu leben, nach dem Motto Friedrich Schillers: „Alle Menschen werden Brüder, wo dein sanfter Flügel weilt“ wird wohl, so scheint es, ein lang ersehnter Traum bleiben, wenn man das Ungleichge-

wicht der heutigen Gesellschaft analysiert: die Dollarmillionäre rund um den Globus pumpen so viel Vermögen in sich hinein, sodass sie sich noch in 1000 Jahren damit auseinandersetzen würden, was man damit noch anstellen könnte. Ich kann es mir dabei nicht verkneifen, Schiller in seinem Drama die Räuber zu zitieren: „Der Mensch entsteht aus Morast und macht Morast und gärt wieder zusammen in Morast, bis er zuletzt an den Schuhsohlen seines Urenkels unflätig anklebt." Boomende Aktienmärkte, steigende Immobilienpreise, damit entsprechendes Wirtschaftswachstum ließen die Vermögen der reichsten Menschen der Welt in den letzten zwei Jahren auf Rekordsummen von 8,9 Billionen Dollar steigen. Dieses Vermögen verteilt sich auf 2.158 Männer und Frauen: Allein in Deutschland gibt es 123 Millionäre und die scheint es wenig zu interessieren, dass man gleichzeitig von 47 Millionen armen Menschen in Amerika spricht und dass über 800 Mill. Menschen auf der Erde hungern. Acht Männer besitzen mehr als 3,6 Milliarden Menschen, und nach einer Studie besitzen diese Milliardäre mehr Vermögen als die gesamte ärmere Hälfte der Weltbevölkerung. Dazu werden 7,5 Billionen in der Welt für Rüstung ausgegeben und Deutschland ist fleißig mit dabei. Dieser Zustand kann sich auf Dauer niemals halten und wird gnadenlos wie bei Sodom und Gomorra früher oder später jäh zusammenbrechen.

Laut Statistik habe ich die Daten von superreichen Millionären und andere Fakten in Erfahrung gebracht, wobei ich jedoch betonen möchte, dass solche Feststellungen veränderbar sind oder nur zu einer bestimmten Zeit ihre Gültigkeit haben. Letztlich ist es auch nicht wichtig, inwieweit

Zahlen nachhaltig bewiesen werden können, sondern dass tatsächlich ein gravierendes Ungleichgewicht sozialer Verhältnisse, dem Wohlstand und vieles mehr zwischen den Völkern dieser Erde existiert.

Zu „Das junge Theater“ und „Metro-Goldwyn-Mayer“:

DAS JUNGE THEATER

DIREKTION: FRIEDRICH SCHÜTTER · WOLFGANG BORCHERT

2000 HAMBURG 22
MUNDSBURGER DAMM 60
TELEFON: 22 44 44

Herrn
Hendrik Jens Jentges

2 Hamburg 39
Semperstr. 18

Direktion

29.3.1967/St

Sehr geehrter Herr Jentges!

Zu meinem Bedauern muß ich Ihnen mitteilen, daß ich Sie erst beschäftigen kann, wenn Sie Ihre Ausbildung hinter sich gebracht und mit Erfolg Ihre Abschlußprüfung bestanden haben. Zu dieser Ausbildung ist es nicht vonnöten, daß Sie eine Schauspielschule besuchen, Sie können sehr wohl durch Einzelunterricht bei einem qualifizierten Lehrer oder einer Lehrerin das Ziel Ihrer Ausbildung erreichen, wenn Sie sich all die anderen Fächer, die auf der Schule geboten werden, durch Selbststudium aneignen oder ebenfalls durch Einzelunterricht sich die erforderlichen Kenntnisse und das erforderliche Wissen vermitteln lassen. Talent und guter Wille allein genügen nicht immer, Herr Jentges, es gehört auch das notwendige "Handwerk" dazu, das man erlernen muß, um ein Schauspieler zu sein. Für den Beruf des Schauspielers muß man manche Opfer bringen. Sie sollten also nicht bei den ersten Opfern, die Ihnen abverlangt werden, kapitulieren, wenn Sie es mit diesem Beruf ernst meinen.

Sie schreiben, daß mancher bekannte Schauspieler ohne Studium sein Ziel erreicht hat. Das sind wirklich wenige. Um sich auf diese zu berufen, um einer Ausbildung aus gleich welchen Gründen auch immer auszuweichen, scheint mir falsch zu sein. Schauspieler zu sein heißt: Arbeit, Arbeit und nochmals Arbeit, an sich selbst und für die Rolle und für das Stück, mit Verantwortungsgefühl gegenüber dem Dichter, dem Autor und dem Publikum. Es heißt zwar "Schauspieler", aber wenn die Gestalt, die man darzustellen hat, spielerisch selbstverständlich wirkt für das Publikum, dann ist vorher sehr viel Arbeit gewesen. Das vergessen Sie bitte alles nicht, wenn Sie Schauspieler werden wollen, und vertrauen Sie sich der Führung und der Erfahrung und dem Können eines Lehrers oder einer Lehrerin an, bevor Sie glauben, die Bühne betreten zu müssen.

Mit den besten Wünschen für Sie und herzlichen Grüßen

Friedrich Schütter

(Friedrich Schütter)

Bankkonten: Wolff KG., Hamburg, Konto-Nr. 12046 · Neue Sparcasse von 1864, Konto-Nr. 15/10007 · Postscheckkonto: Hamburg 629 44

METRO-GOLDWYN-MAYER
FILMVERLEIHGESELLSCHAFT
MBH

Metro-Goldwyn-Mayer Filmverleihges. mbH., 6 Frankfurt/M., Schäfergasse 10

ZENTRALE FRANKFURT/M.
Schäfergasse 10
Telefon: 28 32 57-59
Telegr.-Adresse: Metrofilms
Fernschreiber: 041 2513
Bank: Deutsche Bank A.G. Frankfurt/Main, Nr. 213701
Postscheckkonto: Frankfurt/Main, Nr. 130758

Herrn
Hendrik Jens Jentges

2 Hamburg 39
Semperstrasse 18

6 Frankfurt/Main, den 21.6.1967
Schi/Mue

Sehr geehrter Herr Jentges!

Sicherlich werden Sie die Metro und insbesondere den Unterzeichnenden in Grund und Boden verdammt haben - das könnte ich zwar verstehen, trotzdem bitte ich um Ihr Verständnis dafür, daß ich Ihnen erst jetzt auf Ihr Schreiben vom April sowie Ihre Telefonate antworte.

Zunächst einmal reiche ich Ihnen in der Anlage das Zeugnis des Hamburger Studios nebst Ihrem Foto zurück. Ich habe mich auch noch einmal intern erkundigt, ob es für Sie die Möglichkeit einer Kontaktaufnahme mit amerikanischen Filmkreisen gebe; wie ich allerdings schon am Telefon sagte, sind die Chancen für ein solches Unterfangen äußerst minimal. Ich verweise nochmals auf das bereits erwähnte Beispiel eines meiner Freunde, der sich vor 15 Jahren bei einer kleinen und unbedeutenden Schauspieltruppe mühsam nach oben diente, nachdem er zuvor eisern Schauspielunterricht genommen hatte. (Auch seine damaligen finanziellen Verhältnisse waren alles andere als ermutigend).

Selbstverständlich gebe ich Ihnen gerne noch einmal die Metro-Adressen von London und New York, für den Fall, daß Sie noch nicht wegen David Lean geschrieben haben sollten. Die Londoner Adresse lautet: MGM Pictures Ltd.
London SW I, Metro House
58 St. James's Street

Die New York Adresse lautet: M G M
1350 Avenue of the Americas
New York 10019, NY

Oder haben Sie inzwischen vielleicht schon Erfolg gehabt? Sollte ich ganz per Zufall irgendwie von einer Möglichkeit für junge Amateure hören, werde ich Ihnen gerne Bescheid zukommen lassen. Aber ich mache Sie dringend darauf aufmerksam: das ist kein Versprechen, auf das Sie sich verlassen sollen, sondern nur eine Andeutung. Ich weiß aus Erfahrung, wie hart zerstörte Illusionen sein können. Fassen Sie alle Möglichkeiten ins Auge, die sich Ihnen persönlich in Ihrem Lebensbereich bieten. Das schließt nicht aus, daß Ihnen im Leben irgendwann einmal Hilfe von anderer Seite aus gewisse Entscheidungen erleichtern werden wird.

Mit nochmaliger Entschuldigung für die verspätete Beantwortung Ihrer damaligen Zeilen, wünsche ich Ihnen persönlich allen Erfolg und verbleibe

mit freundlichen Grüßen
Ihr
H. Schilling
Helmut Schilling
Presseabteilung

(8) Bordelle gab es schon immer in der Welt und das ist auch wichtig, da sonst zu viele Verbrechen an Frauen und sogar Kindern ausgeübt werden würden, deren es aber ohnehin noch genügend gibt, weil bei manchen Männern die zügellose Gier nach sexueller Befriedigung nicht zu bändigen ist. Die Vermarktung durch das Internet, der verschiedenen Journale und weiterer Publikationen in Puncto abgeschmacktem, gefühllosem Sex, machen die ganze Sache weniger natürlich und begeben sich daher auf ein Niveau, welches sich für die heute geldgierige und hektische Zeit angepasst hat und damit den Spiegel vorgehalten bekommt, in was für eine fatale Zukunft sich die Menschheit begibt. Natürlich wird wie zu jeder Zeit der Anstand, die Achtung vor dem anderen Geschlecht, eine gewisse Ethik und menschliche Werte in Kultur und Gesellschaft seinen Bestand behalten, da sonst, wie beispielsweise in der Walpurgisnacht in Goethes Faust, das Chaos nicht mehr aufzuhalten wäre. Der große Komponist L.v. Beethoven erinnert mich hinlänglich an einer seiner Zitate, die ich hier sinngemäß wiedergeben möchte:

„Sinnlicher Genuss ohne Vereinigung der Seelen ist und bleibt viehisch. Nach selbem hat man keine Spur einer edlen Empfindung; vielmehr Reue. “

(9) Im Jahre 1952 wurden die Science-Fiction-Horrorszenarien über fliegende Untertassen aus dem interstellaren Raum zum besorgniserregenden Ereignis, sodass man in wissenschaftlichen Kreisen diskutierte, wie man eine Gefahr der Außerirdischen abwenden könne. Die Paradoxie in diesen Behauptungen liegt u.a. darin, dass diese Wesen, da solche sehr wahrscheinlich weit aus intel-

ligenter und erfahrener in Technik und Raumfahrt sind, sich a) nicht einfangen lassen würden, wie es in manipulierten Dokumentarfilmen glaubwürdig behauptet wird und b) schon erst recht nicht eine potenzielle Gefahr für die Menschheit bringen. Eher bringt diese sich selbst um, da dieser Spezies immense Schwächen nachgesagt wird: gut und böse, paradox, exzentrisch, relativ hilflos und technisch unvollkommen etc. Der geschickte Indiz für die Realität solcher menschenähnlicher Gestalten liegt auch darin, dass man das Pentagon, US-Präsidenten und viele anerkannte Institutionen, einschließlich Koryphäen im Themenbereich Physik, Geophysik, Waffengattung, Astronomie und Astrophysik, mit einbezieht. Und solche Personen werden natürlich für glaubwürdig gehalten, wenn es denn stimmt, dass diese Akademiker jene Hypothesen unterstützen. Und ausgerechnet in der Zeit des Zweiten Weltkrieges und danach berichtete man über fliegende Untertassen, weil durch Hitlers Flugscheiben und ähnliche Projekte die Fantasie der Bevölkerung besonders angeregt wurde. Zuerst kommt der Mann im Mond und danach die grünen Marsmännchen. Und wenn das nicht mehr für glaubwürdig befunden wird, dann muss sich hinter unserer Sonne noch ein unentdeckter Planet befinden, von dem aus die Aliens unsere Erde besuchen. Dämonen, Teufel und andere furchterregende Gestalten sind bestimmt des Menschen Feind, der in seinen Vorstellungen, entsprechend seiner geistigen Entwicklung, sich solche finsteren Unholde ausmalt. Wer etwas Böses ausheckt, hat bereits solche düsteren Fabelwesen in sich und braucht sie gar nicht erst zu suchen. Umgekehrt ist es mit reinen Seelen, die von Engeln angeleitet und beschützt werden. Warum sind wohl auf

Partituren, Sonaten und anderen Werken, besonders die von Mozart, auf der Titelseite Engel aufgedruckt? Die Antwort: Geist und Gedanke manifestieren sich da wieder, wo sie sich hingezogen fühlen.

(10) Über astronomische Verhältnisse habe ich etwas in diesem Buch aufgezeichnet, aber es ist nur ein Hauch gegenüber sternkundiger Fachleute, die viel mehr über die Astronomie und dem unendlichen Kosmos studiert haben und dennoch niemals alles erfassen und begreifen werden, ähnlich wie bei Ozeanografen, die bis heute nur einen kleinen Teil der dunklen Tiefen des Pazifik und anderer Meere erforschen konnten. Wir Menschen werden trotz fortschreitender Technik nicht aller Geheimnisse der unfassbaren Schöpfung gewahr werden, können aber in Demut, Dankbarkeit und Meditation andere Ebenen des Seins erahnen. Alles, was wir mit unseren irdischen Augen und anderen Sinnesorganen erfassen können, reicht noch lange nicht aus, um zu begreifen, was Jesus sprachgewandten Pharisäern und Priestern kurz vor dem Ende seiner irdischen Mission mitzuteilen hatte:

Mein Reich ist nicht von dieser Welt

(11) Auch bezüglich Nahtoderfahrungen berichtete ich auf den Seiten 238-239 über Menschen, welche mir Erlebnisse schilderten, die auf der einen Seite fantastisch anmuten, auf der anderen Seite wiederum zum Nachdenken anregen, zumal sich diese Leute weder kannten geschweige denn unter sich Absprachen getroffen hatten.

Die Beispiele glaubwürdiger Indizien sind nur ein Bruchteil der gesamten Literatur in der Welt und langen bei weitem nicht aus, dem Leser vor Augen zu halten, dass das Bewusstsein eines Menschen ohne physische Existenz in einer anderen Form bestehen bleibt. Deswegen möchte ich nochmal auf das Buch „Geborgenheit“ von Prof. Dr. Walther Hinz und zusätzlich auf den Titel des Werks von Ian Stevenson, „Der Mensch im Wandel von Tod und Wiedergeburt“, aufmerksam machen. Es gibt hunderte Lektüren über dieses Thema, wie z. B. „Tagebuch von drüben“ von T. E. Lawrence, „Aus dem Jenseits zurück“ von Ernst Meckelburg und nicht zuletzt „Ich war klinisch tot“ von Stefan v. Jankovich.

Trotzdem kann ich es keinem Menschen verübeln, nur an das zu glauben, was man mit irdischen Augen sehen und mit logischem Verstand und Schulweisheit hier und jetzt beweisen kann. Jeder muss letztlich für sich entscheiden, darüber nachzudenken, ob zwischen Himmel und Erde Phänomene existieren, die wir im Moment nicht begreifen. Wer sich allerdings über längere Zeit hinaus um Wissen bemüht, dem werden früher oder später die Augen geöffnet werden.

(12) Wie man diesem Buch an zahlreichen Stellen entnehmen kann, ist die Liebe zur Musik mein ständiger Lebensbegleiter und bei meinem Aufenthalt im Fachkrankenhaus in der Nordheide war ich dort während meiner freien Stunden im Musikzimmer wieder einmal in meinem Element. Ich improvisierte auf der dort stehenden Hammondorgel irgendwelche Melodien und vertonte dabei mein dazu passendes Gedicht, welches auf einer CD zu hören ist. Ich war in diesem Zimmer ganz alleine und hätte Stunden damit verbringen können, statt zu trinken, mich mit Musik zu

beschäftigen. Ich erlebte einmal wieder die Welt der Klänge, der Noten und dem längst vergessenen Konservatorium in Detmold, welches ich ja ursprünglich nach meiner Schulzeit besuchen sollte. Das vertonte Gedicht könnte, wie folgt, bei den anonymen Alkoholikern zum Hit werden. Na, denn man tau:

Trotzdem geht's bergauf

Ich habe gespielt, geraucht und getrunken
Und bin so manches mal sehr tief gesunken.
Habe geflirtet, getanzt und gelacht
Und manch einem hab' ich's nicht leicht gemacht.

Trotzdem geht's bergauf,
Mutlos werd' ich nicht.
Ich komm' da wieder raus
Mit Müh' und Zuversicht.

Der Tag wurde zur Nacht, die Nächte zum Tage
Die Uhr war im Leihhaus, die Klamotten zerrissen.
Das schöne Leben war eine Plage,
Ich fand es, ganz einfach gesagt, alles beschissen!

Refrain

Doch weiter ging es mit diesem Leben.
Fand keine Rast und trieb es zu toll.
Das letzte Geld war ausgegeben.
Noch immer bekam ich die Nase nicht voll.

Refrain

Die Rechnung dafür kam teuer zu stehen.
Ich wusste jetzt weder aus noch ein.
Für Bier und Schnaps hab ich zu viel gegeben!
Es war ein Signal, ich schaff's nicht mehr allein.

Refrain

Jetzt bin ich solide und trinke nicht mehr.
Die Welt ist in Ordnung, ich lache noch heute.
Das Leben kann schön sein auch ohne Bier
Und hab' auch so meine Freude!

Refrain

Das Lied kann man unter
http://www.rediroma-verlag.de/audio/trotzdem_gehts_bergauf.mp3
runterladen.

(13) Die galvanische Feinstromtherapie wird schon seit Jahrzehnten zur Eigenbehandlung angewandt. Durch sehr feine elektrische Ströme, die in jedem Menschen vorhanden sind, kann sie eine ausgeglichene Funktion der Körperzellen herstellen und dadurch eine erstaunlich heilende Wirkung erreichen. Eine Behandlung mit einem transistorähnlichen Gerät kann zu Hause ungefährlich und wohltuend durchgeführt werden. Wir bekamen durch unsere Heilpraktikerin viel darüber zu lesen und es würde hier den Rahmen sprengen, über dies umfassende Gebiet zu berich-

ten. So weit mir allerdings bekannt ist, wurde dieses Verfahren in dem einen oder anderen Krankenhaus auch schon mal getestet, um mit dieser sanften Behandlung einen Weg zu finden, der zumindests unterstützend die Heilung positiv beeinflusst. Es lohnt sich aber in jedem Fall, über gewisse Medien mehr darüber in Erfahrung zu bringen, um gewisse Ängste zu reduzieren, da auch die Psyche, wie bekannt, einen immensen Teil den Körper und die Seele beeinflusst.

(14) Der Mensch besteht 1.) aus einem grobstofflichen Körper, 2.) aus einer feinstofflichen Seele und 3.) aus einem Geist Ich. Charakterschwache Wesen, derer es zu viel auf unserem Planeten gibt, ziehen gesetzmäßig irrende, niedere, ja sogar teuflische Geister an. Nur Unwissende halten Dämonen für Fantasiegestalten, die mit grausamen Misshandlungen an Lebewesen durch einen im Körper innewohnenden satanischen Geist gesteuert werden. Und dieses kranke, verseuchte Gehirn, was nicht mehr fähig ist gut und böse zu unterscheiden, läuft wie ein aus der Kontrolle geratener Computer zu seinen Opfern, um seinen höllischen Mutwillen an dem Verderben bei ihnen auszuüben. Mit dieser Ausdrucksweise von J. W. Von Goethe gehe ich konform und bin der Meinung, dass man dunkle Machenschaften nicht besser beschreiben kann.

(15) „Heile dich selbst“ kann ein segensreiches Buch für leidende Menschen sein, wobei ich bewusst „kann“ meine, da jedermann individuell verschiedene Auffassungen einer Thematik hat, und es Garantien jedweder Art im Leben nicht gibt. Der Autor dieses Buches verhält sich nach rein christlichem Glauben im Sinne leidenden Menschen zu

helfen und will und wird nicht namentlich erfasst werden. Daher sollte man andere Bücher mit dem selben Titel nicht verwechseln (antiquarisch).